Lernen ist lernbar

René Frick, Werner Mosimann

Lernen ist lernbar

Eine Anleitung zur Arbeits- und Lerntechnik

Bildung Sauerländer

Die Deutsche Bibliothek – CIP-Einheitsaufnahme

Lernen ist lernbar : eine Anleitung zur Arbeits- und Lerntechnik /
René Frick ; Werner Mosimann. [Unter Mitarb. von Peter Wernli.
Red.: Andreas Moning]. - 8. Aufl. - Bildung Sauerländer, 2002
ISBN 3-045-0059-9

René Frick, Werner Mosimann
Lernen ist lernbar
Eine Anleitung zur Arbeits- und Lerntechnik in Schule, Aus- und
Weiterbildung unter Mitarbeit von Peter Wernli (Kap. 7, Layout)

Konzept und Redaktion: Andreas Moning

Gestaltung und Layout: Marcela Montes

8. Auflage 2002
Copyright © 1996 Text, Illustrationen und Ausstattung by
Bildung Sauerländer (Sauerländer Verlage AG) Aarau / Switzerland

Grundlagenband (mit Lösungen im Anhang)
ISBN 3-045-0059-9

Handbuch für Lehrpersonen
ISBN 3-7941-4891-6

Nicht in allen Fällen war es möglich, die Rechteinhaber der Abbildungen
und Texte ausfindig zu machen. Berechtigte Ansprüche werden selbstverständlich im Rahmen der üblichen Vereinbarungen abgegolten.

Alle Rechte vorbehalten. Das Werk und seine Teile sind urheberrechtlich
geschützt. Jede Verwertung in anderen als den gesetzlich zugelassenen
Fällen bedarf deshalb der vorherigen schriftlichen Einwilligung des
Verlages.

Bildung Sauerländer, Sauerländer Verlage AG, Postfach, 5001 Aarau
www.bildung-sauerlaender.ch

Inhalt

Vorwort 7

1. Motivation oder «die richtige Einstellung bringts» 8
Nur wer den Sinn einer Aufgabe kennt, kann sie optimal lösen

2. Arbeitstechnik in der Schule und zu Hause 16
Gut organisiert ist halb gelernt

3. Die Funktionsweise des Gehirns 34
So verarbeitet das Gehirn, was wir wahrnehmen

4. Der Funktion des Gehirns entsprechend lernen 42
Das Gehirn optimal einsetzen

5. Seinen Lerntyp kennen und weiterentwickeln 54
Die Kenntnis des eigenen Lerntyps zeigt neue
Möglichkeiten des Lernens auf

6. Kreatives Arbeiten 66
Mit Brainstorming, Clustering, Hierarchienmodell
und Mindmap kreative Arbeits- und Ideentechniken
erlernen
Mit den Kreativitätstechniken die Erkenntnisse der
Hirnforschung umsetzen

7. Erfolgreich schreiben 74
Wie sich mit Schreibtechniken das Schreiben verbessert

8. Nutzbringend lesen 92
Mit Lesetechniken die zielgerichtete Lektüre erlernen
und dadurch die Informationsaneignung verbessern

9. Prüfungsvorbereitung 96
Der optimale Weg zur erfolgreichen Prüfung

10. Informieren, Präsentieren, Überzeugen 102
Einen Vortrag, eine Präsentation vorbereiten und
erfolgreich durchführen

Anhang A 116
Aufgaben und Repetitionsaufgaben

Anhang B
Lösungsvorschläge zu den Aufgaben und 142
Repetitionsaufgaben
Literatur- und Quellenverzeichnis 162
Schlagwortregister 164

Vorwort

«Lernen lernen» und «lebenslanges Lernen» sind zu Schlagworten unserer Zeit geworden. Um ihnen gerecht zu werden, braucht man eine optimale Lern- und Arbeitstechnik. Lern- und Arbeitshilfen, durch die der Lernstoff gezielter, nachhaltiger und effizienter angeeignet und verarbeitet werden kann, erleichtern den Lernenden ihre Lern- und Ausbildungssituation. Der Gebrauch von Lernhilfen ist keine selbstverständliche Fertigkeit; erst durch bewusstes Einüben wird er zur nützlichen Gewohnheit. Mit «Lernen ist lernbar» werden Lernhilfen zur persönlichen Lehr-, Lern- und Arbeitstechnik entwickelt und verfestigt.

«Lernen ist lernbar» berücksichtigt die neuesten lerntheoretischen Erkenntnisse, die in den Kapiteln «Die Funktionsweise des Gehirns» und «Der Funktion des Gehirns entsprechend lernen» verständlich und mit stetem Praxisbezug dargestellt werden. Die weiteren Kapitel, wie die wichtige Frage der Lern- und Arbeitsmotivation, die Bestimmung des Lerntyps, die Effizienzsteigerung der Arbeitstechnik in der Schule und zu Hause, kreative Prozesse mit Mindmapping und Clustering, erfolgreiches Lesen und Schreiben und die optimale Prüfungsvorbereitung, sind diesen lerntheoretischen Erkenntnissen ebenso verpflichtet. Wie Referate und Präsentationen vorbereitet und durchgeführt werden, wird im abschliessenden Kapitel dargelegt. Die Literaturangaben im Literaturverzeichnis und am Ende einiger Kapitel im Anhang verweisen auf weiterführende Bücher.

Die knapp gehaltenen Ausführungen zur Arbeits- und Lerntechnik verfolgen in erster Linie die konkrete und praxisbezogene Anleitung zur Optimierung der persönlichen Lern- und Arbeitsstrategien. «Lernen ist lernbar» ist denn auch aus langjähriger Schul- und Ausbildungspraxis der Autoren entstanden. Die vertiefenden Aufgaben und überprüfenden Repetitionsaufgaben runden die Anleitungen zu besserem Arbeiten und Lernen sinnvoll ab.

«Lernen ist lernbar» kann im Unterricht als Ganzes durchgearbeitet werden. Die verschiedenen Lern- und Arbeitshilfen können darauf in allen Fächern gezielt und einzeln eingesetzt werden. Ebenso werden die Benutzerinnen und Benutzer im Selbststudium von diesen Anleitungen profitieren. Selbstverständlich fehlen Lösungshinweise zu den vertiefenden Aufgabenstellungen nicht. «Lernen ist lernbar» eignet sich für den Unterricht an der Sekundarstufe II (für Berufsschulen aller Typen, Mittelschulen) und für die Erwachsenenbildung sowie für das Selbststudium und für alle, die ihr Lernen und Arbeiten optimieren wollen.

Viel Erfolg wünschen Ihnen in allen Lern- und Arbeitssituationen

Autoren und Verlag

1. Motivation oder «die richtige Einstellung bringts»

Inhaltlicher Überblick

Aktive und passive Lernhaltungen
Angemessene Herausforderungen suchen und bewältigen.

Aufmerksamkeit durch Konzentration und Willenskraft
Den Willen einsetzen, um aufmerksam zu sein und sich bewusst zu konzentrieren.

Ursachen für Ablenkungen erkennen und überwinden
Die persönlichen «Ablenker» erkennen und sie motivationsfördernd einsetzen.

Sich beim Lernen durch Erfolge selbst motivieren
Den Lernstoff in kleinere Einheiten unterteilen und sich über jeden erfolgreich abgeschlossenen Teil freuen.

Lernen zahlt sich oft erst später aus
Bewusst möglichst viele Motive suchen, die zum Lernen aktivieren.

Sich vom Wettkampfgeist in der Gruppe anstecken lassen
Partnerinnen und Partner suchen, mit denen der Vergleich des Lernerfolges zum Ansporn wird.

Der Gedankensplitter zum Thema
«Wenn ich auf meinem Surfbrett stehe und lerne, gegen den Wind aufzukreuzen, bereitet mir dieses Lernen einen Riesenspass und ist zugleich eine Herausforderung.» (Gymnasiastin)

«Lernen heisst für mich Zeit aufbringen für etwas, was man vielleicht einmal brauchen kann. Lernen kann sehr interessant, aber auch langweilig sein. Wenn ich zum Voraus weiss, dass das, was ich lerne, mir etwas bringt und ich es auch anwenden kann, finde ich es sinnvoll. Aber wenn es um ein Gebiet geht, von dem ich sicher bin, dass ich es nie brauchen werde, und womöglich noch Prüfungen angesagt sind, so will mir das einfach nicht in den Kopf. Einfach dasitzen, büffeln und zuhören für etwas, das mich nicht interessiert, das finde ich verlorene Zeit.» (Schreinerlehrling)

Lesen Sie bitte zuerst den Überblick zu diesem Kapitel und überlegen Sie zu jedem Titel, was Sie bereits über das Thema wissen und was Ihnen dazu in den Sinn kommt. Auf diese Weise aktivieren Sie Ihr Gehirn und schärfen die Aufmerksamkeit. Mehr zu dieser Lernstrategie erfahren Sie im 4. Kapitel «Der Funktion des Gehirns entsprechend lernen», S.42 ff.

Aktive und passive Lernhaltungen
Während des ganzen Lebens kommen immer neue Aufgaben auf einen zu. Dabei ist es normal, dass man Angst hat, sich auf Neues einzulassen, denn jede Veränderung stellt eine Verunsicherung dar. Zur Bewältigung einer Aufgabe ist die Lebenshaltung entscheidend: Liefert man sich passiv den Aufgaben aus? (Was muss ich tun?) Oder packt man die Aufgaben aktiv an? (Was ist mir wichtig?)

Lernen auf Grund von äusserem Zwang
Passive Menschen versuchen so lange es irgend geht, mit den vorhandenen Denkschemata auszukommen und setzen jeder Veränderung von Denkgewohnheiten Widerstand entgegen. Statt dass sie die Arbeitsschritte planend bestimmen, fühlen sie sich den Arbeitsanforderungen ausgeliefert. Solche Lernende haben keine Freude, eine Sache zu lernen. Sie müssen zum Lernen gezwungen werden mit Befehlen oder Belohnungen. Man spricht in diesem Fall von sachfremder Motivation oder extrinsischer Motivation.

Nicht am Lernstoff Interessierte wollen nicht auch noch darüber nachdenken. Sie wollen nur schnell eine Antwort haben ohne Verständnis für den Lösungsweg. «Ist das richtig?», fragen sie. Wenn es falsch ist, folgt die nächste Schätzung. Diese Lernenden reflektieren ihr Lernen nicht und sind auch nicht bereit, ihre Lernstrategien zu erweitern.

Lernen aus eigenem Antrieb
Aktive Menschen lernen, weil sie neugierig und optimistisch sind. Sie sind bereit, sich Ziele zu setzen und darauf hin zu arbeiten.

Durch diese aktive Haltung gewinnen sie Freude an der Sache. Sie müssen nicht zum Lernen gezwungen werden, sie tun es aus eigenem Antrieb. Man spricht in diesem Fall von sachbezogener Motivation oder intrinsischer Motivation. Solche Lernende wenden die Denkertaktik an.

1. Motivation oder «die richtige Einstellung bringts»

Sie verstehen die Aufgabe als etwas, dem ein Teil fehlt. Sie denken über die Situation nach und versuchen, das Fehlende zu ergänzen: Welche Lösungsmöglichkeiten finde ich? Welche wähle ich aus? Wie gehe ich konkret vor? Solche Lernende denken über ihr Lernen nach, und sie wählen je nach Situation die für sie optimale Lernstrategie.

«Glück ist Arbeit»

Die Forschung hat herausgefunden, dass es die vielen kleinen positiven Veränderungen im Leben sind, die glücklich machen. Dazu muss man sich Herausforderungen suchen, die den eigenen Fähigkeiten entsprechen, d. h. sich machbare Ziele setzen. Denn Glück im Sinne von Glückseligkeit ist nicht etwas, das einem passiert, sondern etwas, das man selber herbeiführt.

Das Wissen, etwas zu tun, wofür man sich selber entschieden hat (Selbstbestimmung), hilft, auch weniger beliebte Aufgaben positiv anzupacken. Sich bewusst für eine Aufgabe zu entscheiden verlangt kritische Aufmerksamkeit. Sie führen mit Vorteil nicht alles aus, einfach weil man es muss, sondern Sie wählen aufgrund Ihrer Bedürfnisse aus. Sie eignen sich den Stoff aktiv an (Eroberer) und lassen ihn sich nicht passiv eintrichtern (Opfer).

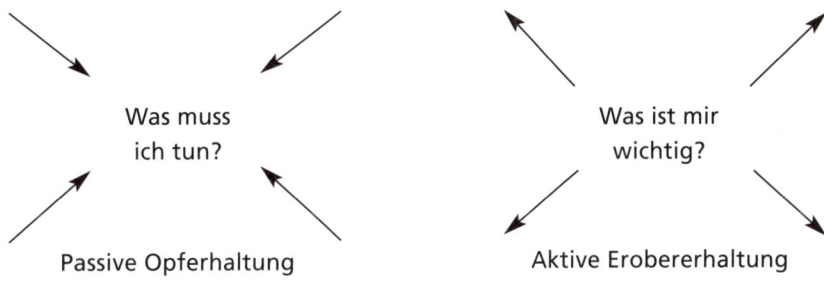

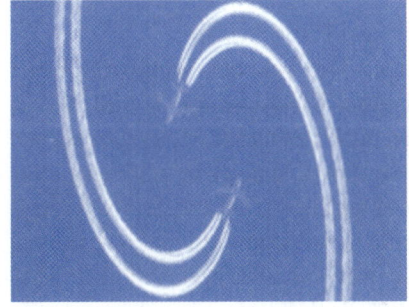

Wer die Aufgaben, die er zu lösen hat, in einer aktiven Haltung angeht, kann viel mehr Energie entwickeln und ist geistig leistungsfähiger, als wer sich passiv fragt: «Was muss ich tun?» Die grundlegende Bedingung für erfolgreiches Lernen ist: Wissen, was man will, und die Verantwortung dafür übernehmen. Erst die eigene Entscheidung, etwas leisten zu wollen, auch wenn es schwer fällt, ermöglicht es, gute Leistungen zu erbringen.

Indem wir Herausforderungen bewältigen, erhöhen sich unsere Fertigkeiten. Damit wächst auch die Komplexität unserer Person. Diese Entwicklung der Persönlichkeit erlebt man als die glücklichsten Momente im Leben.

Aufmerksamkeit durch Konzentration und Willenskraft

Wenn wir motiviert sind, ein gestecktes Ziel zu erreichen, werden Wahrnehmungen, Vorstellungen und das Denken aktiviert.

1. Motivation oder «die richtige Einstellung bringts»

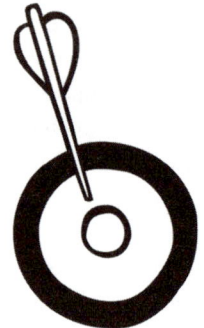

Die Aktivität dieser Funktionen nennt man Aufmerksamkeit. Die Aufmerksamkeit kann aber flatterhaft sein und durch andere Reize abgelenkt werden.

Die Fähigkeit, die Aufmerksamkeit gebündelt auf eine Aufgabe zu richten, erfordert eine zusätzliche Kraft: die Konzentration. Damit die Konzentration konstant bleibt, ist eine klare Zielvorstellung nötig. Und weil die Ablenkungen in vielen Fällen gross sind, müssen wir auch den Willen einsetzen, um aufmerksam zu sein und uns bewusst zu konzentrieren. (nach Ott, Das Konzentrationsprogramm)

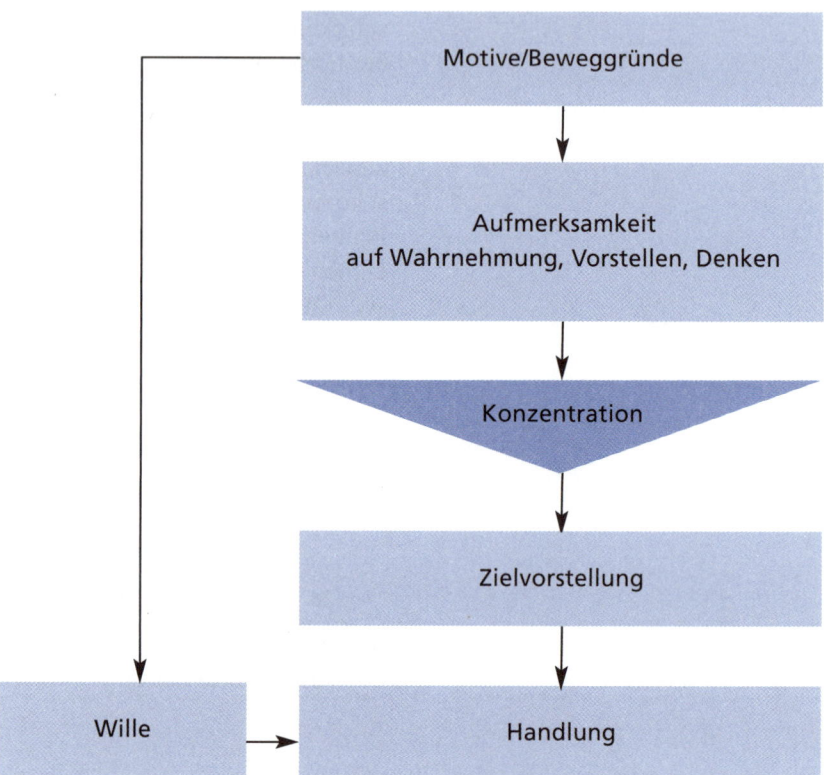

Ursachen für Ablenkungen erkennen und überwinden

Nebst den offensichtlichen Ablenkungen wie schönes Wetter oder ein spannender Krimi, Radio-, Walkman- oder Stereoanlage-Sound, wenn nicht gar laufende TV-Sendungen können auch versteckte Motivationsstörer wie Hungergefühle oder Etwas-nicht-finden-Können die ursprüngliche Zielsetzung stören. Als berüchtigter «Ablenker» gilt auch, sich von jeglicher kleinen Störung von aussen geradezu willkommen und sozusagen begründet ablenken zu lassen. Wenn Sie Ihre spezifischen Ablenker kennen, können Sie sie überwinden oder als Belohnung für ein erreichtes Zwischenziel umfunktionieren.

Persönliche Probleme wie Beziehungskrisen lenken vom Lernen ab. Es empfiehlt sich – nicht nur wegen des Lernens –, solche Probleme aktiv anzugehen: Ein klärendes Gespräch wirkt oft Wunder. Erst wenn konkrete Lösungsschritte ein privates Problem entschärft oder gelöst haben, kann konzentriert gelernt werden.

1. Motivation oder «die richtige Einstellung bringts»

Arbeitsstörungen und Massnahmen zur Beseitigung

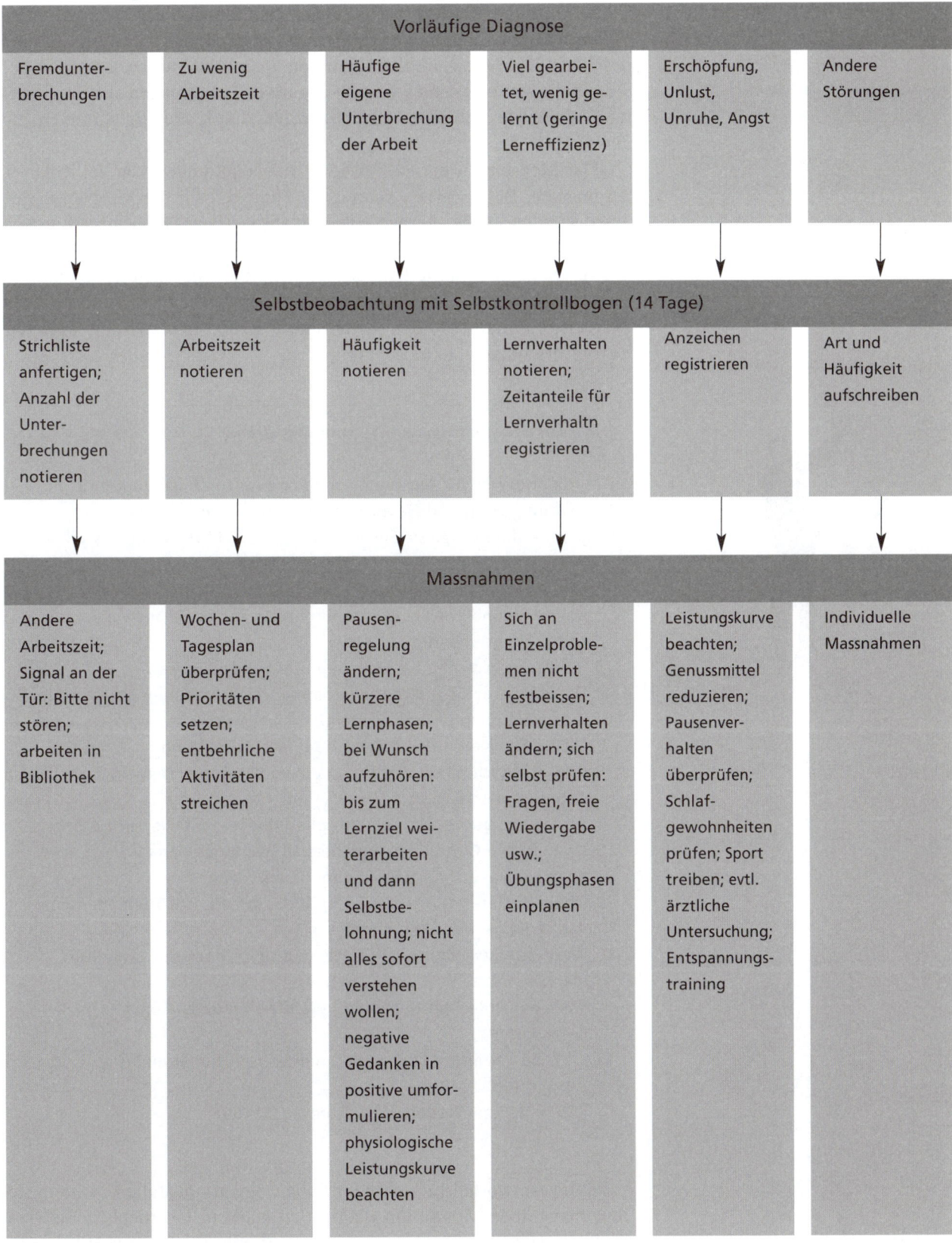

Vorläufige Diagnose					
Fremdunterbrechungen	Zu wenig Arbeitszeit	Häufige eigene Unterbrechung der Arbeit	Viel gearbeitet, wenig gelernt (geringe Lerneffizienz)	Erschöpfung, Unlust, Unruhe, Angst	Andere Störungen
Selbstbeobachtung mit Selbstkontrollbogen (14 Tage)					
Strichliste anfertigen; Anzahl der Unterbrechungen notieren	Arbeitszeit notieren	Häufigkeit notieren	Lernverhalten notieren; Zeitanteile für Lernverhaltn registrieren	Anzeichen registrieren	Art und Häufigkeit aufschreiben
Massnahmen					
Andere Arbeitszeit; Signal an der Tür: Bitte nicht stören; arbeiten in Bibliothek	Wochen- und Tagesplan überprüfen; Prioritäten setzen; entbehrliche Aktivitäten streichen	Pausenregelung ändern; kürzere Lernphasen; bei Wunsch aufzuhören: bis zum Lernziel weiterarbeiten und dann Selbstbelohnung; nicht alles sofort verstehen wollen; negative Gedanken in positive umformulieren; physiologische Leistungskurve beachten	Sich an Einzelproblemen nicht festbeissen; Lernverhalten ändern; sich selbst prüfen: Fragen, freie Wiedergabe usw.; Übungsphasen einplanen	Leistungskurve beachten; Genussmittel reduzieren; Pausenverhalten überprüfen; Schlafgewohnheiten prüfen; Sport treiben; evtl. ärztliche Untersuchung; Entspannungstraining	Individuelle Massnahmen

(Nach: Metzig/Schuster 5. Aufl. 2000)

1. Motivation oder «die richtige Einstellung bringts»

Sich beim Lernen mit Erfolgen selbst motivieren

Jeder Mensch hat seine persönlichen Vorstellungen darüber, warum er in bestimmten Lerngebieten erfolgreich ist oder eben nicht. Im Extremfall kann sogar das Gefühl aufkommen, man könne tun, was man wolle, es gehe ja sowieso schief. Solche negativen Erfahrungen aus der Kindheit können Jugendliche und Erwachsene durch neue Erfahrungen ändern.

Der Mensch hat die Fähigkeit, sich Vorstellungen von der Zukunft zu machen. Beim Lernen kann diese Fähigkeit für die Motivation genutzt werden, indem Lernerfolge geplant werden. Die Motivation, vor allem bei grösseren Aufgaben, bleibt erhalten, wenn Sie die Arbeit in kleine Schritte unterteilen. So verschaffen Sie sich regelmässige Erfolgserlebnisse. Je mehr Erfolg Sie beim Lernen haben, desto eher werden Sie motiviert sein, weiterhin zu lernen und sich mit weiteren Erfolgserlebnissen zu motivieren.

Die eigene Motivation kennen und verstärken

Die folgenden zwölf Aussagen sollen Ihnen Aufschluss über Ihre Motivation geben und Sie anregen, darüber nachzudenken. Gegebenenfalls sollen sie Sie veranlassen, Ihre Motivation zu stärken.

1. Ich habe mein Ausbildungsziel aus eigenem Antrieb gewählt.
2. Meine Freundinnen und Freunde finden meine Berufswahl/ Ausbildungswahl gut.
3. Ich bin recht sicher, dass ich meine Ausbildung schaffe.
4. Die Bereiche, die auf mich zukommen, bzw. in denen ich tätig bin, interessieren mich überwiegend.
5. Meine Familie unterstützt mich bei der Ausbildung.
6. Ich habe mich schon vorher mit einzelnen Gebieten meiner Tätigkeit beschäftigt.
7. Ich arbeite gerne mit meinen Kolleginnen und Kollegen zusammen.
8. Ich habe ein Gefühl der Unsicherheit, wenn ich daran denke, was noch so alles auf mich zu kommen wird.
9. Ich informiere mich regelmässig in den Medien zu Themen meines Ausbildungs- oder Berufsfeldes.
10. Wenn ich die Möglichkeit hätte, würde ich gern etwas anderes machen.
11. Auch bei schlechter Bezahlung würde ich meinen Beruf beibehalten.
12. Ich rede gern mit andern über meinen Beruf oder meine Ausbildung.
(Nach: Vollmer/Hoberg, Top-Training, S. 155)

Falls die Antworten in mehreren Fällen negativ ausfallen, sollten Sie Ihre mangelnde Motivation klären und stärken. Überdenken Sie fürs Erste die Hinweise des Kapitels «Motivation». Für weitere Hilfe wenden Sie sich an eine kompetente Person (Lehrperson, Studienberatung, ...).

1. Motivation oder «die richtige Einstellung bringts»

Wem es schwerfällt, ein positives Lerngefühl zu entwickeln, findet in Anhang A, Aufgaben und Repetitionsaufgaben unter dem Titel Ursachenzuschreibungen, S.116, einen Ausschnitt aus einem Lernförderprogramm, mit dessen Übungen man neue Erfahrungen machen kann und lernt, sich positiv zu erleben.

Lernen zahlt sich oft erst später aus

Im Laufe einer Ausbildung müssen Dinge gelernt werden, die wenig sinnvoll erscheinen oder die Sie sehr oft nicht sofort praktisch anwenden können. Um sich für den Stoff zu motivieren, lohnt es sich zu überlegen, warum Sie diese Lerninhalte lernen und ob diese sinnvoll sind: Vielleicht wird der Lerninhalt später im Beruf wichtig sein, vielleicht hilft er Ihnen in Ihrem Alltagsleben, vielleicht bekommen Sie aufgrund dieses Wissens oder bestimmter Kenntnisse später mehr Lohn.

Sich vom Wettkampfgeist in der Gruppe anstecken lassen

Der Wettkampf in einer Gruppe erzeugt ein Zusammengehörigkeitsgefühl und vermittelt eine gewisse Sicherheit, die hilft, Lernprobleme zu überwinden. Wenn Wettbewerbsgegner nicht als Feinde betrachtet werden, macht der Wettbewerb Spass und dient allen Beteiligten. Ausserdem hat Gruppenarbeit auch stets den Vorteil, dass die besonderen Fähigkeiten und Kenntnisse der einzelnen Teilnehmerinnen und Teilnehmer allen Gruppenbeteiligten zugute kommen.

1. Motivation oder «die richtige Einstellung bringts»

Fragebogen zu Motivation und Lernen

1. Wie gross ist Ihr Interesse	gross	mässig	klein	null
an der praktischen Arbeit am Arbeitsort?	☐ 6	☐ 3	☐ -3	☐ -6
in der Schule, an der Fachkunde?	☐ 2	☒ 1	☐ -1	☐ 2
an den Sprachen, Fremdsprachen?	☐ 2	☒ 1	☐ -1	☐ -2
an den allgemeinbildenden Fächern?	☐ 2	☒ 1	☐ -1	☐ -2

2. Wieso haben Sie gerade diese Ausbildung gewählt? (maximal 2 Antworten)

Weil mich der Beruf/die Ausbildung interessiert	☐ 4
Weil sie für mich eine gute Grundausbildung ist	☐ 1
Weil sie mir gute Voraussetzungen schafft, um ein konkretes späteres Ziel zu erreichen	☐ 1
Weil die Eltern es so wollten	☐ -3
Weil keine andere Lehrstelle/Möglichkeit offen war	☐ -2
Weil Kameradinnen und Kameraden dieselbe Ausbildung machen	☐ -1
Würden Sie dieselbe Ausbildung noch einmal wählen? ja	☐ 5
nein	☐ -5
Wenn nein, welche andere Ausbildung könnten Sie sich vorstellen?	

3. Haben Sie sich schon eine Methode zurechtgelegt, wie Sie zu Hause am besten lernen?

Hat sich Ihre Methode bewährt?	
ja, schon öfter	☒ 2
eigentlich nicht	☐ 0
meistens	☐ 1
nicht so recht	☐ 0

4. Sie freuen sich über gute Schulleistungen (Noten): (Mehrfachantworten sind möglich)

Weil Sie dadurch feststellen, dass Sie Fortschritte machen	☒ 4
Weil Sie feststellen, dass Sie Ihr Wissen vergrössert haben	☐ 4
Weil Ihnen dieses Wissen praktische Vorteile bringt, am Arbeitsplatz oder z.B. in fremdsprachigen Gebieten	☐ 2
Weil Sie dadurch von Eltern, dem Lehrmeister, Lehrpersonen oder Kolleginnen und Kollegen anerkannt werden	☐ 0

Werden Sie für gute Schulleistungen (Noten) belohnt?	oft	manchmal	selten	nie
Ich erhalte von Eltern, Lehrpersonen, Lehrmeister usw. spezielles Lob, zusätzliches Taschengeld, mehr Freizeit, einen einmaligen Geldbetrag oder ein Geschenk.	☒ 3	☐ 2	☐ 1	☐ 0
Ich erhalte von Lehrmeister, Lehrpersonen, Vorgesetzten usw. besondere Aufmerksamkeit.	☐ 3	☐ 2	☐ 1	☐ 0

5. Wie sehr, glauben Sie, halten Sie folgende Tätigkeiten vom Lernen ab?

	oft	manchmal	selten	nie
Sport, Verein, Clubs	☐ -3	☒ -1	☐ 1	☐ 2
Hobbys	☐ -3	☐ -1	☒ 1	☐ 2
Familie	☐ -3	☐ -1	☐ 1	☒ 2
Freund oder Freundin	☐ -3	☐ -1	☒ 1	☐ 2
Kolleginnen und Kollegen	☐ -3	☐ -1	☐ 1	☐ 2
Fernsehen, Videos	☐ -3	☒ -1	☐ 1	☐ 2

1. Motivation oder «die richtige Einstellung bringts»

6.a) Sie erledigen die Hausaufgaben oder bereiten eine Prüfung usw. vor. Womit beginnen Sie?

Mit dem schwierigsten Fach	☐ 0
Mit dem einfachsten Fach	☐ 0
Mit dem am meisten interessierenden Fach	☒ 4
Mit dem Fach, bei dem Sie einen direkten persönlichen Nutzen sehen	☐ 2

6.b) Können Sie gelernte Inhalte in Ihre beruflichen und/oder privaten Tätigkeiten umsetzen? (Mehrfachantworten zulässig)

Ja, weil ich Spass daran habe.	☐ 4
Ja, weil sie mir Zugang zu anderen Kulturen und Menschen verschaffen.	☒ 4
Ja, weil ich einen konkreten Nutzen davon habe (Geld, Verein leiten, bessere berufliche Voraussetzungen, berufliche Karriere usw.).	☐ 2
Nein, ich habe keine Zeit dazu.	☐ -4
Nein, ich wüsste nicht wo oder wie.	☐ -4
Nein, denn Theorie und Praxis sind nicht dasselbe.	☐ -2

7. Kontrollieren Sie das Gelernte z. B. durch selbstständige Repetition und/oder lassen Sie sich von jemandem abfragen?

öfters	☒ 5
selten	☐ -5

8. Wie reagieren Sie auf Misserfolge bei Ihrer Lernkontrolle und/oder bei Prüfungen? (nur eine Antwort)

Ich bearbeite den Stoff nochmals.	☐ 2
Ich lasse mir den Stoff von den Lehrpersonen, Lehrmeisterinnen oder Lehrmeistern, von Kameradinnen oder Kameraden nochmals erklären.	☒ 1
Nicht, denn ich habe keine Zeit, um den Stoff nochmals zu bearbeiten.	☐ -5
Nicht, denn es hat sowieso keinen Sinn.	☐ -8

9. Stellen Sie sich bei Beginn des Lernens die unter Frage 5 angekreuzten Tätigkeiten als Belohnung für Ihr Lernen in Aussicht? (nur eine Antwort)

Öfters, denn ich brauche diesen Anreiz, um zu lernen.	☐ 1
Öfters, denn so bin ich zusätzlich motiviert.	☐ 2
Selten, denn ich versuche, mich immer durch den Stoff motivieren zu lassen.	☐ 3
Selten, denn ich bin meistens genügend durch den Stoff oder die bevorstehende Prüfung motiviert.	☒ 4

10. Werden Sie am Lernen gehindert, ... (Mehrfachantworten sind möglich)

weil Sie spezielle Abneigungen gegen gewisse Fächer und Lerninhalte haben?	☐ -3
weil Sie gewisse Abneigungen gegen gewisse Lehrpersonen haben?	☐ -3
weil Sie sich oft gestresst oder krank oder allzu müde fühlen?	☐ -3
weil Sie oft hungrig sind oder zu wenig geschlafen haben?	☐ -3

11. Glauben Sie besser lernen zu können, ...

wenn Sie in einer Gruppe mit Kolleginnen und Kollegen lernen?	☐ 3
wenn Sie sich mit (vorbildlichen) Kolleginnen und Kollegen messen?	☐ 3
wenn Sie beim Lernen regelmässig Pausen einlegen?	☐ 3
wenn Sie das Lernen nicht ständig als Stress erleben?	☒ 3

Die Auswertung zum «Fragebogen zu Motivation und Lernen» finden Sie im Anhang B, S.142

2. Arbeitstechnik in der Schule und zu Hause

Inhaltlicher Überblick

Mit Lernstrategien mehr leisten
Auf eigenen Erfahrungen aufbauend, können neue Strategien erarbeitet werden.

Aktiv am Unterricht teilnehmen
Sehr viel Zeit bei den Hausaufgaben sparen, indem man im Unterricht aufmerksam zuhört und Fragen stellt.

Notizen zum Unterrichtsstoff machen
Wer etwas mit eigenen Worten schriftlich zusammenfasst, merkt, ob der Sachverhalt verstanden worden ist.

Den Schulstoff übersichtlich ordnen
Die Lehrmittel, Arbeits- und Testblätter geordnet aufbewahren, weil sie die Grundlage für effizientes Lernen sind.

Den Arbeitsplatz gestalten
Besser lernen, indem immer am gleichen, persönlich und speziell eingerichteten Arbeitsplatz gelernt wird.

Allein, zu zweit oder in der Gruppe lernen
Allein lesen und lernen, zu zweit gelöste Aufgaben kontrollieren und besprechen, in der Gruppe weit gespannte Sachgebiete repetieren.

Durch Zeitplanung und Kontrolle Lernerfolge sichern
Dank guter Planung das persönliche Lernpensum spielend erledigen.

Die Lernkartei
Mit diesem effizienten

Der Gedankensplitter zum Thema
«Seit ich diese Ausbildung mache, ist es vorbei mit dem lockeren Leben. Ich habe keine ruhige Minute mehr. Dauernd lastet ein Berg von Aufgaben auf mir. Unbeschwerte Freizeit kenne ich nicht mehr, und trotzdem schaffe ich die Aufgaben kaum. Irgendetwas kommt immer dazwischen. Da frage ich mich wirklich, wie das Eveline macht. Die unternimmt dauernd etwas und hat trotzdem immer alle Aufgaben erledigt.» (KV-Lehrling)

Lesen Sie bitte zuerst den Überblick zu diesem Kapitel und überlegen Sie zu jedem Titel, was Sie bereits über das Thema wissen und was Ihnen dazu in den Sinn kommt. Auf diese Weise aktivieren Sie Ihr Gehirn und schärfen die Aufmerksamkeit. Mehr zu dieser Lernstrategie erfahren Sie im 4. Kapitel «Der Funktion des Gehirns entsprechend lernen», S. 42ff.

Mit Lernstrategien mehr leisten
Als Lernstrategien werden oft umfassende Pläne zur Erreichung eines Lernziels bezeichnet, als Lerntechniken eher spezifische Werkzeuge, die je nach Lerninhalt ausgewählt werden. Lernstrategie und Lerntechnik werden aber auch synonym verwendet.

Generelle Lern- und Arbeitsstrategie (nach PowerWork, Hg. ASM)
Das Merkwort **IPERKA** bezeichnet die sechs generellen Phasen, die beim Lernen und Arbeiten durchschritten werden.

Informieren — Die nötigen Informationen müssen beschafft werden.
Planen — Pläne über mögliche Vorgehensweisen werden erarbeitet.
Entscheiden — Man entscheidet sich für einen Plan.
Realisieren — Die Aufgabe wird durchgeführt.
Kontrollieren — Die Zwischenergebnisse und das Schlussprodukt werden überprüft.
Auswerten — Das Vorgehen wird überdacht: Was war gut? Was nicht? Wie wird man bei der nächsten Aufgabe vorgehen?

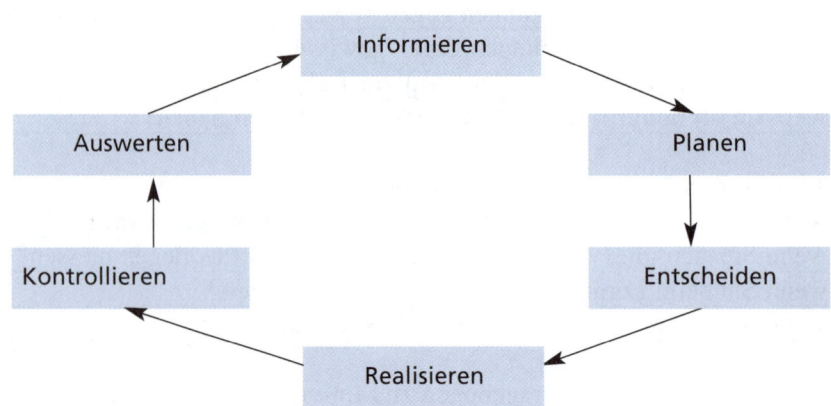

2. Arbeitstechnik in der Schule und zu Hause

Inhaltlicher Überblick

Lernwerkzeug das repetieren, was noch nicht sitzt.

Rechenaufgaben optimal lösen
Methodisches Vorgehen hilft, Rechenaufgaben sicher und zeitsparend zu lösen.

Spezifische Lern- und Arbeitsstrategien

Lern- und Arbeitsstrategien können wie in folgender Darstellung unterschieden werden.

Behaltestrategien	Problemlösestrategien	Verstehensstrategien
Beispiele: – Fremdsprachen – Namen behalten	Beispiele: – Mathematik – Bei Eltern Discobesuch durchsezen	Beispiele: – Physik – Verhalten anderer Menschen

Für das Auswendiglernen existieren unzählige Behaltestrategien. Wie man Fremdsprachen lernt, ist in diesem Kapitel unter «Lernkartei» beschrieben; wie Namen behalten werden können im 4. Kapitel unter «Informationen mit Bildern verknüpfen».

Spezifische Problemlösestrategien gibt es vor allem für Probleme, die nach einem Schema gelöst werden, z.B. in diesem Kapitel unter «Rechenaufgaben optimal lösen». Hochkomplexe Probleme verlangen entsprechend nach komplexen Strategien, die mit der entsprechenden Materie zusammen gelernt werden müssen.

Für den entscheidenden Punkt des Verstehens beim produktiven Denken gibt es keine handfesten Verstehensstrategien. Hingegen kann man das bewusste Erleben des Verstandenhabens durch das Anwenden von Prüfkriterien für das Denken und Lernen fördern. Das heisst insbesondere, dass Lernende laufend ihre Ergebnisse und ihr Vorgehen überprüfen.

Der Erwerb neuer Lernstrategien geschieht vorteilhafterweise, indem eigene konkrete Lernsituationen analysiert werden (z.B. durch gegenseitiges Beobachten) und evtl. auch die eigene Lernbiographie erkundet wird (Wie habe ich das bis anhin gemacht?). Auf diesen eigenen Erfahrungen aufbauend, können neue Strategien sorgfältig und intensiv erarbeitet werden.

Aktiv am Unterricht teilnehmen

Warten Sie im Unterricht nicht, bis Ihnen Aktivitäten aufgezwungen werden – werden Sie selbst aktiv. Ohne aktive Teilnahme gehen die Gedanken spazieren, und der Lehrstoff wird nicht aufgenommen. Hingegen prägt sich durch aufmerksames Zuhören mit sofortigem Zurückfragen im Unterricht so viel Stoff ein, dass sich der Aufwand für Hausaufgaben enorm reduziert. Die Beachtung der folgenden Punkte verschafft Ihnen mehr Freizeit.

2. Arbeitstechnik in der Schule und zu Hause

Unterrichtsvorbereitung
1. Kann ich die wichtigsten Punkte der letzten Stunde einer Mitschülerin oder einem Mitschüler erklären?
2. Habe ich zum Stoff der letzten Lektion oder zum letzten Unterrichtsblock noch Fragen?
3. Habe ich die Hausaufgaben erledigt? Gibt es Fragen zu den Hausaufgaben?
4. Ist mein Schulmaterial für den nächsten Schultag bereit? Ist es vollständig?
5. Womit geht es in der nächsten Lektion oder im nächsten Unterrichtsblock weiter?
6. Was interessiert mich (nicht) besonders an diesem Fach?
7. Welche Fragen könnten in einem Überraschungstest gestellt werden?

Powerdrink – leicht gemacht

Geeignet für Sportlerinnen, Denker und Schülerinnen vor den Hausaufgaben.
- 3dl Traubensaft
- 1-2 Teelöffel Honig
- 1 Teelöffel Speiseöl (z.B. Distelöl)
- 1 Banane

Sämtliche Zutaten im Mixer pürieren und schaumig rühren, mit Eiswürfeln kühlen und sofort trinken.

Während des Unterrichts
1. Ich versuche, mich ganz auf das Thema zu konzentrieren; ich bin mir bewusst, dass das von mir Energie und innere Bereitschaft fordert.
2. Ich versuche, mitzudenken und sogar vorauszudenken.
3. Ich sammle Gegenargumente.
4. Ich stelle Fragen zum Thema, wenn ich etwas nicht begreife.
5. Ich versuche, Wichtiges von Nebensächlichem zu unterscheiden.

Am Schluss des Unterrichts
1. Habe ich meine Hausaufgaben notiert? Weiss ich genau, was zu tun ist?
2. Kann ich das Wesentliche der Lektion zusammenfassen?
3. Habe ich noch Fragen zum Unterrichtsstoff? Wenn ja, notiere ich sie sofort.
4. Was hätte ich (die Lehrperson) anders/besser machen können?

Notizen zum Unterrichtsstoff machen
Ein gutes Hilfsmittel für die eigene Aktivität ist das Notieren von wichtigen Erläuterungen während des Unterrichts. Indem Sie mündliche Informationen schriftlich festhalten, nehmen Sie sie auf zwei Arten (Hören, Schreiben) auf. Die Informationen können dadurch besser gespeichert werden und sind später leichter aus dem Gedächtnis abzurufen. Wenn Sie etwas mit eigenen Worten zusammenfassen, kontrollieren Sie damit gleichzeitig, ob Sie den Sachverhalt verstanden haben.

Das gibt Ihnen die Möglichkeit, noch während der Lektion nachzufragen. Notizen stellen eine optimale Grundlage für die Nachbereitung des Unterrichtsstoffes dar. Lassen Sie auf dem Blatt Platz frei, damit Sie nicht alles nochmals schreiben müssen, wenn Ergänzungen anzubringen sind.

2. Arbeitstechnik in der Schule und zu Hause

Beispiel einer Blattaufteilung

d	Arbeitstechnik	1. 10. 2000
b Kriterien für gute Notizen	a Notizentechnik Gute Notizen erfüllen folgende Kriterien: · übersichtlich, leserlich, gut gegliedert · flexibel einzuordnen, klar beschriftet (Quelle) · gute Prüfungsgrundlage · deutliche Trennung zwischen Vortrag und eigenen Anmerkungen · können ergänzt werden · enthalten wichtigste Informationen	
Vorbereitung	Vorbereitung · Auseinandersetzung mit Thema · Durchsicht früherer Notizen · Lernziel	
Schreiben	Wichtigste Inhalte · Nicht zu viel, nicht zu wenig · Aufbau, Gliederung festhalten · Hauptaussagen (wer mit wem, wo, was, wie, warum?) · Namen, Daten, Literaturhinweise notieren	
Überarbeiten	Nachbereitung · Möglichst bald nach dem Aufnehmen · Aufbau, Verständlichkeit, Gliederung prüfen, wenn nötig ergänzen · Schlagwörter, eigene Gedanken, Querverweise anbringen	
c · Vorgehen vor allem für Vorträge, Einführungen geeignet · Auch bei abgegebenen Vervielfältigungen sind Markierungen, Schlagwörter und Anmerkungen zu empfehlen		

a Notizen
b Gliederungshinweise, Nachträge
c Ergänzungen beim Überarbeiten
d Fach, Datum
   (Quelle: Schräder-Naef, Lerntrainer, S. 82, 186)

Überprüfen Sie anhand der folgenden Kriterien, ob Ihre Notizen die wichtigsten Bedingungen erfüllen.
Meine Notizen
– sind übersichtlich
– lassen die Gliederung des Lernstoffes erkennen
– enthalten die wichtigsten Inhalte
– stellen eine gute Grundlage für Repetition und Prüfungsvorbereitung dar
– können zusammen mit den anderen Unterlagen geordnet werden
– können ergänzt werden
– sind so gekennzeichnet, dass später erkennbar ist, wo sie eingeordnet werden müssen
– trennen klar zwischen den Ausführungen der Lehrperson und meinen eigenen Ergänzungen

2. Arbeitstechnik in der Schule und zu Hause

Den Schulstoff übersichtlich ordnen

Die Lehrmittel, Arbeits- und Testblätter sind bis zum Abschluss der Ausbildung geordnet aufzubewahren. Sie sollen von Interessierten eingesehen werden und als Grundlage für allfällige Rekurse dienen können. Vor allem aber stellen sie die Grundlage fürs Lernen dar und sind so jederzeit für die Prüfungsvorbereitung griffbereit.

Legen Sie in einem oder mehreren Ordnern die Unterlagen des laufenden Unterrichts nach Fachgebieten getrennt ab. Benutzen Sie für die Unterteilung Register. Ist ein Kapitel oder Themenkreis abgeschlossen, so werden sämtliche Lehr-, Arbeits- und Testblätter zu Hause in einem separaten Ordner ins entsprechende Register eingeordnet.

Wenn Sie den Ordner nicht immer mittragen wollen, können Sie für jedes Fach eine Plastikhülle beschriften. Solange der Stoff aktuell ist, bleiben die Notizen in der Hülle, danach werden sie im entsprechend beschrifteten Ordner abgelegt.

Grafiken, Ordnerrücken, Register

Entwerfen Sie für den Fachunterricht eine Ordnereinteilung nach dem untenstehenden Ordnungsprinzip. Besprechen Sie Ihre Einteilung mit Mitschülerinnen und Mitschülern und der entsprechenden Lehrperson.

Beispiel für eine mögliche Einteilung des Ordners für die Allgemeinbildung einer Berufsschülerin/eines Berufsschülers

1	Aktuell in Bearbeitung	Übungs- und Theorieblätter aus allen Bereichen, die im Moment im Unterricht eingesetzt werden
2	Sprache	Unterteilung nach Anweisung Lehrperson evtl. eingeschobenes Register oder Inhaltsverzeichnis
3	Gesellschaft	gemäss Themen des Schullehrplans geordnet evtl. eingeschobenes Register oder Inhaltsverzeichnis
4	Arbeits- und Lerntechnik	
5	Administratives	Notenjournal, wichtige Adressen
6	Sachregister	Register verweist auf Ordnerregister, Nachschlagewerke. Wird laufend nachgeführt

2. Arbeitstechnik in der Schule und zu Hause

Beispiel für eine mögliche Einteilung des Ordners für die Kaufmännische Lehre

1	Rechnungswesen	Unterlagen, Materialien, Übungen	schriftliche Arbeiten, Tests
2	Betriebs- und Rechtskunde	Unterlagen, Materialien, Übungen	schriftliche Arbeiten, Tests
3	Informatik	Unterlagen, Materialien, Übungen	schriftliche Arbeiten, Tests
4	Korrespondenz	Unterlagen, Materialien, Übungen	schriftliche Arbeiten, Tests
5	Handelsfächer	Unterlagen, Materialien, Übungen	schriftliche Arbeiten, Tests
6	Deutsch	Unterlagen, Materialien, Übungen	schriftliche Arbeiten, Tests
7	Französisch	Unterlagen, Materialien, Übungen	schriftliche Arbeiten, Tests
8	Englisch	Unterlagen, Materialien, Übungen	schriftliche Arbeiten, Tests
9	Staatskunde	Unterlagen, Materialien, Übungen	schriftliche Arbeiten, Tests
10	Volkswirtschaftslehre	Unterlagen, Materialien, Übungen	schriftliche Arbeiten, Tests
11	Wirtschaftsgeografie	Unterlagen, Materialien, Übungen	schriftliche Arbeiten, Tests
12	Maschinenschreiben	Unterlagen, Materialien, Übungen	schriftliche Arbeiten, Tests

Beispiel für eine mögliche Einteilung des Ordners für die Mittelschule

1	Deutsch	Unterlagen, Materialien, Übungen	schriftliche Arbeiten, Tests
2	Französisch	Unterlagen, Materialien, Übungen	schriftliche Arbeiten, Tests
3	Italienisch	Unterlagen, Materialien, Übungen	schriftliche Arbeiten, Tests
4	Englisch	Unterlagen, Materialien, Übungen	schriftliche Arbeiten, Tests
5	Mathematik	Unterlagen, Materialien, Übungen	schriftliche Arbeiten, Tests
6	Physik	Unterlagen, Materialien, Übungen	schriftliche Arbeiten, Tests
7	Chemie	Unterlagen, Materialien, Übungen	schriftliche Arbeiten, Tests
8	Biologie	Unterlagen, Materialien, Übungen	schriftliche Arbeiten, Tests
9	Geografie	Unterlagen, Materialien, Übungen	schriftliche Arbeiten, Tests
10	Musik	Unterlagen, Materialien, Übungen	schriftliche Arbeiten, Tests
11	Informatik	Unterlagen, Materialien, Übungen	schriftliche Arbeiten, Tests
12	Geschichte	Unterlagen, Materialien, Übungen	schriftliche Arbeiten, Tests

2. Arbeitstechnik in der Schule und zu Hause

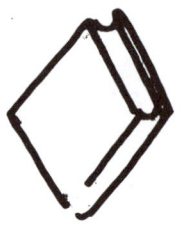

Den Arbeitsplatz gestalten

Effizientes Lernen erfordert einen störungsfreien Arbeitsplatz, der ausschliesslich für das Lernen reserviert ist. Hier machen Sie die Aufgaben, schreiben Briefe, lesen Bücher. Verzichten Sie unbedingt darauf, hier Zeitschriften zu lesen, Radio zu hören, und an diesem Platz wird auch nicht getrödelt oder gebastelt. Wichtig ist auch, dass am Arbeitsplatz keine Dinge liegen oder an die Wand gepinnt sind, die ablenken. Falls Sie über keinen eigenen Raum zum Lernen verfügen, richten Sie Ihren Arbeitsplatz unbedingt vor Arbeitsbeginn ein, damit Sie ungestört lernen können.

Diese strikte Abtrennung eines Arbeitsbereichs hat seinen Grund darin, dass wir beim Lernen immer auch die Lernumgebung speichern. Wenn Sie immer am gleichen Ort nur lernen, entsteht eine Gewohnheit: Sie verspüren ein Bedürfnis zu lernen, wenn Sie sich an diesen Platz setzen, und Sie werden schneller und besser auf die Lerntätigkeit eingestimmt.

Zu den Einrichtungsgegenständen gehören:

1. Der Tisch oder das Pult in der Länge von 100–120 cm und der Breite von 60–80 cm wird möglichst neben ein Fenster gestellt. Für Rechtshänder soll der Lichteinfall von links kommen.
2. Der Schreibtischstuhl sollte höhenverstellbar und auf fünf Rollen beweglich sein.
3. Als Beleuchtung empfiehlt sich eine verstellbare Lampe mit guter Leuchtkraft. Für Rechtshänder soll der Lichteinfall von links kommen.
4. Eine Uhr, ein Behälter für Stifte und ein Notizblock sollten nicht fehlen.
5. Wenn der Platz reicht, können einige Ablagekästen übereinander gestellt werden, um die Unterlagen besser sortieren zu können.
6. Die Wörter- und Formelbücher sind in Griffnähe (in einem Regal) bereitzustellen.
7. Eine Steckwand (Pinnbrett) hält die Lernplanung (Stundenplan, Termine, schwierige Formeln usw.) ständig vor Augen.
8. Der Papierkorb gehört an jeden Arbeitsplatz.

Ein zweckmässig eingerichteter Arbeitsplatz ist wichtig. Wenn Sie aber merken, dass Sie viel Zeit in dessen Gestaltung stecken, reduzieren Sie den Aufwand. Manchmal beschäftigt man sich damit statt mit dem eigentlichen (anstrengenden) Lernen.

2. Arbeitstechnik in der Schule und zu Hause

Nützliche Einrichtungsgegenstände für die Lerntätigkeit. Kreuzen Sie in der nachstehenden Auflistung die Einrichtungsgegenstände an, welche Sie für Ihre Lerntätigkeiten als nützlich erachten.

Tätigkeit	Erforderliches Material
Planen	☐ Kalender ☐ Anschlagbrett ☐
Lesen	☐ Bücher ☐ Bücherregal ☐ Farbstifte ☐ Filzstifte ☐ Leuchtstifte ☐
Nachschlagen	☐ Rechtschreibe-Duden ☐ Fremdwörter-Duden ☐ Geografischer Atlas ☐ Fachbücher ☐ ZGB, OR ☐
Schreiben	☐ Schreib- und Notizmaterial ☐ Computer ☐
Rechnen	☐ Taschenrechner ☐ Tabellenbüchlein ☐ Formelbüchlein ☐
Zeichnen	☐ Zeichenplatte ☐ Bleistifte in versch. Härte ☐ Bleistiftspitzer ☐ Tuschschreiber ☐ Radiergummi ☐ Zirkel ☐ Winkel ☐ Lineal ☐ Kurvenlineal ☐ Schablonen ☐
Kleben	☐ Schere ☐ Bastelmesser ☐ Klebematerial ☐
Ordnen	☐ Ordner ☐ Locher ☐ Sichtmappen ☐ Hängeregister ☐ Kartei ☐ Heftmaschine ☐ Büroklammern ☐ Papierkorb ☐

(Nach: René Brunner, Leichter Lernen)

2. Arbeitstechnik in der Schule und zu Hause

Ergonomie – richtig arbeiten am PC
Achten Sie bei der Arbeit am Computer auf die richtige Haltung.

1. Das Arbeitsgebiet auf dem Bildschirm sollte etwas unter der Augenhöhe liegen.
2. Schauen Sie, dass das vordere Drittel des Unterarms auf der Arbeitsfläche liegt.
3. Stellen Sie die Stuhlhöhe so ein, dass die Hüfte etwas höher ist als das Knie. Das Becken sollte leicht nach vorne gekippt sein.
4. Die Rückenlehne sollte leicht gekrümmt sein und die Wirbelsäule im Lendenbereich stützen.
5. Passen Sie die Höhe Ihres Schreibtisches so an, dass Unter- und Oberarm einen rechten Winkel oder etwas weniger bilden.

Allein, zu zweit oder in der Gruppe lernen

Das Lernen zu zweit oder in der Gruppe ist eine wertvolle Ergänzung zur Einzelarbeit und wirkt sich meist günstig auf die Motivation aus. Das Lernen für sich allein empfiehlt sich vor allem für die Nachbearbeitung des Lernstoffes; das Auswendiglernen von Formeln, Daten und Fakten sowie die Lektüre und das Studium von Büchern und Arbeitsblättern.

Im Zweierteam kontrollieren und vergleichen Sie einfachere fertig gestellte Aufgaben, schwierige Übersetzungen, Diktate und Mathematikaufgaben; unterschiedliche Lösungen und Probleme können so besprochen werden. Prüfungen können dadurch effizienter vorbereitet und auswendig gelernter Stoff kann gegenseitig abgefragt werden. Wenn Sie Probleme in einem bestimmten Fach haben, suchen Sie sich eine Mitschülerin oder einen Mitschüler, die/der sich besonders dafür interessiert. Fragen Sie, worin für ihn/sie das Besondere dieses Faches liegt und wie er/sie dafür arbeitet. Lassen Sie sich erklären, was Sie trotz gründlicher Überlegung nicht verstanden haben. Vielleicht können Sie sich einmal in einem anderen Fach revanchieren.

In Dreier-, Vierer- oder Fünfergruppen (nicht grösser) werden am besten weit gespannte Sachgebiete wie Geschichte, Staats- und Wirtschaftskunde usw. repetiert. Voraussetzung für die Gruppenarbeit ist eine gute Vorbereitung, die jeder für sich allein zu leisten hat.

2. Arbeitstechnik in der Schule und zu Hause

Die Teilnehmerinnen und Teilnehmer solcher Lerngruppen sollten einen ähnlich hohen Wissensstand und ungefähr die gleichen Lernziele haben. Zu Beginn der Zusammenarbeit und jeder Sitzung müssen die Zielsetzungen und das Vorgehen genau besprochen werden (z.B. alle berichten über ein bestimmtes Kapitel). Um das Abschweifen vom Thema zu verhindern, ist es von Vorteil, dass jemand den Vorsitz übernimmt (abwechseln!).

Durch Zeitplanung und Kontrolle Lernerfolge sichern

Indem Sie genau festlegen, wann Sie lernen, trennen Sie zwischen Arbeit und Freizeit und können beides intensiv, unbelastet und mit Spass tun. Der Zeitplan gibt Ihnen nämlich die Sicherheit, dass für alle Arbeiten genügend Zeit bleibt, also z.B. keine Nachtschichten eingelegt werden müssen und vor allem, dass keine Freizeit geopfert werden muss.

Wer das Lernen plant und konsequent Lernstrategien anwendet, wird – nach anfänglichem Mehraufwand – schon bald weniger Zeit fürs Lernen brauchen. Bis das geplante Lernen zur Gewohnheit geworden ist, braucht es eine Lernkontrolle. Selbstbeobachtung heisst selbstbewusst leben. Das allein erhöht schon den Lernerfolg.

Die **ALPEN**-Methode (nach L. Seiwert, 1984) ist ein hervorragendes Planungsinstrument und hilft, Berge von Arbeit abzutragen. ALPEN steht für die fünf Schritte, nach denen vorgegangen wird:

A ufgaben und Arbeiten notieren, die erledigt werden müssen.

L änge der Tätigkeiten einschätzen.

P ufferzonen reservieren; für Störungen und Unvorhergesehenes zusätzliche Zeit einplanen.

E ntscheidungen treffen über die Reihenfolge der Arbeiten; wenn nicht alle erledigt werden können, sind Prioritäten zu setzen, d.h. weniger Wichtiges muss gestrichen werden.

N otizen machen über die Aufgabenplanung, wobei die persönliche Leistungsfähigkeit zu berücksichtigen ist: Überladen Sie das Programm nicht.

Morgen- und Abendmenschen

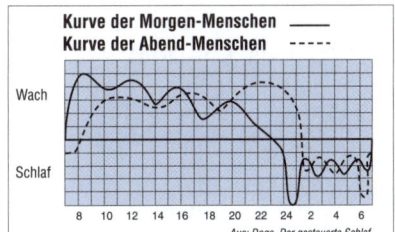

Beim Planen Ihrer Tätigkeiten sollten Sie berücksichtigen, dass Ihre Leistungsfähigkeit Schwankungen unterworfen ist. Wenn Sie berufstätig sind, können Sie nur beschränkt auswählen, wann Sie lernen wollen. Gerade dann ist es wichtig, anspruchsvolle Aufgaben zum bestmöglichen Zeitpunkt zu erledigen. Für die meisten Menschen liegt die Leistungsspitze zwischen 8.30–11.00 Uhr und 16.00–18.00 Uhr. Es gibt aber beträchtliche Schwankungen. So haben die einen die Leistungsspitze am Morgen (Morgen-Menschen) und die andern am Abend (Abend- oder Nacht-Menschen).

2. Arbeitstechnik in der Schule und zu Hause

Sind Sie ein Morgen-Mensch oder ein Abend-Mensch?

Testanweisung:
Beantworten Sie die Fragen, notieren Sie jeweils den Ihrer Antwort entsprechenden Punktwert und zählen Sie die Punkte zusammen.

1. Wann werden Sie abends müde?
   Vor 21.00 Uhr (4 Punkte)   21.00–23.00 Uhr (2 Punkte)   nach 23.00 Uhr (0 Punkte)

2. Ist die Müdigkeit
   zwingend (1 Punkt)   überwindbar (3 Punkte)

3. Kommt danach eine wache Phase?
   ja (1 Punkt)   nein (3 Punkte)

4. Werden Sie nachts häufig wach?
   ja (3 Punkte)   nein (2 Punkte)

5. Haben Sie Träume, und bleiben diese in Erinnerung?
   ja (4 Punkte)   nein (1 Punkt)

6. Schlafen Sie spät ein?
   ja (2 Punkte)   nein (6 Punkte)

7. Wann wachen Sie auf, wenn Sie nicht geweckt werden?
   Vor 6.00 Uhr (6 Punkte)   6.00–8.00 Uhr (3 Punkte)   nach 8.00 Uhr (0 Punkte)

8. Wie würden Sie Ihren Schlaf-Rhythmus gestalten, wenn Sie keine beruflichen oder sonstigen Verpflichtungen hätten?
   a) Aufstehen:
      5.00–7.00 Uhr (8 Pte)   7.00–8.00 Uhr (5 Pte)   8.00–9.00 Uhr (2 Pte)   nach 9.00 Uhr (0 Pte)
   b) Mittagsschlaf: ja (1 Punkt)   nein (4 Punkte)
   c) Nachmittags Kaffee trinken: ja (4 Punkte)   nein (2 Punkte)
   d) Abends: ausgehen/Gäste haben (1 Punkt)   fernsehen (3 Punkte)   ruhen/früh schlafen (6 Punkte)

9. Sind Sie frisch, wenn Sie geweckt werden?
   ja (6 Punkte)   nein (2 Punkte)

10. Sind Sie frisch, wenn Sie normal wach werden?
    ja (4 Punkte)   nein (1 Punkt)

11. Wie ist das Befinden beim Frühstück?
    a) Appetit: wenig (1 Punkt)   gut (2 Punkte)   sehr gut (3 Punkte)
    b) Frische: wenig (1 Punkt)   gut (2 Punkte)   sehr gut (3 Punkte)
    c) Gesprächsfreudigkeit: wenig (1 Punkt)   gut (2 Punkte)   sehr gut (3 Punkte)
    d) Konzentration: wenig (1 Punkt)   gut (2 Punkte)   sehr gut (3 Punkte)

12. Wann können Sie vormittags eine Ermüdung registrieren?
    8.00–9.00 Uhr (1 Pt)   9.00–10.00 Uhr (4 Pte)   10.00–11.00 Uhr (3 Pte)   11.00–12.00 Uhr (1 Pt)

13. Wie ist Ihr Befinden nach dem Mittagessen?
    eher müde (4 Punkte)   eher frisch (1 Punkt)

14. Wann können Sie nachmittags eine Ermüdung registrieren?
    14.00–15.00 Uhr (4 Pte)   15.00–16.00 Uhr (3 Pte)   16.00–17.00 Uhr (1 Pt)

Gesamtpunktzahl:
Die Auswertung finden Sie in Anhang B/Lösungsvorschläge zu den Aufgaben und Repetitionsaufgaben, S. 144.

2. Arbeitstechnik in der Schule und zu Hause

Persönlicher Tages- und Wochenrapport

Die besten Einsichten in rationelle Zeitplanung erhalten Sie, wenn Sie die Tagesrapporte und den Wochenrapport Ihrer Aktivitäten der letzten Woche erstellen. So können Sie kontrollieren, ob Ihre Arbeitsweise den angeführten Grundsätzen entspricht.

Entwerfen Sie für den Zeitplan, ausgehend von Ihren Bedürfnissen, Formulare wie die dargestellten Muster der Tages- und Wochenrapporte. Kopieren Sie sich einen Vorrat, und füllen Sie zunächst Tagesrapporte und den Wochenrapport für die letzte (oder eine durchschnittliche) Woche möglichst vollständig (und ehrlich sich selbst gegenüber) aus.

Später können Sie die Formulare brauchen, um Ihren Zeitplan zu optimieren. Damit Freude und Spass am Lernen erhalten bleiben, dürfen die Lernziele nicht zu hoch gesteckt werden. Unterteilen Sie den Lernstoff in erreichbare Zwischenziele, kontrollieren Sie nach jedem Zwischenabschnitt, ob das Gelernte «sitzt». Belohnen Sie sich nach jedem Lernschritt mit etwas Schönem und Angenehmem. Statt dem unguten Gefühl, immer Aufgaben vor sich zu haben, führt Sie diese Planung von Erfolg zu Erfolg und fördert Ihre Lernmotivation.

Die Optimierung der Zeitplanung setzt voraus, dass Sie wirklich die Zeiten aufschreiben, die Sie aufgewendet haben, und nicht die, von denen Sie meinen, sie wären wirklich die richtigen. Wenn Sie z. B. öfters bis nach Mitternacht fernsehen, schreiben Sie das auf. Erst diese klare Konfrontation macht es möglich, Gewohnheiten zu überdenken und gegebenenfalls zu ändern.

Beispiel Tagesrapport

bis um	Zeit	Tätigkeit	Intensität	Bemerkung
17. Februar					
17.00 Uhr	8 Stunden	Arbeit	▨▨☐☐	müde, nervös
17.30 Uhr	30 Minuten	Heimweg	▨☐☐☐	
18.10 Uhr	40 Minuten	Zeitung lesen		
18.40 Uhr	30 Minuten	Nachtessen		Familiengespräch
18.55 Uhr	15 Minuten	Küchenarbeit		Familiengespräch
20.00 Uhr	1 Std. 5 Minuten	TV		Familiengespräch
20.40 Uhr	40 Minuten	Elektrotechnik	▨▨▨☐	Alle Aufgaben gelöst
21.00 Uhr	20 Minuten	Fachzeichnen	▨☐☐☐	
21.20 Uhr	20 Minuten	Kaffeepause		
22.00 Uhr	40 Minuten	Digitaltechnik	▨☐☐☐	unkonzentriert
23.00 Uhr	60 Minuten	TV		unterhaltend
6.30 Uhr	7 Std. 30 Minuten	Schlaf	▨▨▨▨	
18. Februar					
…	…	…	…	

2. Arbeitstechnik in der Schule und zu Hause

«Kopiervorlage Wochenrapport»

Tätigkeit	Montag	Dienstag	Mittwoch	Donnerstag	Freitag	Samstag	Sonntag	Total	Durchschnitt	Bemerkungen, Änderungen
Schlaf										
Essen										
Schule, Kurse, Vorlesungen										
Arbeit, Beruf										
Lernen, Aufgaben, Weiterbildung										
Club, Verein										
Geselligkeit, Freunde										
Sport, Bewegung										
Fahrzeit										
Hausarbeiten										
andere notwendige Tätigkeiten										
Hobby und Entspannung										
Fernsehen										
anderes…										
Total										

2. Arbeitstechnik in der Schule und zu Hause

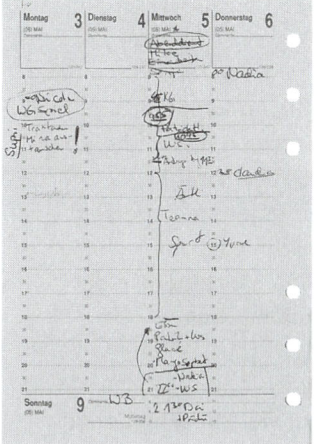

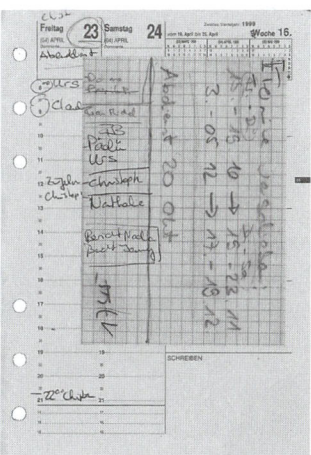

Agenda, Organizer oder PC-Terminmanagement-Programm

Die dicke Agenda (Zeitplanbuch) gilt als Markenzeichen erfolgreicher Manager. Doch nun machen ihr elektronische Organizer und PC-Terminmanagement-Programme Konkurrenz.

Der Umgang mit der Agenda erfordert Disziplin. Die besten Produkte sind so durchdacht, dass Disziplin zu halten zumindest erträglich wird. Sie sind logisch aufgebaut, übersichtlich dank klarer Einteilung; sie machen es überflüssig, die gleichen Einträge in verschiedenen Rubriken zu wiederholen. Und sie lassen die Freiheit, sich so zu organisieren, wie es dem persönlichen Lebensstil entspricht. Die einen planen detailliert einen Monat voraus, die anderen eine Woche; Hauptsache ist, dass Sie planen.

Der elektronische Organizer speichert auf Postkartengrösse sämtliche Termine und Adressen. Regelmässige Termine müssen nicht einzeln eingetragen werden. Zuverlässig erinnert er mit einem Piepston an den Geburtstag der Mutter oder an die wöchentliche Projektsitzung.

Noch leistungsfähiger sind Terminmanagement-Programme für PCs. Diese Alleskönner verwalten Projekte, wählen automatisch die Telefonnummer, vergessen keinen Termin und verknüpfen alle gespeicherten Informationen untereinander.

Die elektronische Zeitplanung leidet aber an systembedingten Mängeln. Je kleiner die Geräte, desto unübersichtlicher fällt die Anzeige aus. Bei mehreren Terminen reicht der Bildschirm nicht mal zur Darstellung aller Tagesinformationen. Ohne Fingerspitzengefühl lassen sich auch die miniaturisierten Tastaturen nicht bedienen. Auch die Eingabe mit dem elektronischen Griffel bei den persönlichen digitalen Assistenten (PDA) ist mühsam. Die perfekte elektronische Zeitplanung gibt es nicht. Die herkömmliche Agenda verfügt über bestimmte Eigenschaften, die elektronisch nicht nachzuahmen sind.

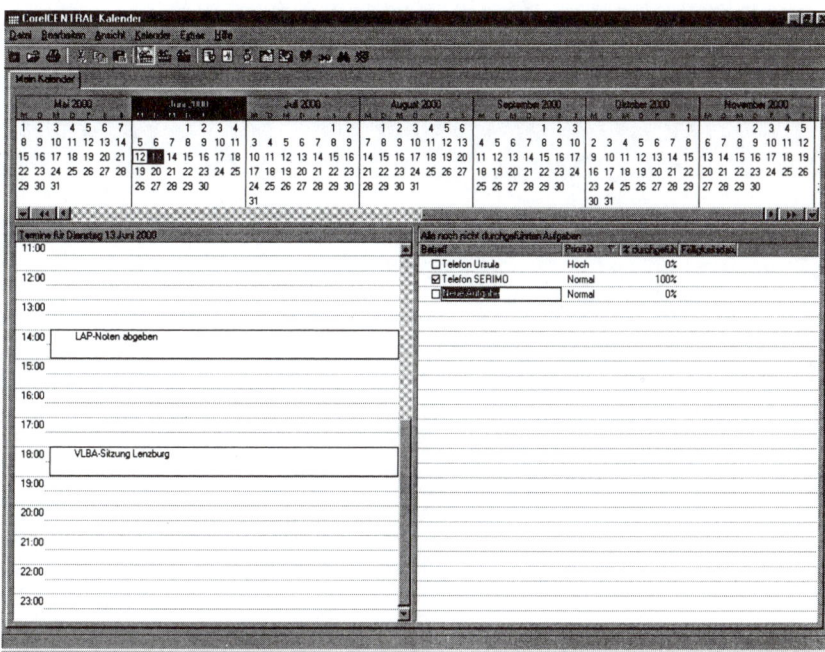

2. Arbeitstechnik in der Schule und zu Hause

Agenda	Zeitmanagement-Software	Elektronischer Organizer
Die Agenda ist das verbreitetste Hilfsmittel. Inhalt: Terminteil mit Tages-, Wochen- und Jahresübersichten sowie eine Datenbank.	Zeitmanagement-Software für PCs lässt bezüglich Funktionalität keine Wünsche offen. Bei vernetzten Computern wird die Sitzungs- und Ferienplanung zum Kinderspiel.	Die Kleinstcomputer sind in ihrer Ausstattung und Bedienung auf das persönliche Informationsmanagement zugeschnitten. Ihr logischer Aufbau gleicht jenem der Zeitplanbücher.
Vorteile: • übersichtlich • erlaubt freies Zeichnen • mobil • schöne Gestaltung • flexibel und ausbaubar (eigene Formulare, Stadtpläne, usw)	Vorteile: • sehr hohe Funktionalität • recht übersichtlich • viele Auswertungsmöglichkeiten • Gruppenfunktionen • einmalige Anschaffungskosten • einfache Datensicherung	Vorteile: • sehr viele Informationen auf sehr kleinem Raum • kein langwieriges Aufstarten • intelligente Suchfunktionen • einmalige Anschaffungskosten • Datensicherung möglich • Alarmfunktion
Nachteile: • kein Alarm • schwieriges Adress- und Kontaktmanagement • voluminös • Änderungen nur mit dem Radiergummi • kein automatischer Nachtrag	Nachteile: • nicht mobil • PC muss in Betrieb sein • PC-Kenntnisse erforderlich	Nachteile: • schwierige Dateneingabe • unübersichtlich • teilweise nicht sehr robust

2. Arbeitstechnik in der Schule und zu Hause

Erkunden Sie Ihre Bedürfnisse

Mit diesem Test können Sie feststellen, was sich für Sie eignet. Kreuzen Sie nur jene Aussagen mit Ja an, die für Sie zutreffen, und berücksichtigen Sie nur die Wertungen in diesen Zeilen.

	Ja	Agenda	Organizer	PC-Software
Sie arbeiten eher terminorientiert.		0	+	0
Das Telefon ist Ihr wichtigstes Arbeitsinstrument.		0	0	+
Elektronische Geräte sind Ihnen ein Graus.		+	+	0
Sie sind viel unterwegs.		+	+	-
Sie arbeiten intensiv in einem Team.		0	0	+
Sie haben beruflich mit vielen Menschen zu tun.		-	+	+
Sie arbeiten eher projektorientiert.		+	0	+
Sie planen Ihre Zeit zu wenig systematisch.		0	+	+
Sie benutzen den Computer nicht oder nur sporadisch.		+	+	-
Sie sind mit dem Zeitplanbuch vollauf zufrieden.		+	0	0
Sie arbeiten häufig mit den Formularen des Zeitplanbuches.		+	0	0
Sie vergessen häufig Termine oder Fristen.		0	+	+
Sie sind ein kreativer Chaot und wollen dies bleiben.		+	0	0
Sie machen keine Trennung zwischen privaten und geschäftlichen Terminen.		+	0	-
In Ihrem Zeitplanbuch stimmen oft die Einträge in der Monatsübersicht nicht mit jenen in der Wochen- oder Tagesübersicht überein.		-	+	+
Sie pflegen einen lockeren Umgang mit neuen Technologien.		0	+	+
Sie verfügen über PC-Kenntnisse.		0	+	+
Sie haben eigene Formulare für ihr Zeitplanbuch entwickelt.		+	-	-

Markieren Sie von den folgenden Bereichen jene zwei, die Sie am häufigsten einsetzen.

– Terminplanung		0	+	0
– Projektmanagement		+	0	+
– Adressen		-	+	+
– Notizen		+	-	0
– Pendenzenliste		0	+	+
Total				

Auswertung: Zählen Sie nun die Anzahl Pluszeichen jeder Spalte zusammen, und ziehen Sie die Anzahl Minuszeichen ab. Je höher die Summe, desto mehr ist die jeweilige Planungsmethode für Sie geeignet.

2. Arbeitstechnik in der Schule und zu Hause

Die Lernkartei
So lernt man mit der Lernkartei

Auf die Vorderseite einer Karte schreiben Sie Fragen zum behandelten Stoff oder z.B. fremdsprachige Wörter oder mathematische Aufgaben usw. Auf die Rückseite schreiben Sie die Antworten.

Mit einer Serie von 20-30 Karten, die man ins erste Fach des Karteikastens steckt, wird gelernt. Man nimmt die erste Karte heraus und versucht auf die Frage eine richtige Antwort zu geben. Erinnert man sich nicht daran, kehrt man die Karte um und prägt sich die Antwort ein. Die Karte kommt an die letzte Stelle im gleichen Fach (1). Gewusste Antworten erlauben, die betreffende Karte ins 2. Fach abzulegen. Wenn Sie die Antwort nicht wissen, bleiben die Karten im gleichen Fach und werden so lange repetiert, bis sie schliesslich im Fach 2 landen. So geht es weiter bis ins letzte Fach.

Wer auf diese Weise einen Stoff lernt, der kann annehmen, dass alles im Langzeitgedächtnis gelandet ist. Die Kärtchen kann man im Archiv versorgen und später (auch vor Prüfungen) wieder einmal zur Kontrolle repetieren. Machen Sie Ihren Lehrpersonen den Vorschlag, für wichtige, elementare Lerninhalte in der Schule eine Lernkartei herzustellen. Günstig sind z.B. Rechtschreiben, Deklinationen, geografische oder biologische Lernstoffe, Gedichte, geschichtliche Daten und Fakten, Regeln, fremdsprachige Wörter, Konjugationen usw.

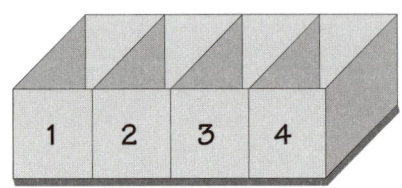

Herstellen einer Lernkartei

1. Besorgen Sie eine Schachtel, eine Zigarrenkiste oder etwas Ähnliches, und stellen Sie damit einen Karteikasten her.
2. Oder kaufen Sie in der Papeterie einen Karteikasten. Karteikarten kann man selber herstellen. Schneiden Sie Zettel (Halbkarton) als Karteikarten zurecht. Karteikarten im Format A6 sind aber auch im Handel erhältlich (Format A6 = 10,5 x 14,8 cm).
3. Beschriften Sie die Karten wie oben beschrieben. Vielleicht helfen Ihnen die Lehrpersonen.

So lernen Sie mit der Lernkartei Wörter in Fremdsprachen

Beim Erlernen von Sprachen kommen Sie nicht darum herum, auch Wörter zu lernen. Diese sind so etwas wie Bausteine für den Fortschritt in der Sprachenkenntnis. Ohne Bausteine lässt sich kein «Sprach-Haus» bauen.

1. Schritt: Aufschreiben
   Sie schreiben in die Lernkartei die Wörter aus dem Buch ab, und zwar immer zuerst das fremde Wort (Vorderseite der Karte), dann die deutsche Bedeutung (Rückseite). Pro Tag können Sie höchstens 30–40 neue Wörter lernen.

2. Schritt: Laut durchlesen
   Lesen Sie alle Fremdwörter auf den einzelnen Karten laut durch. Achten Sie auf die richtige Aussprache. Stellen Sie die Karten ins 1. Fach (neu).

3. Schritt: Erster Durchgang
   Sie nehmen eine Karte, lesen die deutsche Übersetzung und sprechen laut das entsprechende Fremdwort aus. Schreiben Sie es zusätzlich auf ein separates Blatt. Kontrollieren Sie unbedingt mit Hilfe der Antwort auf der Kartenrückseite. Erinnerte Wörter kommen ins 2. Fach (gewusst), nicht erinnerte Wörter bleiben im 1. Fach (neu).

4. Schritt: Wiederholen, wiederholen, wiederholen
   Wollen Sie Wörter zu Ihrem sicheren und dauernden Besitz werden lassen, müssen Sie anfänglich alle Wörter jede Woche einmal wiederholen, die «schwierigen» sogar jeden Tag. Zwischendurch ist es günstig, wenn Sie mit Schulkolleginnen oder -kollegen oder mit Eltern und Geschwistern zusammenarbeiten, um sich ganz neutral und ohne eine bestimmte Reihenfolge abfragen zu lassen.

2. Arbeitstechnik in der Schule und zu Hause

Rechenaufgaben optimal lösen

Die 4 Schritte	Was bei jedem Schritt zu tun ist.
1. Die Aufgabe muss verstanden werden.	Lesen Sie jede Aufgabe konzentriert 2-4-mal genau durch. Stellen Sie sich dabei die Aufgabenstellung anschaulich vor. Was ist in der Aufgabe bekannt? Was wird gesucht? Gibt es in der Aufgabenstellung eine besondere Bedingung? Stellen Sie, wenn möglich, die Aufgabe grafisch dar. Schätzen Sie das Ergebnis! Notieren Sie es vor der Lösung der Aufgabe.
2. Zusammenhänge schaffen!	Kennen Sie eine verwandte oder ähnliche Aufgabe? Welche Rechenoperationen kommen hier in Frage? Zusammenzählen, Wegzählen, Malnehmen, Teilen, Messen, Dreisätze, Logarithmen usw. Lösen Sie vorerst nur einen Teil der Aufgabe. Kontrollieren Sie jetzt, ob Sie alle gegebenen Zahlen (richtig) verwendet haben. Überlegen Sie mit einem kleinen Plan, wie Sie den Rest der Aufgabe lösen werden. Notieren Sie in Stichworten den Plan bei komplizierteren Aufgabenstellungen.
3. Führen Sie den Plan aus!	Kontrollieren Sie jeden Schritt.
4. Prüfen Sie die Lösung!	Können Sie das Resultat kontrollieren? Vergleichen Sie das Resultat mit der Schätzung zu Beginn der Aufgabenlösung. Kontrollieren Sie die Zahlen in der Ausrechnung! Stimmen Sie mit der Aufgabe überein? Wenn Sie eine Reinschrift der Aufgabenlösung vornehmen, stellen Sie sie möglichst klar und übersichtlich dar. Sparen Sie nicht mit dem Platz.

Gewöhnen Sie sich an, alle mathematischen Aufgaben so zu lösen.

3. Die Funktionsweise des Gehirns

Inhaltlicher Überblick

Jedes Gehirn hat eine individuelle Grundstruktur
Aufgrund der vernetzten Nervenfasern (Neuronen) denken, behalten und sich erinnern können.

Von der Wahrnehmung zum Gedächtnis
Alle Wahrnehmungen durchlaufen das Ultrakurzzeitgedächtnis, damit sie uns im Kurzzeitgedächtnis bewusst werden und so eventuell im Langzeitgedächtnis gespeichert werden können.

Unterschiede der linken und rechten Hemisphäre des Gehirns
Die unterschiedlichen Leistungsfähigkeiten der Gehirnhemisphären durch die Entwicklung brachliegender Fähigkeiten fördern.

Denkblockaden
Wie das Denken unter starkem Stress durch Stresshormone blockiert werden kann.

Der Gedankensplitter zum Thema
«Es ist eigentlich schon eigenartig, dass die meisten Leute wissen, wie z. B. ihr Herz funktioniert, aber keine Ahnung von der Funktionsweise des Gehirns haben. Vielleicht liegt es daran, dass das Herz mechanisch erklärbar ist, das Gehirn jedoch elektrochemisch.»
(Urs, Elektroniker, 25 Jahre)

Lesen Sie bitte zuerst den Überblick zu diesem Kapitel und überlegen Sie zu jedem Titel, was Sie bereits über das Thema wissen und was Ihnen dazu in den Sinn kommt. Auf diese Weise aktivieren Sie Ihr Gehirn und schärfen die Aufmerksamkeit. Mehr zu dieser Lernstrategie erfahren Sie im 4. Kapitel «Der Funktion des Gehirns entsprechend lernen», S. 42ff.

Jedes Gehirn hat eine individuelle Grundstruktur
Das Gehirn ist ein Lernorgan. Lernen umfasst das Aufnehmen, Verarbeiten und Speichern von Informationen. Die Sinnesorgane (Rezeptoren, Eingangskanäle) nehmen bestimmte Informationen, also Reize wie Licht, Druck, Töne, Temperatur usw., auf und senden sie auf elektrochemischem Wege zum Gehirn. In den Wahrnehmungsfeldern (Motorik, Tasten, Sehen, Lage) des Gehirns werden die eingegangenen Signale nach bestimmten Mustern bearbeitet und, falls erforderlich, weitergeleitet. Die Informationsverarbeitung erfolgt im Wesentlichen in der Hirnrinde (Neokortex). Dieses 2 – 3 cm dicke Gewebe in Form eines lappenartigen Gebildes voller Furchungen und Windungen umfasst ca. 0,2 Quadratmeter.

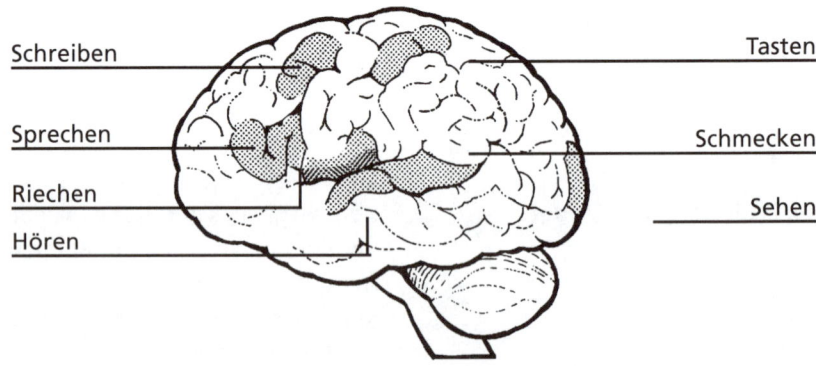

Werden verschiedene «Eingangskanäle» aktiviert, beschäftigt das Gehirn unterschiedliche Wahrnehmungsfelder. Von da aus werden die Wahrnehmungen zu den über die ganze Grosshirnrinde verteilten Assoziationsfeldern weitergeleitet, wo sie verarbeitet und wieder abgerufen werden können. Die Erinnerung ist also nicht am gleichen Ort wie die Wahrnehmungsfelder lokalisiert. Wenn ein bestimmtes Wahrnehmungsfeld (etwa für das Sehen) ausfällt, ist damit auch die Aufnahme durch den betreffenden Eingangskanal gestört, nicht jedoch die Erinnerung an beispielsweise früher Gesehenes.

3. Die Funktionsweise des Gehirns

Das Gedächtnis arbeitet assoziativ. Das bedeutet: Begriffe werden durch miteinander verbundene Neuronengruppen gebildet und gespeichert. Unsere konkreten Gedächtnisinhalte sind in einem Netz von elektrochemischen Verbindungen abgespeichert. Während die Neuronen (Hirnzellen) grösstenteils von Geburt an vorhanden sind, entwickeln sich die Verbindungen zwischen den Neuronen während des ganzen Lebens. Mit einem besonders starken Schub neuer Verzweigungen zu einigen Assoziationsbereichen in der vorderen Hirnrinde während der Pubertät, was nach Vester einige der in dieser Zeit bekannten «Verwirrungen» im Verhalten Heranwachsender erklärt. Aufgrund der individuellen Lebenserfahrung erhält das Gehirn eines jeden Menschen seine eigene anatomische «Verdrahtung», seine individuelle Grundstruktur. Zwischen den Hirnzellen entstehen so Verknüpfungen (Assoziationen), in denen alles Erlebte gespeichert und allenfalls wieder willentlich abgerufen werden kann.

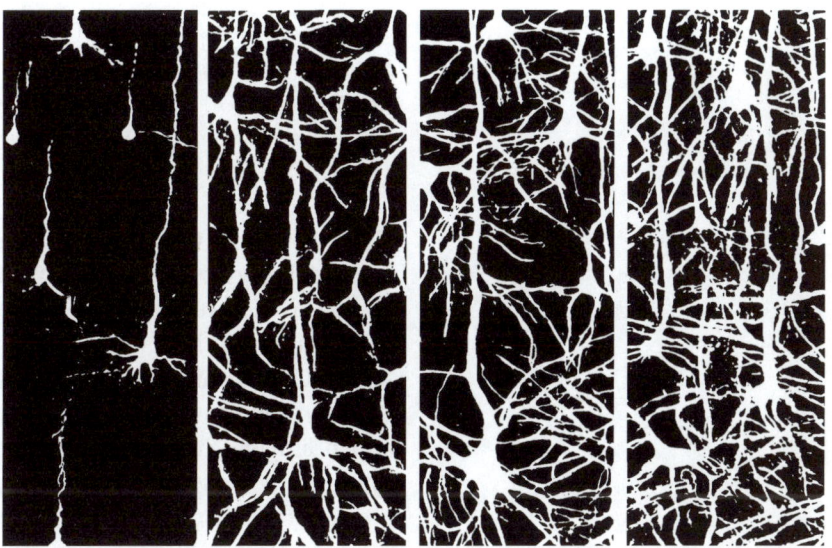

Schnitt durch eine Partie der menschlichen Grosshirnrinde zum Zeitpunkt der Geburt (linkes Bild), im Alter von drei Monaten (zweites Bild), von fünfzehn Monaten (drittes Bild) und von drei Jahren (Bild rechts). (Quelle: Vester, Denken, Lernen, Vergessen, 29. Aufl. S. 210–231)

Die elementaren Verarbeitungseinheiten im Gehirn sind die Neuronen: Zellen, welche auf elektrochemischem Wege Signale austauschen und einander gegenseitig erregen können.

Man schätzt, dass der Mensch etwa 15 Milliarden Neuronen besitzt. Die einzelnen Neuronen sind mit durchschnittlich 1000, im Einzelfall mit über 10 000 anderen Neuronen verbunden. Die Verbindungen zwischen den Neuronen werden Axone und Dendriten genannt. An den Verbindungsstellen steuern die Synapsen (eine Art Schalter) die ankommenden elektrochemischen Signale der Axone. Die Synapsen verstärken oder schwächen die Signale. Soll die Information an eine zweite Zelle weitergegeben werden, schickt die sendende Zelle einen chemischen Botenstoff aus, der über den synaptischen Spalt zur Empfängerzelle wandert. Dort wird das chemische Signal wieder in ein

3. Die Funktionsweise des Gehirns

elektrisches umgewandelt. Gegebenenfalls aktivieren die eingegangen Signale das zweite Neuron, so dass es ein Signal über seine Ausgabeleitung, das Axon, an andere Neuronen oder Zellen (Nervenzellen, Muskelzellen, usw.) weiterleitet. Lernen und Bildung neuer Gedächtnisinhalte beruhen also auf der elektrochemischen Tätigkeit der Neuronen.

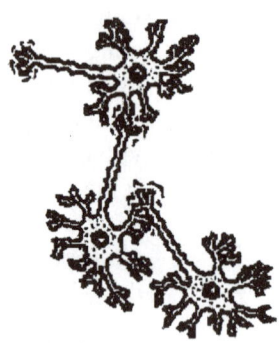

Bei diesen drei Neuronen sieht man den Zellkern mit mehreren (kurzen) Dendriten und einem (langen) Axon, das die Verbindung zum nächsten Neuron herstellt. Diese Verbindungen sind durch Synapsen gesteuert.

Die individuelle Grundstruktur des Bildes der Aussenwelt wird alle drei Sekunden ergänzt, indem das Gehirn fragt: «Was gibt es Neues?» Alle drei Sekunden sucht das Gehirn eine neue Interpretation der Welt und aktualisiert sein Bild der Wirklichkeit. Diese drei Sekunden empfinden wir als Gegenwart. Sie können das mit einem Experiment ausprobieren. Schauen Sie das folgende Vexierbild mit zwei Interpretationsmöglichkeiten längere Zeit an. Nach ungefähr drei Sekunden springt die erste Interpretation automatisch in die zweite um, ohne dass Sie sich wehren können. (nach Ernst Pöppel, Weltwoche 29. 7. 1999)

3. Die Funktionsweise des Gehirns

Von der Wahrnehmung zum Gedächtnis

Das Modell der dreistufigen Informationsverarbeitung ist heute die vorherrschende Vorstellung der Funktionsweise von Lernen und Gedächtnis. Die ungeheure Vielfalt von Informationen wird demnach durch ein dreistufiges Verfahren im Gehirn gefiltert. Alle Wahrnehmungen (Reize) müssen das Ultrakurzzeitgedächtnis (UZG) durchlaufen. Nur wenige davon werden ins Kurzzeitgedächtnis (KZG) übertragen, dort gepuffert, bearbeitet und eventuell ins Langzeitgedächtnis (LZG) weiterbefördert und gespeichert.

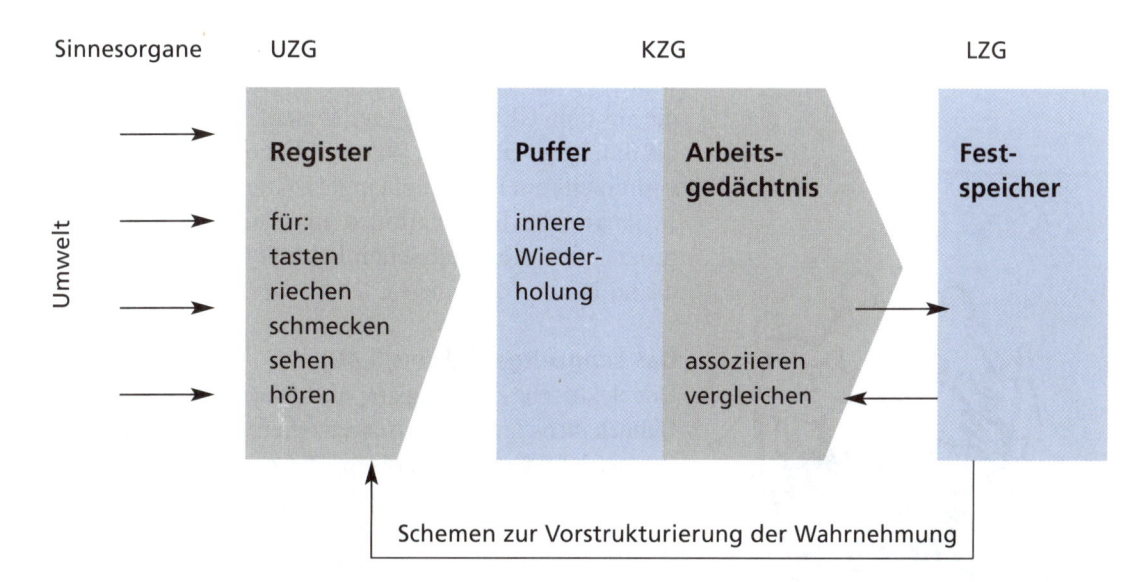

Modell der dreistufigen Informationsverarbeitung

Sinnesorgane	UZG	KZG		LZG
Umwelt → → → →	**Register** für: tasten riechen schmecken sehen hören	**Puffer** innere Wiederholung	**Arbeitsgedächtnis** assoziieren vergleichen	**Festspeicher**

Schemen zur Vorstrukturierung der Wahrnehmung

Das Ultrakurzzeitgedächtnis (UZG)

Die Sinnesorgane nehmen die Informationen aus der Umwelt auf und wandeln sie in eine neuronale Erregungsform um. Der Reiz kann ein visueller (sichtbarer), auditiver (hörbarer), haptischer (den Tastsinn ansprechender), olfaktorischer (geruchlicher) oder gustatorischer (geschmacklicher) Reiz sein. Die eintreffende Informationsmenge ist von der Art des Reizes abhängig: Olfaktorische Reize können etwa 1000 Bit pro Sekunde enthalten, visuelle hingegen ca. 10 Millionen Bit. Der wahrnehmbare Reiz trifft auf eine Sinneszelle, die ihn in Form eines elektrischen Erregungsimpulses an eine Nervenzelle des Ultrakurzzeitgedächtnisses weitergibt. Diese Informationen sind in rein physikalischer Form gespeichert und bleiben grösstenteils unbewusst. Das erlaubt eine sehr hohe Speicherkapazität, die meisten Informationen zerfallen aber innerhalb von Sekundenbruchteilen. So wird von der enormen Informationsmenge laufend das Unnötige ausgefiltert, ohne dass es uns bewusst wird.

Das Kurzzeitgedächtnis (KZG)

Der elektrische Erregungsimpuls beginnt nun zwischen den Synapsen verschiedener Nervenzellen zu kreisen.

3. Die Funktionsweise des Gehirns

Man nimmt an, dass im Kurzzeitgedächtnis die rein physikalische Form der Information in sinnvolle Worte oder Bilder umgewandelt wird. Weil dies einen grossen Aufwand erfordert, kann das Kurzzeitgedächtnis nur etwa sieben (plus/minus zwei) Informationen gleichzeitig behalten. Die Speicherdauer im Kurzzeitgedächtnis beträgt bei nur einmaliger Einspeicherung höchstens zwei bis drei Sekunden. Wenn Ihnen eine Telefonnummer genannt wird und Sie sie nicht sofort notieren, vergessen Sie diese nach ca. drei Sekunden. Wollen wir den Inhalt länger behalten, so müssen wir ihn im Geiste wiederholen. Dieser Dreisekundentakt ermöglicht u.a. den Menschen, sich miteinander zu unterhalten. Indem wir unsere Sätze mit minimalen Pausen nach zwei bis drei Sekunden strukturieren, können andere unserer Rede folgen.

Es wird vermutet, dass das Kurzzeitgedächtnis zwei Aufgaben bewältigt: Einerseits vergleicht ein Arbeitsgedächtnis die Informationen, die aus dem Ultrakurzzeitgedächtnis eintreffen, mit dem im Langzeitgedächtnis gespeicherten Wissen. Wegen der raschen Verfallzeit speichert andrerseits ein Puffer bei längerfristigen Vergleichen die Informationen. Je länger die Informationen im Kurzzeitgedächtnis verweilen, desto grösser ist die Wahrscheinlichkeit ihres Transfers ins Langzeitgedächtnis.

Das Langzeitgedächtnis (LZG)

Der elektrische Erregungsimpuls kreist in bestimmten, sich wiederholenden Bahnen im Netzwerk der Nervenzellen und hinterlässt dabei Spuren, die sich chemisch im Gehirn einprägen. Die zunächst noch nicht fest zusammen geschalteten Nervenbahnen festigen sich dabei; es entstehen solide elektrochemische Verbindungen. Ein bestimmter Gedächtnisinhalt ist also im Langzeitgedächtnis repräsentiert durch die gemeinsame elektrochemische Aktivität einer bestimmten Neuronengruppe. Diese wird wahrscheinlich ermöglicht durch Änderung der Synapsenstärke und durch die Ausbildung neuer synaptischer Verbindungen (siehe Artikel «Langzeitgedächtnis entschlüsselt?»).

> *Aargauer Zeitung vom 25. 11. 1999*
> **Langzeitgedächtnis entschlüsselt?**
> *Genf Geheimnis ist die Bildung neuer Synapsen*
> *Forschende der Genfer Universität haben einen bislang unbekannten Mechanismus des menschlichen Gedächtnisses entdeckt. Sie konnten nachweisen, dass das Langzeitgedächtnis auf der Bildung zusätzlicher Synapsen zwischen Nervenzellen beruht. Synapsen sind Bindungsstellen zwischen den Neuronen, also den Nervenzellen. Wenn eine Information im Gedächtnis «abgelegt» wird, verändern die Synapsen ihre Funktionsweisen. Ihre Aktivitäten erhöhen sich, so dass die von einem Neuron zum nächsten übertragenen Signale intensiviert werden. Das Team vom Institut für Neuropharmakologie der Universität Genf interessierte sich für den Mechanismus, welcher die Synapsen leistungsfähiger macht. Sie untersuchten unter dem Elektronenmikroskop Nervenzellen, welche sie im Labor kultiviert hatten. Dabei beobachteten sie während einer Nervenaktivität, dass die Anzahl an Synapsen verdoppelt wird - und zwar jedesmal, wenn eine Botschaft übermittelt wird, die im Gedächtnis abgespeichert werden soll. Die Ergebnisse werden am Donnerstag in der jüngsten Ausgabe der Forschungszeitschrift «Nature» veröffentlicht. Die Entdeckung könnte die Hirnforschung um einiges weiterbringen. Die Wissenschafter erhoffen sich davon Fortschritte bei der Forschung der Gedächtnisbildung, der Hirnentwicklung und der Heilung von Hirnschäden nach Verletzungen. (sda)*

3. Die Funktionsweise des Gehirns

i Bei der Übertragung einer Information vom Kurzzeitgedächtnis ins Langzeitgedächtnis laufen in unserem Gehirn intensive Umbauprozesse ab: Nervenzellen bilden neue Verzweigungen, so dass als letzte Folge eines intensiven Lernprozesses die Grosshirnrinde dicker wird. Diese dauerhaften Veränderungen, diese Wachstums- und Differenzierungsprozesse benötigen sehr viel Zeit und dauern mit Sicherheit viele Stunden, ja wahrscheinlich sogar Tage an. Wenn wir aufgehört haben, uns mit den Lerninhalten bewusst zu befassen, läuft das eigentliche Einspeichern über längere Zeit hinweg weiter, während wir längst ganz anderes tun. Meist arbeiten wir in der bewussten Lernphase mit höchster Konzentration. Wir übersehen aber gerne, was danach geschieht. Je ungestörter wir nämlich in dieser Zeitspanne bleiben, desto besser wird die neue Information ins Langzeitgedächtnis übertragen.

Im Langzeitgedächtnis einer erwachsenen Person sind 500 000 mal so viele Informationen wie in den grössten Enzyklopädien (10-50-bändige Lexika mit dem Wissen der Menschheit) gespeichert. An den allergrössten Teil davon erinnern wir uns nicht. Dieses passive Wissen wird erst aktiv bei Wiederholungen oder wenn es mit einer aktuellen Information verknüpft wird. Informationen, die mit möglichst vielen anderen verknüpft (assoziiert) sind, haben demzufolge die grösste Chance, wieder erinnert zu werden.

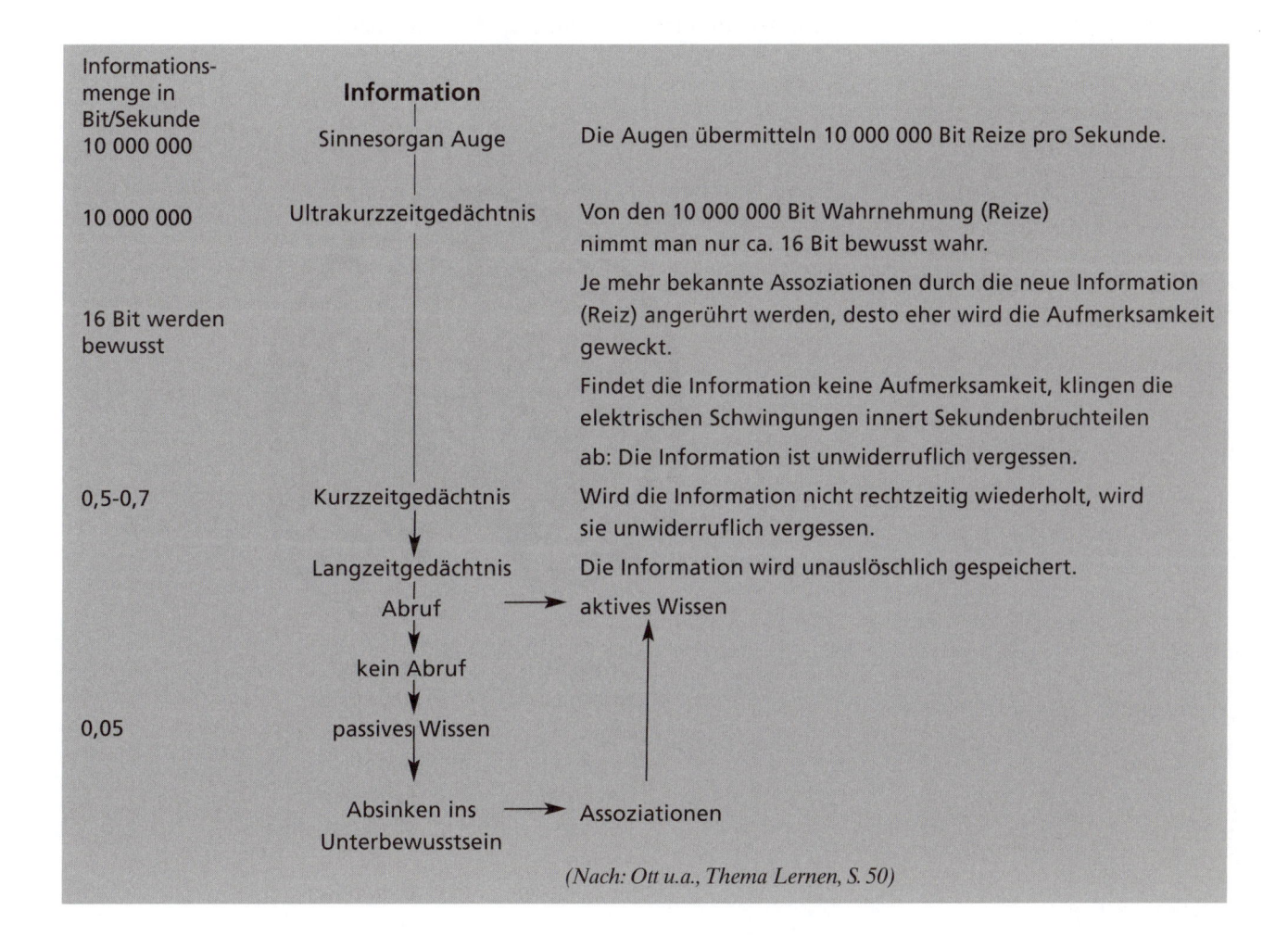

Informationsmenge in Bit/Sekunde	Information	
10 000 000	Sinnesorgan Auge	Die Augen übermitteln 10 000 000 Bit Reize pro Sekunde.
10 000 000	Ultrakurzzeitgedächtnis	Von den 10 000 000 Bit Wahrnehmung (Reize) nimmt man nur ca. 16 Bit bewusst wahr.
16 Bit werden bewusst		Je mehr bekannte Assoziationen durch die neue Information (Reiz) angerührt werden, desto eher wird die Aufmerksamkeit geweckt.
		Findet die Information keine Aufmerksamkeit, klingen die elektrischen Schwingungen innert Sekundenbruchteilen ab: Die Information ist unwiderruflich vergessen.
0,5-0,7	Kurzzeitgedächtnis	Wird die Information nicht rechtzeitig wiederholt, wird sie unwiderruflich vergessen.
	Langzeitgedächtnis	Die Information wird unauslöschlich gespeichert.
	Abruf →	aktives Wissen
	kein Abruf ↓	
0,05	passives Wissen ↓	
	Absinken ins Unterbewusstsein →	Assoziationen

(Nach: Ott u.a., Thema Lernen, S. 50)

3. Die Funktionsweise des Gehirns

Unterschiede der linken und rechten Hemisphäre des Gehirns
Die Gehirnforschung entdeckt immer wieder neue, umfassendere Fähigkeiten des menschlichen Geistes. Man nimmt an, das Gehirn bestehe aus zwei Hälften, und jede dieser Hälften arbeite mehr oder weniger unabhängig von der anderen. Es wäre also so, dass beide Hälften (Hemisphären) des Gehirns die gleichen Informationen auf unterschiedliche Weise verarbeiten. Mit anderen Worten: Beide Hälften des Gehirns sind für verschiedene geistige Aktivitäten zuständig. Wer für intellektuelle und schöpferische Aktivitäten die besonderen Fähigkeiten beider Hemisphären nutzen kann, wird mehr erreichen.

Als Verbindungsstück funktioniert ein Balken (Corpus callosum), der einerseits Tausende von Impulsen pro Sekunde zwischen den beiden Hemisphären austauscht und anderseits den Informationsfluss einschränkt, wenn eine bestimmte Aktivität mit Vorteil nur mit den besonderen Funktionen einer Gehirnhälfte geleistet wird.

Es bestehen also zwei sich ergänzende Denkarten. Die linke Gehirnhälfte verarbeitet Informationen hauptsächlich in sprachlicher Form und operiert mehr linear und analytisch. Die rechte Gehirnhälfte verarbeitet Informationen hauptsächlich in bildhafter Form und operiert mehr intuitiv, kreativ und ganzheitlich.

Problemlösungen sind erfolgreicher und Lernstoff prägt sich stärker ein, wenn beide Hälften des Gehirns gezielt trainiert und genutzt werden, wie dies bei der Mindmap-Methode der Fall ist.

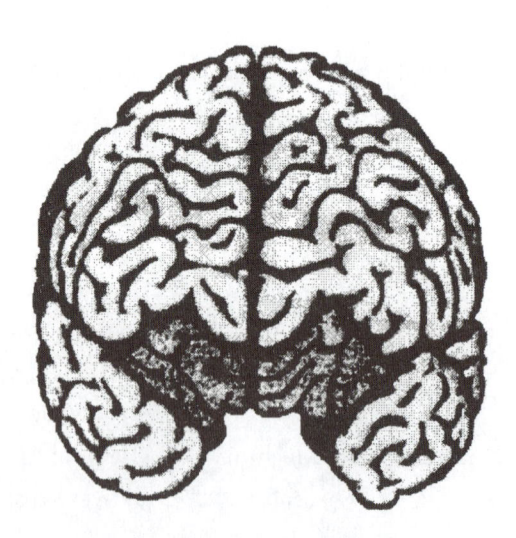

Links	**Rechts**
Sprache	Rhythmus
Logik	Musik
Folge	Bilder
Linearität	Fantasien
Analyse	Wachträumerei
Regeln	Farbe
Einzelheiten	Dimension

3. Die Funktionsweise des Gehirns

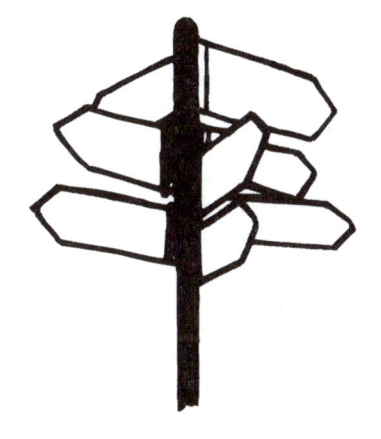

Die gezielte Entwicklung bestimmter brachliegender Fähigkeiten belastet andere Bereiche der geistigen Tätigkeiten nicht, sondern fördert sie. Man spricht dabei von einem Synergieeffekt. So verbessern sich alle Gebiete geistiger Leistungsmöglichkeiten, wenn einzelne Fähigkeiten gefördert werden. Dadurch werden Lernfreude, Neugier und Zufriedenheit ausgelöst und gesteigert.

«Es scheint sich also so zu verhalten: Wenn wir glauben, auf bestimmten Gebieten begabt zu sein und auf anderen unbegabt zu sein, dann beschreiben wir in Wirklichkeit solche Gebiete unseres geistigen Potentials, die wir erfolgreich entwickelt haben, und andere Gebiete, die ungeweckt brachliegen, die aber mit der richtigen Pflege durchaus zur Entfaltung gebracht werden könnten.» (Zitat aus: Buzan, Kopftraining, S. 17f.)

Eine verbesserte Wahrnehmung lässt uns bisher unbewusst aufgenommene Sinneseindrücke bewusst aufnehmen. Das bewusste Denken wird vielfältiger, ordnet Einzelheiten in den Zusammenhang ein. So aktiviert eine bewusste Wahrnehmung beide Gehirnhälften.

Wie beide Gehirnhälften vom frühesten Lebensalter an zusammenwirken, zeigt eine der begeisterndsten Fähigkeiten des Menschen, nämlich eine Sprache zu lernen. Dazu gehört zum Beispiel das Verstehen von Rhythmus, Mathematik, Physik, Sprachwissenschaft, Gedächtnis, Interpretation, Kreativität, logisches Urteil und Denken, und dies alles ist vielfältig miteinander verknüpft.

Denkblockaden

Erlebt ein Mensch Angst und Schrecken, stösst sein Körper Stresshormone aus, die blitzartig riesige Energiemengen (Fett, Zucker) mobilisieren, die es braucht, um sofort zu fliehen oder zu kämpfen. Um reflexartig reagieren zu können, blockieren im Gehirn die Stresshormone die Schaltstellen (Synapsen) der Nervenfasern (Neuronen) und somit das Denken. Unsere Vorfahren waren darauf angewiesen, um bei Gefahr sofort fliehen zu können. Im Zusammenhang mit dem Lernen ist dieser Stressmechanismus eher hinderlich. Wenn man z.B. schnell etwas wissen muss und unter starkem Stress steht, kann das Denken durch die Stresshormone blockiert werden. Ausser in Extremsituationen kommt es auch bei negativen Gefühlen wie Schmerzen und Weinen zum Ausstoss von Hormonen, die das Denken hemmen. Eine negativ empfundene Lernatmosphäre kann die Aufnahme und das Erinnern von Wissen hemmen oder ganz blockieren.

Für das Lernen bedeutet das, dass Informationen dann optimal aufgenommen und verarbeitet werden, wenn wir ruhig, entspannt und angstfrei sind. Diese Erkenntnis führte u. a. zur Entwicklung einer modernen Lernmethode, der Suggestopädie, auch Superlearning genannt.

4. Der Funktion des Gehirns entsprechend lernen

Inhaltlicher Überblick

Zuerst Fragen an den Lernstoff stellen
Um effizient zu lernen, muss das Vorwissen aktiviert sein.

Abwechslungsreiches Aufnehmen neuer Information
Neuen Lernstoff in Abständen wiederholt aufnehmen und verschiedene Wahrnehmungskanäle verwenden.

Arbeitsgedächtniskapazität beachten
Nicht mehr als sieben Objekte auf einmal aufnehmen.

Mehr im Gedächtnis behalten durch kurze Lernperioden
Mit kurzen Lernblöcken (10 bis 40 Minuten) kann der Leistungsabfall des Gedächtnisses auf ein Minimum reduziert werden.

Pausen für das Nachwirkenlassen
Das Gehirn braucht Pausen, um das Gelernte speichern zu können.

Keine ähnlichen Lerninhalte nacheinander aufnehmen
Regelmässig zu einem möglichst andersartigen Lernstoff wechseln (Sprache/Mathematik usw.).

Informationen mit Bildern verknüpfen
Damit eine Information später wieder abgerufen werden kann, muss sie mit möglichst vielen anderen Informationen, Vorstellungen, Gefühlen und Bildern verknüpft sein. ▶

Der Gedankensplitter zum Thema
Heinz hat sich am Abend vor der Prüfung vier Stunden Zeit genommen, um den Stoff zu lernen. Trotz dieser Riesenanstrengung erinnert er sich während der Prüfung nur an Weniges. Dabei hat er doch beim Lernen alles verstanden! Besonders ärgert ihn, dass Andrea, die nur dreimal zwanzig Minuten gelernt hat, weit mehr weiss als er. Heinz fragt sich, ob Andrea einfach intelligenter ist oder ob es an der Art des Lernens liegt.

Zuerst Fragen an den Lernstoff stellen
Das Langzeitgedächtnis liefert dem Ultrakurzzeitgedächtnis Schemen (vereinfachtes, anschauliches Wissen, das vorher erworben wurde), um die grossen Informationsmengen möglichst schnell zu verdichten (siehe dazu im 3. Kapitel «Jedes Gehirn hat eine individuelle Grundstruktur» S. 34ff.). Diese Konzentration der Information ist nötig, damit das Kurzzeitgedächtnis sie aufnehmen kann. Die Schemenbildung ist am effizientesten, wenn die neue Information innerhalb eines bekannten Kontextes aufgenommen wird. Bevor Details gelernt werden, muss z. B. zuerst das Rahmenwissen bekannt sein.

Wenn Sie mit einer neuen Lernaufgabe konfrontiert werden, ist es wichtig, die zum Thema gehörenden Informationen im Langzeitgedächtnis zu aktivieren. Ohne Aktivierung dauert die Abrufzeit unter Umständen so lange, dass eigentlich gespeicherte Informationen beim Lernen nicht verfügbar sind. Da wir nur wahrnehmen können, was wir suchen oder erwarten, müssen wir die entsprechenden Erwartungen vor dem Lernen aufbauen. Das geschieht, indem wir uns das bereits Bekannte und den Kontext (das Umfeld) des Lernstoffes in Erinnerung rufen. So entdecken wir viele wesentliche Merkmale einer Aufgabe ohne langes Suchen. Dass die Kenntnis des Kontextes bei der Wahrnehmung hilft, zeigt sich klar im Alltag. Wenn Sie z. B. im Wald etwas Kleines, Braunes vorbeihuschen sehen, können Sie diese schemenhafte Erscheinung als Eichhörnchen identifizieren. Das ist aber nur möglich, weil das Gehirn durch den Kontext Wald die entsprechenden Inhalte aktiviert hat. Würden Sie sich nicht im Wald befinden, könnten Sie die Erscheinung nicht erkennen.

Damit das Vorwissen zum Lernstoff aktiviert wird, müssen Sie Fragen an den Stoff stellen. Von Vorteil ist es, wenn Sie stichwortartig notieren, was Ihnen in den Sinn kommt. Besonders geeignet ist die Mindmap-Methode.

Abwechslungsreiches Aufnehmen neuer Information
Bildgebende Verfahren wie zum Beispiel die Kernspintomographie (MRI) ermöglichen es, sichtbar zu machen, welche Zentren im Gehirn bei bestimmten Aktivitäten aktiv sind, so wie hier beim Gebrauch der Sprache.

4. Der Funktion des Gehirns entsprechend lernen

Inhaltlicher Überblick

Dem Rhythmus des Gehirns entsprechend repetieren
10 Minuten nach der Lernperiode repetieren, dann wieder nach 24 Stunden, einer Woche, einem Monat, einem halben Jahr.

Dichte Verknüpfung der einzelnen Fakten
Lernen heisst Verknüpfen von Neuem mit bereits Bekanntem.

Stressbewältigung
In Stresssituationen nicht ohne Überlegung reagieren, sondern verstandesmässig die Situation beurteilen.

Wenn das Lernen keine Fortschritte mehr macht
Das Lernplateau kündigt einen sprunghaften Lernfortschritt an.

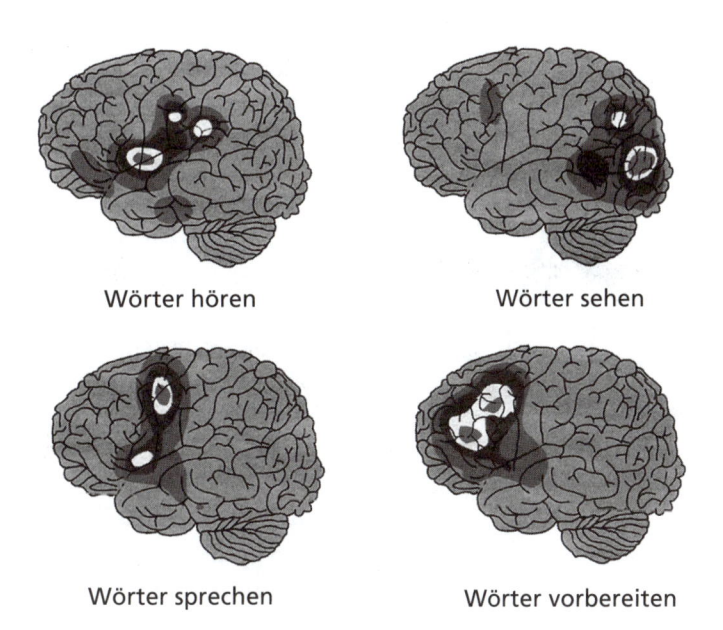

Wörter hören — Wörter sehen

Wörter sprechen — Wörter vorbereiten

Quelle: BrainFair 2000: Die Sprachen des Gehirns. Prospekt zur Ausstellung der ETH Zürich Zentrum, 24.–26. März 2000

Wörter, die wir hören, sehen, sprechen oder die wir in unserem Gedächtnis suchen, um etwas zu benennen (Wörter vorbereiten), werden in verschiedenen Bereichen des Gehirns verarbeitet.

Beim Lernen spielen Wörter eine zentrale Rolle: Als Begriffe sind sie Schlüsselwörter für komplexe Sachverhalte. Für ein gut strukturiertes Wissen, das vielfältig im Gehirn verankert ist, braucht es zweierlei: Erstens müssen im Netzwerk des Gehirns die Sachverhalte an verschiedenen Orten und in verschiedenen Zusammenhängen verankert sein, damit wir sie besser verstehen. Zweitens unterliegt alles Gelernte, auch das, was uns im Moment besonders einleuchtet, der Tendenz des Vergessen, wenn wir es nicht mehrfach durchdenken und anwenden. Üben, also vielfältiges wiederholtes Anwenden, ist nicht sinnlose Paukerei, sondern hirnbiologisch grundlegend für das Lernen.

Nehmen Sie neuen Lernstoff in Abständen wiederholt auf. Wenn Sie eine Information wiederholt über das Ultrakurzzeitgedächtnis aufnehmen, kann sie mit mehreren vorhandenen Gedächtnisinhalten assoziiert (verknüpft) werden. Wenn immer möglich, sind zum Wiederholen verschiedene Wahrnehmungskanäle einzusetzen (Hören, Lesen, Sprechen, Schreiben, Handeln usw.). Diese abwechslungsreiche Wissensaufnahme erleichtert das Verstehen und gewährleistet eine gute Verankerung im Gedächtnis. Wenden Sie bei der nächsten Wissensaufnahme möglichst viele der folgenden Wahrnehmungskanäle an:

- Sprechen:
  Stellen Sie Fragen, besprechen Sie sich mit Mitschülerinnen und Mitschülern, erklären Sie jemandem den Stoff.
- Lesen:
  Lesen Sie den Lernstoff in einem oder zwei verschiedenen Büchern nach.

4. Der Funktion des Gehirns entsprechend lernen

- Schreiben:
Fassen Sie den Inhalt schriftlich zusammen.
- Sehen:
Stellen Sie den Sachverhalt grafisch dar.
- Tun:
Bauen Sie ein Modell.

Beispiel:
Ihnen wird das ohmsche Gesetz der Elektrizitätslehre erklärt (Hören), Sie können es danach im Buch nachlesen (Lesen), Sie können es in einem dritten Schritt in eigenen Worten niederschreiben (Schreiben), Sie können viertens ein Schema zeichnen (Sehen) und Sie können schliesslich mit einer Batterie, Widerständen und einem Messgerät das Gesetz überprüfen (Tun).

Arbeitsgedächtniskapazität beachten

Die Kapazität des Kurzzeitgedächtnisses beträgt etwa sieben Objekte. Der Wert schwankt von einem Menschen zum anderen um etwa plus/minus zwei. Die Information wird in so genannten Bündeln gespeichert, deren Beschaffenheit sich danach richtet, was für Inhalte (Begriffe) das Langzeitgedächtnis zur Verfügung stellt. Ein Bündel ist eine Einheit, ein Konzept, ein Begriff. Dafür kommen beispielsweise Wörter in Frage. Eine Folge von fünf bekannten Wörtern ist ebenso leicht oder schwer zu merken wie eine Folge von fünf Ziffern oder fünf Buchstaben, obwohl die fünf Wörter zusammen wesentlich mehr als sieben Buchstaben umfassen. Eine lange Wortliste von mehr als neun Wörtern kann man sich ebenso wenig merken wie eine lange Buchstabenliste.

Mehr im Gedächtnis behalten durch kurze Lernperioden

Etwas verstehen und etwas behalten ist nicht dasselbe. Ein wichtiger Unterschied ist, dass die Fähigkeit zu behalten während einer Lernperiode rasant abnimmt. Wir behalten nicht automatisch im Gedächtnis, was wir beim Lernen verstanden haben. Nach stundenlangem ununterbrochenem Lernen können wir uns – auch wenn wir alles verstanden haben – nur noch an Weniges erinnern.

Untersuchungen zeigen, dass wir mehr Erinnerung an die Anfangs- und Endphasen einer Lernperiode haben. Es bleibt im Gedächtnis haften, was am Ende oder Anfang einer Lernperiode steht oder sich sonst irgendwie von der Masse abhebt sowie Dinge, die miteinander assoziiert werden können.

Erinnern während des Lernens

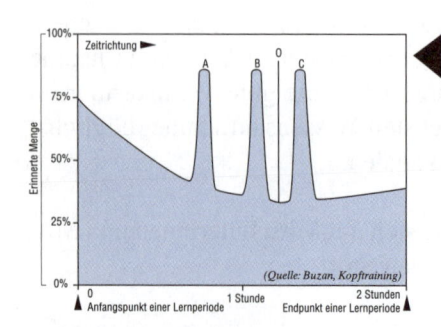

Das Diagramm zeigt, dass wir mehr aus den Anfangs- und Endphasen einer Lernperiode und von Dingen behalten, die assoziiert verknüpft sind (A, B und C) und die aus dem Rahmen fallen oder einmalig sind (O).

Für die Zeitplanung des Lernens kann daraus Folgendes abgeleitet werden: Je länger ununterbrochen gelernt wird, desto mehr vergisst man. Auch die Konzentration lässt mit der Zeit nach. Man kann nicht länger als 20 Minuten hochkonzentriert arbeiten, und nach etwa anderthalb Stunden lässt die Konzentration auf eine Sache ganz nach. Mit kurzen Lernblöcken (10 bis 40 Minuten) kann der Leistungsabfall auf ein Minimum reduziert werden.

4. Der Funktion des Gehirns entsprechend lernen

Erinnern während des Lernens mit und ohne Unterbrechungen

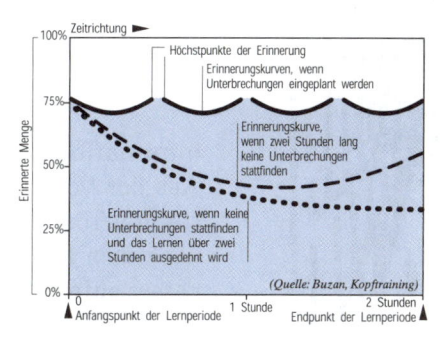

Eine Lernperiode zwischen 20 und 40 Minuten erbringt das beste Verhältnis zwischen Verständnis und Erinnerung.

Pausen für das Nachwirkenlassen

Wer beispielsweise ein Gedicht auswendig lernt, liest den Text mehrmals nacheinander, und bei jeder Wiederholung laufen diese Informationen immer wieder über dieselbe Gruppe von Nervenzellen hinweg. Dabei veranlasst das ständige Wiederholen die beteiligten Zellen, immer sensibler auf das chemische Signal zu reagieren, das ihnen zugesandt wird. Bildlich gesprochen entsteht ein «Trampelpfad», über den es sich leichter laufen lässt als durch hochgewachsenes Gras. Dieser eingetretene Pfad über sensibilisierte Nervenzellen stellt die Erinnerung dar.

Messungen der Gehirnströme haben ergeben, dass nach dem bewussten Lernen diese Einprägeprozesse weiter laufen (Nachwirkzeit). Beim Lernen über eine längere Zeitdauer hat das Gehirn keine Ruhe für das Nachwirkenlassen. Der neue Lernstoff verhindert so ganz oder teilweise das Einprägen des zuerst Gelernten (rückwirkende Hemmung); und das Nachwirken des vorgängig Aufgenommenen verhindert das Einprägen des neuen Lernstoffes (vorauswirkende Lernhemmung).

Fall A: Rückwirkende Hemmung

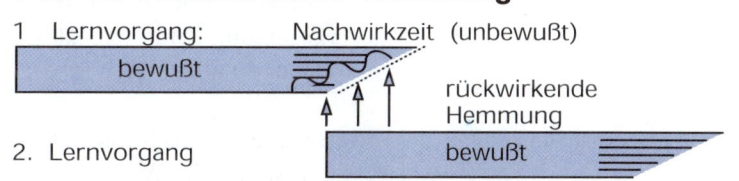

Fall B: Vorauswirkende Hemmung

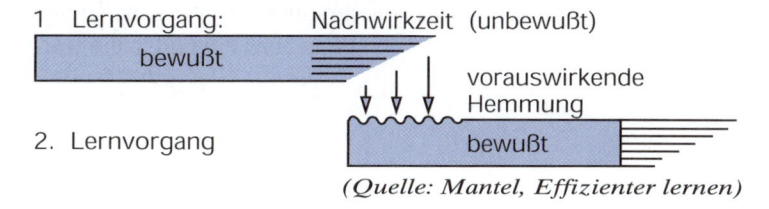

(Quelle: Mantel, Effizienter lernen)

4. Der Funktion des Gehirns entsprechend lernen

Keine ähnlichen Lerninhalte nacheinander
Besonders stark sind die Lernhemmungen, wenn ähnliche Lerninhalte nacheinander aufgenommen werden. Wechseln Sie also spätestens nach einer Stunde den Lerninhalt (z. B. Mathematik nach Sprache) und möglichst auch die Arbeitsweise, d. h. den Wahrnehmungssinn.

Informationen mit Bildern verknüpfen
Aus der Vorstellung, dass Informationen im Kurzzeitgedächtnis akustisch/verbal und visuell zwischengespeichert und verarbeitet werden, kann man Folgerungen für das Lernen ziehen: Informationen werden besser aufgenommen und verstanden, wenn sie verbal/begrifflich und visuell vermittelt werden. Lernende sollen ihre begrifflichen und visuellen Fähigkeiten kennen, nutzen und trainieren.

Damit eine Information später wieder abgerufen werden kann, muss sie mit möglichst vielen anderen Informationen, Vorstellungen, Gefühlen und Bildern verknüpft sein. Denn die beim Lernen gespeicherte Information besteht nicht nur aus dem eigentlichen Lerninhalt (Primärinformation), sondern auch aus allen mitgespeicherten Wahrnehmungen (Sekundärinformationen). So haben Sie möglicherweise auch schon das Zimmer verlassen, um etwas zu besorgen, wussten dann aber nicht mehr, was Sie wollten. Und erst als Sie zurückgingen, erinnerten Sie sich wieder, weil die mit dem Vorhaben verknüpften Umgebungseindrücke Sie darauf gebracht hatten. Dasselbe Prinzip liegt fast allen mnemotechnischen Systemen zugrunde. Es werden zusätzliche Pfade geschaffen, über die die gewünschte Information abgerufen werden kann.

Die Mnemotechnik beinhaltet eine Vielzahl von Methoden, die das Auswendiglernen unterstützen. Das Grundprinzip aller Mnemotechniken beruht auf dem fantasievollen Verknüpfen des Lernstoffs mit bildlichen Erinnerungs-Schlüsselwörtern. Einige der Techniken sind: Reime und/oder Eselsbrücken, bildliches/bildhaftes Vorstellen, einfache Regeln, Methode der Orte.

«Hans Sauer – ein ganz Schlauer»
«Frau Bernhardt, die man gern hat»
«Italien hat die Form eines Stiefels.»
«Sieben, fünf, drei, Rom schlüpft aus dem Ei.»
(Gründung Roms im Jahre 753 v. Chr.)
«Geh, du alter Esel» (g-d-a-e = Geigensaiten)

Bei allen Gedächtnistricks ist es erforderlich, die zu lernenden Elemente auf sinnvolle Weise zu verbinden. Schwierigkeiten entstehen dann, wenn die Dinge, die wir lernen wollen, keine sinnvollen Verbindungen zueinander haben. Die Mnemotechniken sind so angelegt, dass nicht aufeinander bezogene Elemente bedeutungsvoll verbunden werden. Dazu braucht es eine oder mehrere der folgenden Voraussetzungen:

4. Der Funktion des Gehirns entsprechend lernen

übertrieben
Das Bild muss aussergewöhnlich oder in grotesker Weise laut, gross usw. sein.
absurd
Wo es möglich ist, sollten die verknüpften Wortbilder ein neues Bild produzieren, das humorvoll oder lächerlich ist.
vulgär
Erfahrungsgemäss prägen sich auch obszöne Bilder leicht ein.
sinnlich
Alle Sinnesorgane können zur bildhaften Vorstellung beitragen.
beweglich
Ein sich bewegendes Bild prägt sich stärker ein als ein statisches.
farbig
So leuchtende und grelle Farben wie möglich verwenden.
fantasievoll
Auch in jeder bisher nicht erwähnten Weise Bilder kreieren.
klar
Die beiden Bilder müssen zu möglichst unverwechselbaren Bildern verknüpft werden. Zu witzige, abstrakte oder konfuse Bilder sind nicht hilfreich.

Wie man sich Personennamen und Gesichter merkt
(nach Tony Buzan, Nichts vergessen)

1. Stellen Sie sich geistig darauf ein, dass Sie sich an die Leute wirklich erinnern wollen.
2. Beobachten Sie genau die charakteristischen Merkmale der Leute.
3. Hören Sie bewusst auf den Klang des Namens, bitten Sie evtl. höflich um Wiederholung.
4. Machen Sie sich von dem Namen der Person, an die Sie sich erinnern wollen, eine klare bildhafte Vorstellung.
5. Prägen Sie sich den Klang des Namens so ein, wie Sie ihn «im Ohr haben».
6. Sehen Sie sich das Gesicht der Person, der Sie vorgestellt werden, sehr genau an, und merken Sie sich im Detail die charakteristischen Merkmale.
7. Achten Sie auf Gesichtsmerkmale, die ungewöhnlich, seltsam oder einzigartig sind.
8. Rekonstruieren Sie im Geist das Gesicht dieser Person, lassen Sie Ihrer Fantasie freien Lauf, übertreiben Sie, wie das ein Karikaturist tun würde.
9. Assoziieren Sie besonders auffallende Gesichtsmerkmale mit dem Namen der Person, indem Sie alle mnemonischen Hilfsmittel heranziehen, vor allem Fantasie und Übertreibung.

Dem Rhythmus des Gehirns entsprechend repetieren
Aufgrund der Nachwirkzeit wird der Höhepunkt der Erinnerung erst einige Minuten nach Beendigung der Lernperiode erreicht. Danach folgt aber ein dramatisches Abfallen der Erinnerung. Man vergisst innerhalb von 24 Stunden 80% des Gelernten. Indem Sie das Gelernte zur richtigen Zeit wiederholen, können Sie das Ansteigen nutzen und das Abfallen verhindern.

4. Der Funktion des Gehirns entsprechend lernen

Die optimale Zeit für eine erste Repetition ist 10 Minuten nach der Lernperiode, im Moment, wo der Höhepunkt der Erinnerung erreicht ist. Durch dieses Einprägen bleibt die Information vollständig erhalten. Weitere Repetitionen sollen nach 24 Stunden, einer Woche, einem Monat, einem halben Jahr erfolgen.

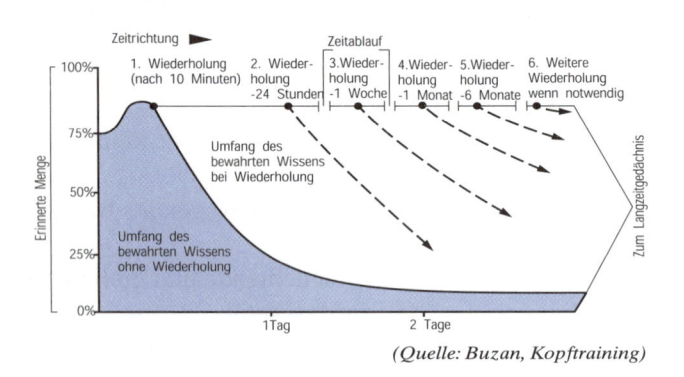

(Quelle: Buzan, Kopftraining)

Das Diagramm zeigt, wie zeitlich richtig geplantes Wiederholen die Erinnerung konstant auf einem hohen Niveau hält.

Tipps zum kreativen Üben und Wiederholen neuer Informationen
- Machen Sie sich den Sinn und die Notwendigkeit des effizienten Lernens und Übens klar.
- Entdecken Sie Ihre eigenen Stärken und Schwächen.
- Üben Sie so, dass Sie Ihre Fortschritte erkennen.
- Beziehen Sie mehrere Sinneskanäle in die Übungen ein.
- Wiederholen durch aktives Erinnern ist effektiver für ein dauerhaftes Verfügbarhalten als passives Wiederlesen und Wiederhören.
- Verteilen Sie viele kürzere Übungen auf einen grösseren Zeitraum.
- Variierte Übungen verhindern vorzeitiges Ermüden und Absinken des Interesses.
- Suchen Sie «Eselsbrücken».
- Üben Sie möglichst konkret in einem ganzheitlichen Zusammenhang.
- Nutzen Sie Mindmaps, um Vernetzungen und logische Strukturierungen zu fördern.
- Kontrollieren Sie Ihre Lernerfolge.

(nach Dr. Hans Werner Heymann, in Pädagogik 10/98, S. 11)

Dichte Verknüpfung der einzelnen Fakten

Den Lernvorgang können wir uns am besten mit einem Bild veranschaulichen: Stellen wir uns unser Gehirn als Netz vor. Dieses Netz ist entstanden aus unseren ersten Erfahrungen als Säugling und Kleinkind; es ist noch sehr weitmaschig. (Siehe «Die Funktionsweise des Gehirns»: «Jedes Gehirn hat eine individuelle Grundstruktur», S. 34ff.) Wenn wir nun eine neue Erfahrung machen (z. B. dass es schmerzt, wenn wir die Finger in die Flamme halten), so verbindet sich die bereits bekannte Empfindung «Schmerz» mit der neuen Erfahrung «Finger in der Flamme».

4. Der Funktion des Gehirns entsprechend lernen

Um im Bild vom Netz zu bleiben: Das Kind lernt, dass die Flamme brennt, indem es die neue Erfahrung mit etwas bereits Bekanntem – bewusst oder unbewusst – verknüpft, indem es also die Erfahrung «Finger in der Flamme» im Netz am Faden «Schmerz» aufhängt. Natürlich ist dieses Bild vereinfacht, aber es ermöglicht uns eine Definition dessen, was Lernen heisst:

Lernen heisst Verknüpfen von Neuem mit bereits Bekanntem

Auf die Lerntechnik angewandt, heisst das: Durch Assoziationen (Verknüpfungen) sollen neue Informationen mit schon vorhandenen, leicht abrufbaren Inhalten des Gedächtnisses verknüpft werden. Das Suchen nach bereits vorhandenem Wissen, an das man die neue Information anknüpfen kann, ist die Grundlage des Verstehens und Behaltens. Gewöhnen Sie sich an, bei der Aufnahme von neuen Informationen immer nach Anknüpfungspunkten in Ihrem Gedächtnis zu suchen: Was kommt mir dazu in den Sinn? Was hat das mit Dingen zu tun, die ich schon weiss?

Finden sich keine solchen sachlogischen Zusammenhänge – wie das z.B. häufig bei fremdsprachigen Fachbegriffen der Fall ist – kann die Bedeutung des Begriffs sprachlogisch in Zusammenhang mit dem eigenen Vorwissen gebracht werden: Die sprachliche Ableitung in einem Fremdwörterbuch hilft Ihnen, den fremdsprachigen Begriff mit Ihrem Vorwissen zu verknüpfen. Bei Zahlen und teils bei Fachbegriffen können unter Umständen weder sach- noch sprachlogische Zusammenhänge geschaffen werden. In diesen Fällen greift man zur Notlösung der Eselsbrücken. Man bildet sie, indem irgendeine Ähnlichkeit mit Bekanntem hergestellt wird. Dazu dienen inhaltliche, klangliche oder äusserliche Ähnlichkeiten der Wörter.

Das Abrufen der Informationen gelingt um so besser, je mehr Assoziationen zu ihnen führen und je zwingender und fantasievoller die Zusammenhänge sind. Bei diesem Lernen geschieht übrigens – sozusagen nebenbei – noch etwas Zusätzliches. Das ursprünglich sehr weitmaschige Netz wird mit jedem Lernvorgang (mit jeder neuen Verknüpfung) immer dichter. In einem feineren Netz bleibt jedoch bekanntlich mehr hängen – mit anderen Worten: Je mehr man gelernt hat, desto leichter fällt einem das Lernen.

Eine dichte Verknüpfung aller Fakten fördert das Behalten wie auch das kreative Kombinieren. Eine solche Verknüpfung und Abstimmung gilt natürlich für alle Regeln aus der Lernbiologie. Wägen Sie die Regeln für jeden praktischen Fall ab und bringen Sie sie mit Ihrem Lerntyp in Einklang.

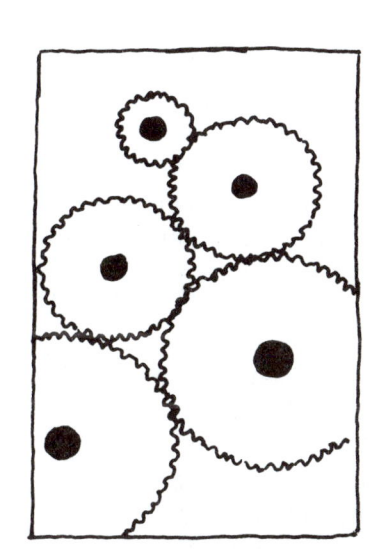

4. Der Funktion des Gehirns entsprechend lernen

Stressbewältigung

70 Prozent aller Schülerinnen und Schüler sollen unter stressbedingten Krankheits-symptomen leiden...

Stress kann die Aufnahme und das Erinnern von Wissen hemmen oder ganz blockieren. Legen Sie erst mal eine kleine Pause ein, in der Sie all die störenden Gedanken abschütteln. Hier sind ein paar Tipps dafür:

Tipp 1
- Am einfachsten legen Sie eine kurze Pause ein, indem Sie dreimal tief Luft holen, dreimal tief durch die Nase ein- und ausatmen. Wenn Sie dabei noch die Augen zumachen, spüren Sie besonders gut, wie ruhig Sie werden.

Tipp 2
- Setzen Sie sich entspannt aufrecht hin und reiben Sie Ihre Handinnen-flächen aneinander, bis sie richtig warm sind. Stellen Sie sich vor, Sie formten eine Kugel.
- Legen Sie nun die Hände mit der warmen Innenseite auf Ihre Augen.
- Atmen Sie ruhig und regelmässig durch die Nase ein und aus und geniessen die entspannende Wärme, die von den Händen auf die Augen übergeht.
- Nach etwa einer Minute lassen Sie die Hände locker in den Schoss sinken und öffnen ganz allmählich die Augen.

Tipp 3
- Setzen Sie sich entspannt aufrecht hin, und schliessen Sie die Augen.
- Nun setzen Sie Ihre vier Fingerkuppen (Zeigefinger, Mittelfinger, Ringfinger, kleiner Finger) einer jeden Hand unterhalb des Haaran-satzes auf die Stirn auf.
- Beim Ausatmen fahren Sie mit den Fingerkuppen nach unten über Ihr Gesicht und Ihren Hals, bis hin zur Brust. So können Sie alle Verspan-nungen aus Ihrem Gesicht wegnehmen.
- Beim Einatmen setzen Sie wieder oben an.
- Nach einer halben Minute lassen Sie die Hände locker in den Schoss fallen und öffnen ganz allmählich die Augen.

4. Der Funktion des Gehirns entsprechend lernen

Tipp 4
· Setzen Sie sich entspannt aufrecht hin.
· Nun massieren Sie mit den vier Fingerkuppen (Zeigefinger, Mittelfinger, Ringfinger, kleiner Finger) einer jeden Hand systematisch die Kopfhaut. Die Daumen ruhen an den Schädelseiten.
· Wenn Sie mit sanftem, leichten Druck massieren, dann wird Ihre Kopfhaut gut durchblutet, und Sie können sich viel besser konzentrieren.
· Wenn Sie Ihre Augen schliessen, können Sie das angenehme, belebende Gefühl geniessen.
(Quelle: Rücker-Vogler, U.: Kinder können entspannt lernen. Don Basco Verlag, München 1994)

Im Lernalltag empfiehlt es sich, in Angst- und Stresssituationen nicht gefühlsmässig und ohne Überlegung zu reagieren, sondern verstandesmässig die Situation zu beurteilen, damit eine Lösung gefunden werden kann.

Formen der Stressbewältigung	
Konfrontation	Für die eigenen Rechte einstehen
Distanzierung	Nicht ernst nehmen
	Nicht an sich heran kommen lassen
Selbstkontrolle	Nichts anmerken lassen
Soziale Unterstützung suchen	Mit jemandem reden
	Jemanden um Hilfe bitten
Verantwortung übernehmen	Sich entschuldigen
	Selbstkritik üben
Vermeidung	Leuten aus dem Weg gehen
Strategieplanung	Vorgehen genau planen
Positive Einschätzung	Als Herausforderung annehmen

Stressbewältigung in vier Schritten

Die Auseinandersetzung mit der Stresssituation ist der erste und wichtigste Schritt zur Bewältigung des Problems. Erst wenn die Situation klar erkannt ist, kann man das Problem genau bestimmen. Als dritter Schritt sind möglichst viele Lösungswege zu suchen. Alle möglichen Lö-sungswege sollen unzensiert notiert werden, damit man schliesslich die individuelle Lösung aussuchen kann. (Siehe Stressbewältigungs-Formular nächste Seite.)

4. Der Funktion des Gehirns entsprechend lernen

Stressbewältigungs-Formular
1. Situation beschreiben
a) Ablauf
b) Gefühle
c) Gedanken
d) Was habe ich gemacht?
e) Was ereignete sich an Hilfreichem/Erschwerendem?
2. Problem bestimmen
3. Lösungsmöglichkeiten
4. Individuelle Lösung

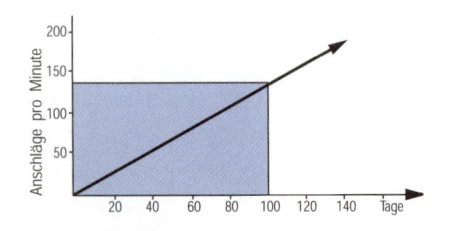

Wenn das Lernen keine Fortschritte mehr macht

Aus der Erfahrung weiss man, dass jemand, der regelmässig jeden Tag eine Stunde Schreibmaschinenschreiben übt, nach 100 Übungstagen etwa 130 Anschläge pro Minute schafft. Man könnte also erwarten, dass das Können stetig und linear zunähme.

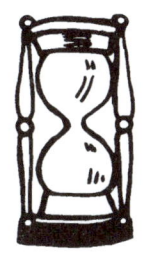

4. Der Funktion des Gehirns entsprechend lernen

Das entspricht aber nicht der Wirklichkeit. Der Lernfortschritt bewegt sich schubweise. Es gibt Phasen grosser Fortschritte, und es gibt Phasen, während denen scheinbar nichts geschieht. Diese Erfahrung gilt insbesondere bei geistigen Lernvorgängen. Da sich geistige Lernvorgänge nur schwer quantitativ messen lassen, stellt die folgende Grafik nur eine Annäherung dar.

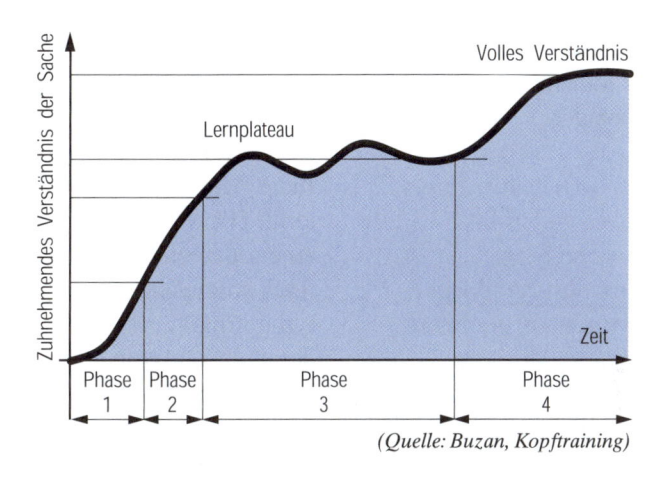

(Quelle: Buzan, Kopftraining)

Phase 1 Der Anfang ist mühsam, weil man sich mit den neuen Begriffen vertraut machen muss, eine unüberschaubare Menge von Einzelheiten zu lernen ist und man den Zugang suchen muss.

Phase 2 Plötzlich merkt man, wie es geht, und sieht die Zusammenhänge. Die Freude über den Lernerfolg motiviert zu weiterer Leistung.

Phase 3 Häufig treten dann aber Phasen auf, in denen der Lernerfolg stagniert. Auf einmal geht es nicht mehr ermutigend weiter, fast keine Fortschritte sind bemerkbar, ja man vergisst sogar bereits erarbeitetes Wissen.

Phase 4 Mit der Zeit überwindet man das Lernplateau, man erlebt wieder Fortschritte, es geht – manchmal langsam, manchmal sprunghaft – wieder aufwärts. Man nähert sich dem vollen Verständnis der Sache.

Während der Phase des Lernplateaus bildet sich im Gehirn eine neue Struktur. Der Lernvorgang verlagert sich auf eine höhere Ebene. Der Lernstoff wird in grösser werdenden Zusammenhängen strukturiert, so dass man immer grössere Blöcke speichern und abrufen kann. Lernplateaus sind also notwendige lernbiologische Vorgänge für die späteren Lernfortschritte. So unangenehm wir sie erleben, sie können durch keine Lerntechnik ausgeschaltet werden. Das Wissen, dass es danach wieder aufwärts geht, motiviert uns, unsere Lernanstrengungen weiterzuführen, so dass wir schliesslich das Lernziel erreichen.
(Nach: Koenig, Walter. Leichter lernen, Lernbrevier für AKAD-Studierende, AKAD-Verlag, Zürich 1989, S. 34, und Dahmer, Effektives Lernen, S. 130f.)

5. Seinen Lerntyp kennen und weiterentwickeln

Inhaltlicher Überblick

Die unterschiedlichen Lerntypen
Jeder Mensch hat seine eigenen Lernstrategien.

Lerntypen nach Lernstil
Gemäss ihrem Lernstil unterscheidet man die vier Lerntypen Denkerin, Macher, Entdeckerin und Entscheider.

Lerntypen nach bevorzugtem Wahrnehmungssinn
Je nach bevorzugtem Wahrnehmungssinn spricht man vom visuellen, auditiven oder manuellen Lerntyp.

Sieben Lerntypstrategien mit Selbstbestimmungslisten
1. Das Lernumfeld positiv gestalten
2. Sich Unverstandenes anders erklären lassen
3. Zuerst Lernziele kennen und Lernaufwand bestimmen
4. Zuerst Überblick, dann Details
5. Anschaulichkeit hilft Lernstoff aufzunehmen und zu erinnern
6. Mit der Realität verknüpfen
7. Lernstoff mit vielen Wahrnehmungskanälen aufnehmen

Der Gedankensplitter zum Thema
«Früher war ich im Unterricht total frustriert, weil ich selten verstand, was der Lehrer erklärte. Da andere immer alles kapierten, hielt ich mich für dumm. Seit ich weiss, was für ein Lerntyp ich bin, ist alles anders geworden: Wenn ich die Lehrerin oder den Lehrer nicht verstehe, bin ich nicht mehr frustriert, sondern höre entspannt zu – manchmal verstehe ich dabei sogar etwas. Nachher frage ich jemanden, der schon alles verstanden hat, oder lese das entsprechende Kapitel im Buch und schreibe mir die wichtigsten Stichworte auf eine Art Spickzettel – wenn nötig mit einer Skizze. Auf diese Art komme ich im Unterricht mit und habe sogar wieder Freude am Stoff.» (Seminaristin)

Die unterschiedlichen Lerntypen

Jeder Mensch hat seine eigenen Lernmuster, mit denen er am besten lernt. Die Vermittlung des Lernstoffs im Unterricht entspricht meist nur einem der vielen Lerntypen. Jegliche Art von Lernen wirkt verkrampfend, solange man nicht weiss, wie Lernstoff gemäss dem eigenen Lerntyp optimal aufbereitet wird. Wer beispielsweise nicht der Lerntyp ist, der beim Zuhören alles versteht, wird in der Schule Schwierigkeiten haben, wenn er seine eigenen Lernmöglichkeiten nicht kennt.

Den Lehrpersonen ist es unmöglich, auf jeden Lerntyp individuell einzugehen. Wenn Sie als Lernende/Lernender den von einer Lehrperson vermittelten Stoff nicht begreifen, ist das meist nicht Ihrer Dummheit, Faulheit oder Interesselosigkeit zuzuschreiben, sondern es wurden die Ihrem Lerntyp entsprechenden Kanäle nicht angesprochen. Die einzige Lösung ist, dass Sie selbst aktiv werden und sich den Stoff in der Ihnen entsprechenden Weise aneignen. Dazu müssen Sie Ihren Lerntyp herausfinden und die entsprechenden Lernmuster einüben. Die Kenntnis der eigenen Lernmuster zeigt neue Möglichkeiten des Lernens auf. Die Tatsache, dass Lernen auf einmal klappt, bedeutet ein Erfolgserlebnis, welches das Denken befreit und das Lernen weiter verbessert.

Lerntypen nach Lernstil

Die Lerntypen nach Lernstil (nach D. A. Kolb) bauen auf einem menschlichen Lernkreis auf, der aus vier Schritten besteht. Zunächst macht der Mensch im Kontakt (Interaktion) mit der Umwelt konkrete Erfahrungen, dann denkt er über die Erfahrungen nach und bildet Begriffe und Generalisierungen und entwirft Hypothesen, die er in weiteren Interaktionen in neuen Situationen testet, um zu sehen, ob seine Hypothesen zutreffen oder nicht. Nach Kolb sind für einen erfolgreichen Lernprozess alle vier Schritte notwendig zu durchlaufen. Anders ausgedrückt: Erfolgreich Lernende müssen über vier verschiedene Lernfähigkeiten verfügen:

1. Konkrete Erfahrung bedeutet, Sie müssen bereit sein, sich offen und umfassend mit neuen Erfahrungen auseinanderzusetzen.
2. Reflektives Beobachten bedeutet, fähig zu sein, diese Erfahrungen zu beobachten und darüber nachzudenken.
3. Abstraktes Konzeptualisieren bedeutet, Sie müssen in der Lage sein, Begriffe zu bilden und Generalisierungen vorzunehmen sowie diese in Theorien zu integrieren.

5. Seinen Lerntyp kennen und weiterentwickeln

4. Aktives Experimentieren bedeutet, Sie müssen fähig sein, diese Theorien anzuwenden, um Probleme zu lösen und Entscheidungen zu treffen.

Ausgehend von diesen Überlegungen kann man die vier Lerntypen Denkerin, Macher, Entdeckerin und Entscheider unterscheiden:

Denkerin, Denker	Macherin, Macher	Entdeckerin, Entdecker	Entscheiderin, Entscheider
Ich reagiere positiv auf:	Ich reagiere positiv auf:	Ich reagiere positiv auf:	Ich reagiere positiv auf:
Theorien, Modelle, Konzepte	Praktische Herausforderungen	Spontaneität	Wettbewerbsartige Gruppenaufgaben
Diskussion von technischen Fallstudien	Praxisnahe Probleme	Experimente, Spiele	Ohne Vorbereitung eine Aufgabe lösen
«Einer Sache auf den Grund gehen»	Aktionspläne entwickeln	Zukunftsorientierte Fallstudien	Problemlösungsaufgaben
Ich lerne durch:	Ich lerne durch:	Ich lerne durch:	Ich lerne durch:
Analysieren und logisches Denken	Praktische Umsetzung der Theorie	Anstellen von Beobachtungen	Praktische Konsequenzen aus Theorien ableiten
Ideen durchdenken	Integrieren von persönlicher Erfahrung	Versteckte Möglichkeiten herausfinden	Präsentationen machen
Theorien aufstellen	Bewegen und Fühlen	Informationen sammeln	Durch aktive Beteiligung

5. Seinen Lerntyp kennen und weiterentwickeln

Ermittlung des Lernstiles (nach D. A. Kolb)

Mit Hilfe des folgenden Tests (Test zur Bestimmung der vier Lernstile) lässt sich feststellen, wie die vier Lernfähigkeiten bei Ihnen ausgebildet sind.

Dazu finden Sie 9 Zeilen mit je 4 Feldern. Entscheiden Sie sich bei jeder Zeile, in welchem der 4 Felder am besten umschrieben ist, wie Sie lernen. Geben Sie diesem Feld eine 4. Entscheiden Sie sich dann, welches Ihre Art zu lernen am zweitbesten umschreibt. Geben Sie diesem Feld eine 3. Tragen Sie bei der drittbesten Art eine 2 ein; und geben Sie schliesslich dem Feld, welches Ihre Art zu lernen am schlechtesten umschreibt, eine 1.

Beachten Sie also, dass jede Zeile je einmal die Zahlen 4, 3, 2 und 1 enthält. Lassen Sie kein Feld offen.

Manchmal mag es für Sie schwer sein, das Feld zu finden, das für Ihre Art zu lernen am zutreffendsten ist. Entscheiden Sie sich trotzdem. Die Felder sagen nichts über Ihre Lernfähigkeit aus. Sie zeigen nur, wie Sie lernen.

Tragen Sie jetzt in jede Zeile 4, 3, 2, 1 ein, und lassen Sie kein Feld offen.

Test zur Bestimmung der vier Lernstile

	I. Spalte Konkrete Erfahrung	II. Spalte Reflektives Beobachten	III. Spalte Abstraktes Konzeptualisieren	IV. Spalte Aktives Experimentieren
1.	Wichtiges und Unwichtiges unterscheiden	versuchen, probieren	vertieft auseinander setzen	praktisch anwenden
2.	Dinge aufnehmen	Wesentliches suchen und anwenden	in Teilbereiche zerlegen (analysieren)	unbefangen angehen
3.	suchend	betrachtend	denkend, überlegend	tuend, selber machend
4.	annehmend, akzeptierend	auf gut Glück probieren	beurteilend, abschätzend	bewusst zur Kenntnis nehmend
5.	gefühlsmässig erfassen (intuitiv)	schöpferisch hervorbringen (produktiv)	folgerichtig ableiten (logisch verstehen)	Fragen stellen (hinterfragen)
6.	theoretisch (abstrakt)	beobachtend	anschaulich (konkret)	handelnd (aktiv)
7.	gegenwartsbezogen	nachdenkend, überlegend	zukunftsbezogen	gegenstandsbezogen (nüchtern, sachlich)
8.	Erfahrung	Beobachtung	Zusammenhänge herstellen	Versuch
9.	angestrengt, eifrig	zurückhaltend	vernunftgemäss	zuverlässig, verantwortungsbewusst

5. Seinen Lerntyp kennen und weiterentwickeln

Auswertung

Um Ihren Lernstil zu finden, ist wie folgt vorzugehen:
Übertragen Sie die Zahlen jeder der vier Spalten in die unten stehenden Kästchen, wobei jeweils nur die Zahlen der bezeichneten Zeilen einzutragen sind. Zum Beispiel: Aus der ersten Spalte (Konkrete Erfahrung) übertragen Sie nur die Zahlen aus den Zeilen 2, 3, 4, 5, 7 und 8. Zählen Sie dann die Zahlen in jedem Kästchen zusammen.

Zahlen der ersten Spalte: Konkrete Erfahrung

Zeilen	2.	3.	4.	5.	7.	8.	Summe der Zahlen
Zahlen							**Konkrete Erfahrung**

Zahlen der zweiten Spalte: Reflektives Beobachten

Zeilen	1.	3.	6.	7.	8.	9.	Summe der Zahlen
Zahlen							**Reflektives Beobachten**

Zahlen der dritten Spalte: Abstraktes Konzeptualisieren

Zeilen	2.	3.	4.	5.	8.	9.	Summe der Zahlen
Zahlen							**Abstraktes Konzeptualisieren**

Zahlen der vierten Spalte: Aktives Experimentieren

Zeilen	1.	3.	6.	7.	8.	9.	Summe der Zahlen
Zahlen							**Aktives Experimentieren**

Tragen Sie nun diese Werte (die vier Summen der Zahlen) in die folgende Grafik ein und verbinden Sie die vier Punkte miteinander. Es entsteht ein unregelmässiges Viereck. Die Grössen der Flächen in den vier Sektoren MacherIn, EntdeckerIn, EntscheiderIn und DenkerIn zeigen Ihnen, welcher Anteil jedes Lernstils Ihnen entspricht. Nehmen Sie das Resultat nicht als absolute Wahrheit, sondern als Hinweis und Hilfe, um Ihren Lernstil kennen zu lernen.

5. Seinen Lerntyp kennen und weiterentwickeln

Lernstilprofil nach Kolb

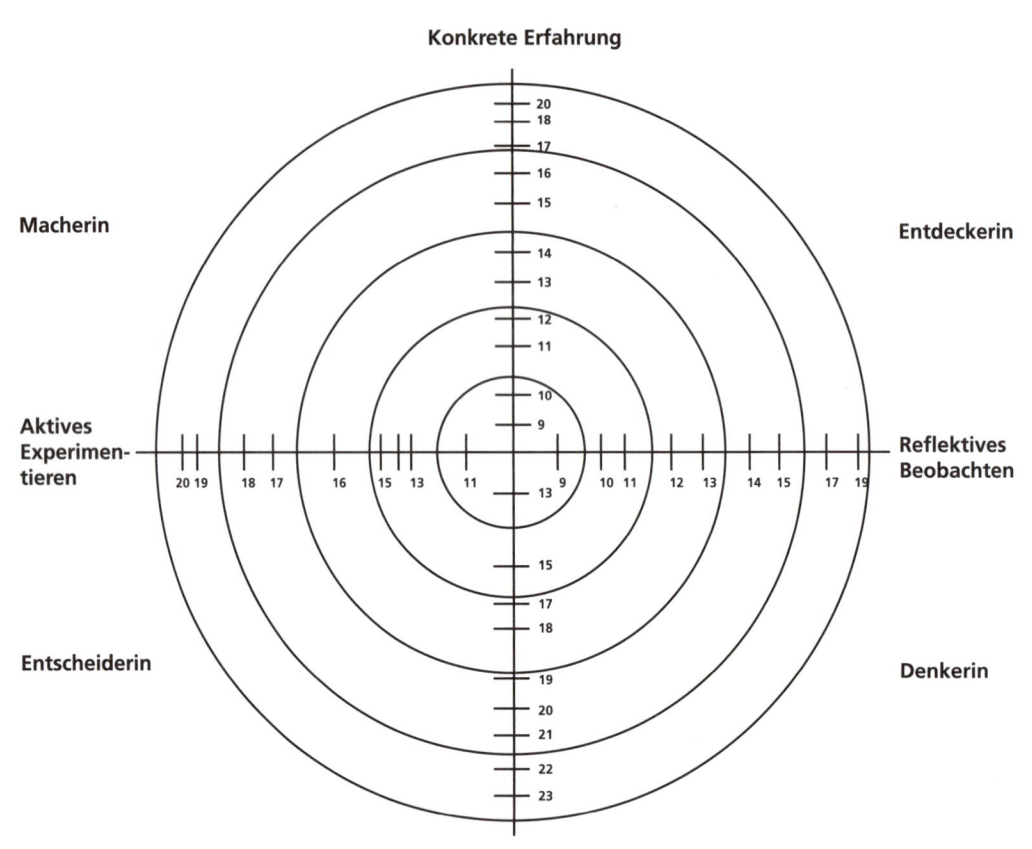

Konkrete Erfahrung — 20, 18, 17, 16, 15, 14, 13, 12, 11, 10, 9

Macherin

Entdeckerin

Aktives Experimentieren — 20 19 18 17 16 15 13 11 13 9 10 11 12 13 14 15 17 19 — Reflektives Beobachten

Entscheiderin

Denkerin

Abstraktes Konzeptualisieren — 15, 17, 18, 19, 20, 21, 22, 23

Lerntypen nach bevorzugtem Wahrnehmungssinn

Je nach Grundmuster sind die Eingangskanäle der sinnlichen Wahrnehmung (z. B. Sehen, Hören, Fühlen) von Mensch zu Mensch unterschiedlich ausgebildet. So sind die Nervenleitungen von den optischen Eingangskanälen zum Gedächtnis, zur Schaltzentrale der Gefühle und zu den anderen Körperfunktionen individuell verschieden verknüpft. Man unterscheidet insbesondere folgende Lerntypen:

Visueller Lerntyp	Lernt vor allem übers Auge, Bilder sind von grosser Wichtigkeit.
Auditiver Lerntyp	Lernt über das Hören, akustische Mittel sind von grosser Bedeutung.
Manueller Lerntyp	Lernt vor allem über das motorische Tun, Tastsinn ist gut ausgebildet.

Im Anhang A finden Sie einen Test (Aufgabe 5.4 «Lerntyptest in Abhängigkeit vom Eingangskanal», S. 131), mit dem Sie Ihre Eingangskanäle der sinnlichen Wahrnehmung testen können.

5. Seinen Lerntyp kennen und weiterentwickeln

Sieben Lerntypstrategien mit Selbstbestimmungslisten

Jeder Mensch lernt anders, ist ein eigener Lerntyp. Um optimal zu lernen, muss man seinen Lerntyp kennen. Dann können die eigenen Stärken genutzt und die Schwächen trainiert werden. Die folgenden sieben Lerntypstrategien mit der jeweiligen Selbstbestimmungsliste bilden die Grundlage für die Bestimmung und die Weiterentwicklung Ihres eigenen Lerntyps. Gehen Sie folgendermassen vor:

1. Lesen Sie die Ausführungen zur Lerntypstrategie.
2. Bestimmen Sie mit der Selbstbestimmungsliste «Persönliche Lernstrategien bestimmen», welche Lernstrategien zu Ihrem Lerntyp passen. Hierbei können für «Verstehen» und «Behalten» unterschiedliche Ergebnisse herauskommen (siehe im 4. Kapitel «Der Funktion des Gehirns entsprechend lernen»/«Mehr im Gedächtnis behalten durch kurze Lernperioden», S. 44).
3. Notieren Sie bei «Und so lerne ich am besten:» die sich für Sie ergebenden Lerntechniken in Form von Handlungsanweisungen. (z. B.: Ich belohne mich für jede gelöste Aufgabe mit einem Guetzli.)

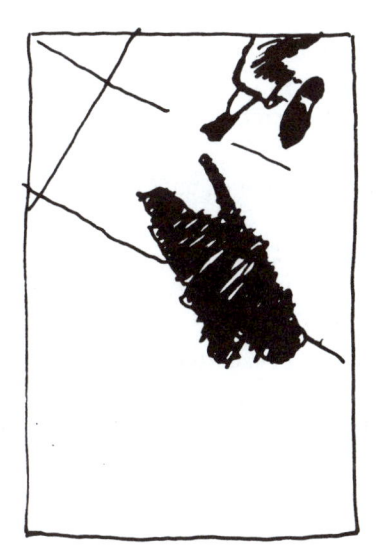

1. Lerntypstrategie
Das Lernumfeld positiv gestalten

Unser Gehirn ist kein Computer, in dem die Informationen streng voneinander getrennt gespeichert sind und über einen bestimmten Pfad einzeln abgerufen werden können. Vielmehr ist jede Information über das ganze Gehirn verteilt gespeichert und durch Kreuz- und Querverbindungen mit anderen verbunden. Diese Assoziationen (Verknüpfungen) bilden sich bei der Aufnahme (Lernen) oder später beim Erinnern und Verarbeiten.

Beim Lernen verknüpft sich der eigentliche Lerninhalt wegen der Begleitumstände (Wahrnehmungen, Gefühle) mit vielen anderen Erinnerungsfeldern. Sind die Begleitinformationen vertraut und angenehm, unterstützen diese Verknüpfungen das Lernen enorm. Der Lerninhalt lässt sich durch diese positiven Assoziationen weitaus besser im Gehirn verankern und später wieder abrufen. Gänzlich unbekannter Stoff, Angst und feindliche Gefühle hingegen verursachen Stress, hemmen das Lernen und mindern die Erinnerungsfähigkeit. In der Regel zahlt sich jeder Zeitaufwand aus, der in die Beseitigung der unangenehmen Begleitumstände des Lernprozesses investiert wird.

Verknüpfen Sie das Lernen mit schönen und angenehmen Ereignissen. Eine Information, die in einem positiven Umfeld durch möglichst viele Sinne aufgenommen wird, ist leichter zu lernen und später besser erinnerbar.

5. Seinen Lerntyp kennen und weiterentwickeln

Persönliche Lernstrategien zur 1. Lerntypstrategie bestimmen
Überlegen Sie, welches Lernumfeld Ihnen zusagt:
Ich verstehe bzw. behalte besonders gut (+), mittel (o), schlecht (–):
1. wenn etwas humorvoll oder komisch formuliert ist.
2. wenn es mich an etwas Angenehmes, Schönes oder Lustiges erinnert.
3. wenn es mich an etwas Unangenehmes oder Aufregendes erinnert.
4. wenn mir das Thema Spass macht und ich das Gefühl habe, es gehe wie von selbst.
5. wenn ich mich anstrengen muss und viel von mir verlangt wird.
6. wenn beim Lernen Musik läuft.
7. wenn mich kein Geräusch ablenkt.
8. wenn ich allein im Raum bin.
9. wenn jemand im Raum ist, den ich sympathisch finde.
10. wenn ich mit anderen Lernenden zusammen bin.
11. wenn fremde Menschen um mich sind (Restaurantatmosphäre).
12. wenn ich vor dem Lernen gegessen habe.
13. wenn ich beim Lernen etwas essen oder trinken kann.
14. wenn ich gut gelaunt, in aufgeräumter Stimmung bin.
15. wenn ich verärgert oder frustriert bin.
16. wenn ich mich auf etwas freue, was ich nach dem Lernen tun werde.

Folgende Aussagen treffen bei mir immer (+), manchmal (o), nicht zu (–):

17. Ich komme bei manchen Lehrpersonen im Unterricht gut mit, bei anderen gar nicht.
18. Es gibt Lehrpersonen, vor denen ich Angst habe.
19. Bei solchen Lehrpersonen habe ich meist schlechtere Noten.
20. Bei solchen Lehrpersonen habe ich meist bessere Noten.
21. Ich fühle mich vor meinen Mitschülerinnen und Mitschülern gehemmt.
22. In einer gelösten Umgebung kann ich mich gut konzentrieren, in einer gestressten schlecht.

Und so lerne ich am besten:

2. Lerntypstrategie
Sich Unverstandenes anders erklären lassen

Die Verschiedenheit der hirnorganischen Grundmuster (siehe im 3. Kapitel «Die Funktionsweise des Gehirns»:«Jedes Gehirn hat eine individuelle Grundstruktur», S. 34) scheint grosse Bedeutung für die zwischenmenschlichen Beziehungen (Lehrerinnen und Lehrer – Schülerinnen und Schüler) zu haben. Je ähnlicher die Grundmuster zweier Personen sind, desto besser können sie ihre Informationen austauschen. Diese Verständigung erfolgt vorwiegend mittels Sprache, die auf Symbolen

5. Seinen Lerntyp kennen und weiterentwickeln

aufgebaut ist. Sprachliche Symbole sind nicht die Wirklichkeit, sondern verhalten sich zur Wirklichkeit wie Landkarten zu einem Gelände.

So ist es möglich, dass Menschen mit verschiedenen Grundmustern die gleiche Wirklichkeit mit anderen Worten beschreiben. Die Folge ist, dass man sich schlecht oder gar nicht versteht. Unser Grundmuster bestimmt also, mit welchen anderen Grundmustern (Lehrperson, Buch) wir am besten kommunizieren können. Der Lernerfolg hängt demzufolge nicht nur von der Intelligenz (der Fähigkeit zu behalten, zu kombinieren, Zusammenhänge zu erkennen) des Einzelnen ab. Wenn Sie also die Ausführungen Ihrer Lehrperson oder eines Buches nicht verstehen, heisst das nicht, dass Sie einfach zu dumm dazu sind. Fragen Sie nach und lassen Sie sich den Stoff auf andere Weise beibringen. Vielleicht kann es Ihnen jemand anders (eine Mitschülerin, ein Mitschüler) verständlicher erklären.

Persönliche Lernstrategien zur 2. Lerntypstrategie bestimmen

Überlegen Sie, wie Sie sich Unverstandenes am besten verständlich machen können.

Ich verstehe bzw. behalte besonders gut (+), mittel (o), schlecht (–):
1. wenn ich etwas über das Thema lese.
2. wenn mir jemand im Zusammenhang mit dem Lernstoff etwas erzählt.
3. wenn die Lehrperson vorträgt.
4. wenn die Lehrperson mir etwas persönlich erklärt.
5. wenn die Lehrperson streng ist.
6. wenn die Lehrperson nachgiebig ist.
7. wenn mir die Lehrperson sympathisch ist.
8. wenn mir die Lehrperson unsympathisch ist.
9. wenn wir Lernenden den Stoff gemeinsam üben.
10. wenn mir eine Nachhilfe-Lehrperson etwas erklärt.
11. wenn mir eine Schulfreundin/ein Schulfreund etwas erklärt.
12. wenn es mir zu Hause jemand aus der Verwandtschaft erklärt.

Und so lerne ich am besten:

---

3. Lerntypstrategie
Zuerst Lernziele kennen und Lernaufwand bestimmen

Der Wert und die Bedeutung eines Lernstoffs müssen Ihnen einsichtig sein. So werden Sie zum Lernen motiviert, Ihr Antrieb und Ihre Aufmerksamkeit wird geweckt, das Gehirn auf Aufnahme gestimmt und der Inhalt sinnvoll gespeichert.

Nachdem Sie sich über Inhalt und Sinn des Lernstoffs aufgeklärt haben, müssen Sie – bevor Sie mit dem eigentlichen Lernen beginnen – entscheiden, wie viel Zeit Sie für die Aufgabe einsetzen wollen. Erst nach einem vorbereitenden Planen sind Sie frei, die Aufgabe zügig lösen zu können.

5. Seinen Lerntyp kennen und weiterentwickeln

Wer nicht zum Voraus plant, wird die Lernphase immer wieder unterbrechen, um zu überlegen, was eigentlich das Ziel der Aufgabe sei und welcher Aufwand dafür notwendig wäre.

> **Persönliche Lernstrategien zur 3. Lerntypstrategie bestimmen**
> Welche Lernziele motivieren Sie?
> Ich verstehe bzw. behalte besonders gut (+), mittel (o), schlecht (–):
>
> 1. wenn ich einen Sinn im Lernstoff sehe.
> 2. wenn ich weiss, wozu ich etwas lerne.
> 3. wenn mir das zu Lernende beruflich etwas nützt.
> 4. wenn mich etwas interessiert und mir Freude macht.
> 5. wenn der Lernstoff geprüft wird.
> 6. wenn ich mit dem Wissen imponieren kann.
> 7. wenn mir das Wissen Anerkennung einbringt.
> 8. wenn ich weiss, was genau ich lernen muss.
> 9. wenn ich weiss, wie viel ich lernen muss.
> 10. wenn ich weiss, wie lange ich lernen muss.
>
> Und so lerne ich am besten:

4. Lerntypstrategie
Zuerst Überblick, dann Details

Verschaffen Sie sich einen groben Überblick (Skelett) über eine grössere Lerneinheit, versuchen Sie das Wesentliche zu verstehen, bevor Sie Details lernen. Grössere Zusammenhänge hängen immer irgendwie mit der alltäglichen, vertrauten Erlebniswelt zusammen und bieten verschiedene Anknüpfungspunkte an. Überblicksinformationen sind daher im Gegensatz zu den Details nie allzu fremd. Sie werden sich eher auf vielen Ebenen im Gehirn verankern können und so ein empfangsbereites Netz für die anschliessend zu erarbeitenden Details bieten.

Indem Sie sich Gedanken über grössere Zusammenhänge des Lernstoffes machen, aktivieren Sie die entsprechenden Informationen im Langzeitgedächtnis. Diese können so sehr viel schneller abgerufen werden, was eine wesentliche Voraussetzung für das Lernen ist (siehe «Der Funktion des Gehirns entsprechend lernen»: «Zuerst Fragen an den Lernstoff stellen», S. 42).

5. Seinen Lerntyp kennen und weiterentwickeln

Persönliche Lernstrategien zur 4. Lerntypstrategie bestimmen
Wie gehe ich an eine grössere Lerneinheit heran?
Ich verstehe bzw. behalte besonders gut (+), mittel (o), schlecht (–):

1. wenn zuerst die grösseren Zusammenhänge des Lernstoffs gebracht werden.
2. wenn zuerst Details gebracht werden.
3. wenn der Lerninhalt in ganz bestimmter Weise und Reihenfolge aufgebaut ist.
4. wenn der Lernstoff nicht aus vielen Einzelinformationen besteht.
5. wenn ich den Lernstoff nach grossen Zusammenhängen ordne.

Und so lerne ich am besten:

5. Lerntypstrategie
Anschaulichkeit hilft Lernstoff aufnehmen und erinnern

Durch veranschaulichende Begleitinformationen und Beispiele erhält eine neue Information ein Erkennungssignal für das Gehirn. Eine anschauliche Darstellung aktiviert weitere Wahrnehmungskanäle und Assoziationsfelder im Gehirn. Das garantiert bessere Übergänge ins Kurzzeit- und Langzeitgedächtnis und bietet vielseitigere Möglichkeiten, die Information später abzurufen.

Anschaulichkeit beinhaltet Bildhaftigkeit. Stellen Sie wenn immer möglich den Lernstoff bildlich dar, sei es mit einer Skizze, einer Tabelle, einem Diagramm oder einem abstrakten Zeichen. Wichtig ist, dass der Inhalt mit wenigen Blicken klar wird. Besonders geeignet ist dafür auch die im 6. Kapitel beschriebene Mindmap S. 70ff.).

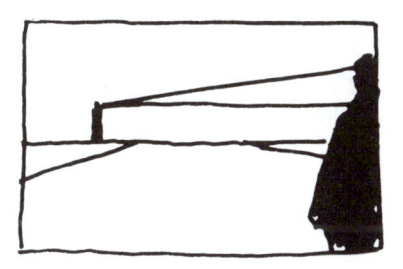

Persönliche Lernstrategien zur 5. Lerntypstrategie bestimmen
Welches Anschauungsmaterial ist Ihnen eine Hilfe?
Ich verstehe bzw. behalte besonders gut (+), mittel (o), schlecht (–):

1. wenn der Lernstoff mit Worten vorgetragen wird.
2. wenn Dias gezeigt oder Bilder an die Wand gehängt werden.
3. wenn ein Film darüber gezeigt wird.
4. wenn mir Grafiken, Kurven etc. zum Lerninhalt geboten werden.
5. wenn ich mir selbst solche Grafiken, Kurven zeichne.
6. wenn ich aus meinem Schulbuch lerne.
7. wenn ich aus anderen Büchern lerne.
8. wenn ich aus meinen handschriftlichen Unterlagen lerne.
9. wenn ich mir zum Lernstoff selbst etwas ausdenke.

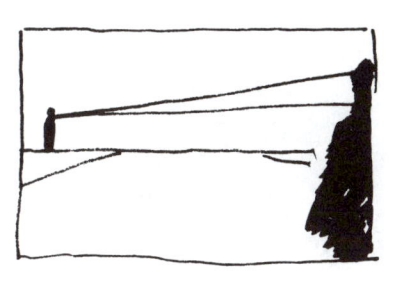

Und so lerne ich am besten:

5. Seinen Lerntyp kennen und weiterentwickeln

Sehen

Hören

Anfassen

Riechen

Schmecken

6. Lerntypstrategie
Mit der Realität verknüpfen

Verbinden Sie einen abstrakten Lerninhalt mit möglichst vielen realen Begebenheiten aus Ihrer Umwelt, so dass er mit möglichst viel Bekanntem verknüpft wird. Werden reale Erlebnisse angesprochen, so wird der Lerninhalt trotz zusätzlicher Information leichter gelernt. Beim Erinnern des Gelernten wirkt dann die reale Umwelt als Erinnerungshilfe.

Werden z. B. in der Geometrie Pyramiden behandelt, überlegen und skizzieren oder fragen Sie die Lehrperson, wie die alten Ägypter diese Theorie beim Bau der Pyramiden praktisch angewandt haben.

Persönliche Lernstrategien zur 6. Lerntypstrategie bestimmen
Welche Bezüge sind für Sie massgeblich?
Ich verstehe bzw. behalte besonders gut (+), mittel (o), schlecht (–):
1. wenn der Lernstoff mit realen Vorgängen zusammenhängt.
2. wenn der Lernstoff zufällig mit meinen persönlichen Erfahrungen zusammenhängt.
3. wenn ich über den Lernstoff ein gewisses Vorwissen habe.
4. Ich erinnere mich besser an Erlebnisse als an Gespräche und Gelesenes.

Und so lerne ich am besten:

---

7. Lerntypstrategie
Lernstoff mit vielen Wahrnehmungskanälen aufnehmen

Benutzen Sie für die Aufnahme, das Einprägen und Verarbeiten des Lernstoffes möglichst viele Wahrnehmungskanäle (Sehen, Hören, Anfassen, Schmecken, Riechen). Je mehr Kanäle der Wahrnehmung beim Lernen benutzt werden, desto vielfältiger wird der Stoff gespeichert, desto besser wird er begriffen und später auch wieder erinnert. (Siehe im 4. Kapitel «Der Funktion des Gehirns entsprechend lernen»: «Abwechslungsreiches Aufnehmen neuer Information», S. 42ff.)

5. Seinen Lerntyp kennen und weiterentwickeln

Persönliche Lernstrategien zur 7. Lerntypstrategie bestimmen
Bestimmen Sie Ihre leistungsfähigsten Wahrnehmungskanäle.
Ich verstehe bzw. behalte besonders gut (+), mittel (o), schlecht (–):

1. Wenn ich mir alles in Ruhe selber gründlich erarbeite.
2. Wenn ich Informationen in einem Gespräch erfahre.
3. Wenn mir der Lerninhalt nach einer ganz bestimmten Methode beigebracht wird.
4. Wenn der Lernstoff auf eine einzige Weise oder an einem Beispiel erklärt wird, statt auf mehrere Arten wiederholt wird.
5. Wenn ich mir dazu eigene Notizen mache, Zusammenfassungen schreibe.
6. Wenn ich etwas auf meine Weise umgeschrieben habe.
7. Wenn ich einen Gegenstand anfasse und damit spiele, kann ich ihn viel besser beschreiben, als wenn ich ihn nur genau angeschaut habe.
8. Erst wenn ich einen Papierflieger selbst gebastelt habe, weiss ich, wie das geht. Vom Zuschauen allein behalte ich das nicht.
9. Wenn man mir an einem Gerät oder an einer Maschine erklärt, wie sie bedient wird, oder wenn ich bei einem Experiment im Unterricht zuschaue, dann behalte ich es besser, als wenn ich es mit den Händen nur ausprobiert oder nachgemacht habe.
10. Einen Weg durch die Stadt finde ich besser, wenn ich ihn nicht nur erklärt bekomme oder auf dem Stadtplan angeschaut habe, sondern auch mit dem Finger darauf nachgezogen habe.

Und so lerne ich am besten:

6. Kreatives Arbeiten

Inhaltlicher Überblick

Stichwortkonzept
Ideentechnik 1: Gedanken mit einem Stichwortkonzept sammeln.

Brainstorming
Ideentechnik 2: Gedanken und Ideen mit einem Brainstorming sammeln.

Clustering
Ideentechnik 3: Gedanken und Einfälle sammeln und mit Clustering ordnen.

Hierarchie der Ideen
Ideentechnik 4: Gedanken durch die Erweiterung eines Wortfeldes mit Hilfe der «Hierarchie der Ideen» sammeln.

Mindmapping
Ideentechnik 5: Ideen, Gedanken mit einer Mindmap sammeln.

Der Gedankensplitter zum Thema
«Mindestens die Hälfte der Zeit überlege ich, was ich schreiben soll, suche nach Ideen und Einfällen. Mir fällt es sehr schwer, über ein Thema schreiben zu müssen oder manchmal auch schreiben zu wollen. Sobald jedoch der Anfang gefunden ist, geht es relativ schnell, bis der ganze Text steht.» (Landschaftsgärtner)

Ideentechnik 1
Gedanken mit einem Stichwortkonzept sammeln
Bevor Sie zu schreiben beginnen, sammeln Sie möglichst viele Gedanken zu dem Thema, das Sie bearbeiten wollen. Jeder aufgeschriebene Gedanke regt weitere Gedanken an. Loten Sie das Thema möglichst vollständig aus. Je mehr Ideen dastehen, desto entlasteter können Sie nachher ans Schreiben gehen. Denn auf diese Weise können Sie sich dann völlig aufs Schreiben konzentrieren. Anfänglich geht es bei der Stichwortsuche darum, möglichst viele Gedanken (Aspekte zum Thema) zu finden. Sie ordnen und bewerten sie in einem nächsten Arbeitsschritt. Achten Sie auf anschauliche Gedanken, allgemeine Aussagen verwandeln Sie in fassbare (konkrete, praktische) Vorschläge. Das unten stehende Beispiel einer Ideensammlung zum Thema «Verbesserung der Arbeitstechnik» veranschaulicht dieses Vorgehen.

Beispiel einer Ideensammlung

Ich prüfe Möglichkeiten der Arbeitserleichterung.

Ich lege Tagesziele/Wochenziele fest.

Ich schlage im Lexikon nach.

Ich erledige eins ums andere.

Ich prüfe alle Ideen auf ihre Vorzüge/Nachteile.

Ich benutze geeignete Lernhilfen, z.B. Datenbanken, Lexika.

Ich stelle meine Fragen an Fachleute.

Ich trage Termine sofort in meinen Kalender ein.

Was sofort erledigt werden kann, schiebe ich nicht auf.

Ich suche nach neuen Lösungswegen.

Unangenehmes erledige ich sofort.

Das Gelesene fasse ich stets kurz zusammen.

Ich lege eine Kartei an.

Warte- und Reisezeiten nutze ich zum Lernen.

Ich setze stets klare Prioritäten.

Ich bereite mich gut auf den nächsten Lernschritt vor.

Ich lasse keine Störungen bei der Arbeit zu.

Ich arbeite konzentriert und plane Pausen vor Beginn der Arbeit.

6. Kreatives Arbeiten

Ideen ordnen
Nun wird die Gedankensammlung ausgewertet. Mit Farben, Symbolen, Ziffern bringen Sie Ordnung in die Ideen. Vielleicht streichen Sie einen Gedanken, weil er nicht in den Zusammenhang des entstehenden Konzepts passt.

Übrigens: Vermeiden Sie Killer-Sätze wie «Ich weiss, dass es nicht geht.» Notieren Sie: «Ich versuche, eine bessere Arbeitstechnik aufzubauen.»

Ideentechnik 2
Gedanken mit einem Brainstorming sammeln
Brainstorming heisst übersetzt etwa Erstürmung des Gehirns. Der übertragene deutsche Begriff ist mit Ideenkonferenz wohl sinnvoller gefasst. Brainstorming ist vor allem eine geeignete Methode, wenn es darum geht, dass sich eine Gruppe von Menschen ganz spontan und vorerst ohne Wertung in entspannter Atmosphäre zu einem Thema äussert.

Für ein ergiebiges Brainstorming gehen Sie so vor:
1. Den Themenkreis, zu dem Sie Ideen, Argumente und Einfälle suchen, umschreiben Sie möglichst genau.
2. Geben Sie das Thema der Gruppe ein bis zwei Tage vor dem Brainstorming bekannt.
3. Schaffen Sie eine entspannte Atmosphäre.
4. Für jeden Themenbereich setzen Sie nicht mehr als 10–15 Minuten ein.
5. In einem Brainstorming werten Sie nie. Spontane und auch ausgefallene Einfälle und Ideen sind gesucht. Nicht kritisieren!
6. Von anderen geäusserte Ideen regen Sie an, Sie entwickeln diese weiter.
7. Bestimmen Sie eine Person, die das Gedanken- und Ideengut festhält.
8. Erst in einem zweiten Schritt werten Sie das Brainstorming aus: Sie beurteilen Ihre Ideen, verwerfen vielleicht einzelne Gedanken.
9. Anschliessend ordnen Sie die Gedanken, Ideen, Assoziationen und Argumente aus dem Brainstorming (vgl. Schreibtechnik 2, S. 75).

Ideentechnik 3
Gedanken und Einfälle sammeln und mit einem Clustering ordnen
Clustering ermöglicht das Knüpfen von Ideennetzen. Clustering verhilft Ihnen, die tausend Möglichkeiten an Einfällen, Empfindungen, Erfahrungen, Gedanken, Argumenten für Ihre Texte, Referate, Prüfungsarbeiten zu finden. Clustering nutzt Ihr oft brachliegendes bildliches Denken, das aus einem Teil Ihres Gehirns stammt, in dem sich die Erfahrungen unseres ganzen Lebens drängen. Das bildliche Denken entspricht nicht der begrifflichen Logik.

Clustering geht von einem Kern aus, von einem Sturmzentrum, das immer weitere Wellenkreise ausstrahlt, wie auf einem Teich, in den ein Stein geworfen wird. Ein Wort oder kurzer Ausdruck wirkt als passender Reiz für das Aufzeichnen aller verfügbarer Gedankenverbindungen (Assoziationen), die sich sehr schnell einstellen. Schreiben Sie dabei schnell und werten Sie nie!

Diese Technik eignet sich besser als das Brainstorming, wenn Sie allein vor dem berüchtigten leeren weissen Papier sitzen. In blitzartigen Bildern und Assoziationen tauchen trotz ungeordneter Vielfalt unversehens viele Ideen auf. Beim Clustering gehen Sie so vor:

6. Kreatives Arbeiten

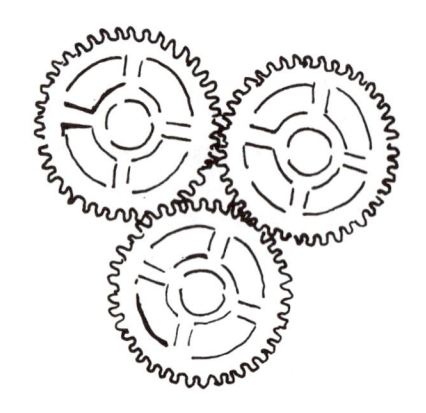

1. Schreiben Sie den Kernbegriff – das Prüfungsthema oder den Titel zu Ihrem Text – in die Mitte eines A4-Blattes und umkreisen Sie ihn als «Kern» (Reizwort).
2. Schreiben Sie spontan auf, was immer Ihnen zum Thema einfällt; ein Gedanke weckt einen anderen. Auch diese Begriffe, Ideen, Gedanken und Argumente umkreisen Sie, ohne zu überlegen, ob diese richtig, wichtig oder unwichtig sind.
3. Das Clustering werten Sie erst in einem zweiten Schritt aus. Sie müssen dann nicht alle Elemente des Clusters in die Endfassung des Textes übernehmen.
4. Alle zusammengehörigen Aspekte, Ideen und Fakten verbinden Sie mit Linien und Pfeilen. Dadurch machen Sie deutlich, wie die einzelnen Begriffe zueinander stehen, welche Einfälle wie voneinander abhängig sind. Vor Ihnen liegt danach bereits ein (einfaches) Konzept zum Schreiben des Textes.

In einem Cluster können auch gegensätzliche Gedanken erfasst werden, die beim Knüpfen des Ideennetzes auftauchen. Ein Wortpaar kann aufregende Spannung hervorrufen, unerwartete Entdeckungen ermöglichen. Die äussere Gestalt eines Clusters nimmt immer vielfältigere Formen an.

Beispiel eines Clusters zum Kernbegriff «Freude»:

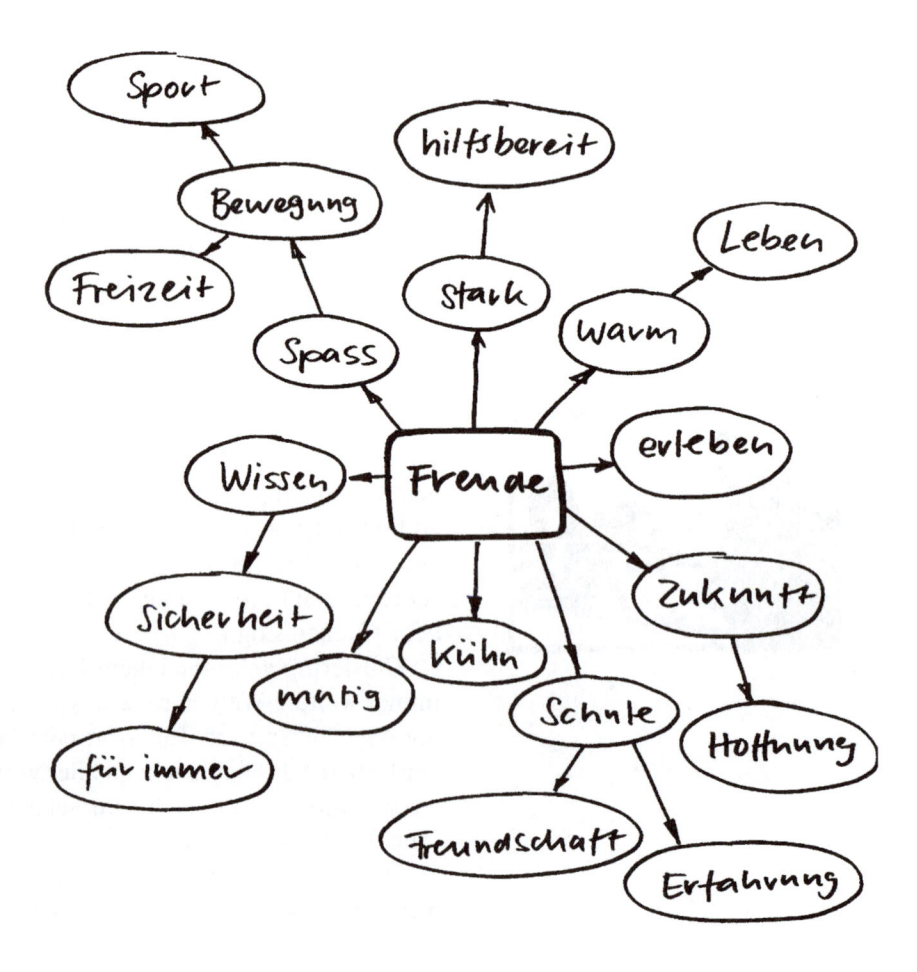

aus: L. Gabriele Rico, 1984, S.229

6. Kreatives Arbeiten

Ideentechnik 4
Ideen und Gedanken durch die Erweiterung eines Wortfeldes sammeln und ordnen (Nach der Ideenhierarchie von Milton)
Durch die Erweiterung und Ordnung eines Wortfeldes gelangen Sie mittels der Ideenhierarchie von Milton zu Ideen und Einfällen, die Sie sich gar nicht zugetraut hätten. Das Darstellen des Wortnetzes präsentiert sich als gedanklich überzeugend geordnete Schreibvorlage für Ihre Texte. Sie gehen dabei von einem Kernbegriff aus und kommen spielerisch zu weiteren Gedanken. Milton nannte das von ihm entwickelte Modell nicht zu unrecht «Hierarchie der Ideen».

Vom Kernbegriff ausgehend erweitern Sie Ihren Wortschatz in verschiedenste gedankliche Richtungen, wie dies das unten stehende Beispiel zum Wortfeld «Auto» zeigt. Das Beispiel lässt erkennen, dass im oberen Teil allgemeinere Begriffe festgehalten werden, im unteren Teil dagegen mehr und mehr differenzierte Einzelheiten. Dadurch klären Sie Begriffe und Wörter genau ab. Indem Sie zu neuen Stichworten gelangen, erweitern Sie Ihren Wortschatz und bereichern Ihre Gedanken-vielfalt. Wenn Sie diese Ideentechnik häufig spielerisch einsetzen, wird Ihr Handwerkszeug Sprache vielseitig erweitert.

So bauen Sie sich Ihre «Hierarchie der Ideen» auf:
1. Schreiben Sie ein Stichwort in die Blattmitte.
2. Suchen Sie nach den Einzelheiten, aus denen das Stichwort zusammengesetzt sein kann (Erweiterung nach unten).
3. Ergänzen Sie vergleichbare Begriffe und Sachverhalte, die zum Stichwort passen.
4. Suchen Sie anschliessend nach allgemeineren Begriffen, die zum Stichwort oder zu den Stichworten passen (Erweiterung noch oben).
5. Mit neuen Stichworten zusammen ergänzen Sie Ihr Wortfeld und bereichern so Ihre Wort- und Gedankenfelder in wechselseitiger Ergänzung.

Wenn Sie eine «Hierarchie der Ideen» in einer Lerngruppe aufbauen, geht es leichter und erst noch rascher.

Beispiel eines Wortfeldes zu «Autos», aufgebaut nach der «Hierarchie der Ideen»:

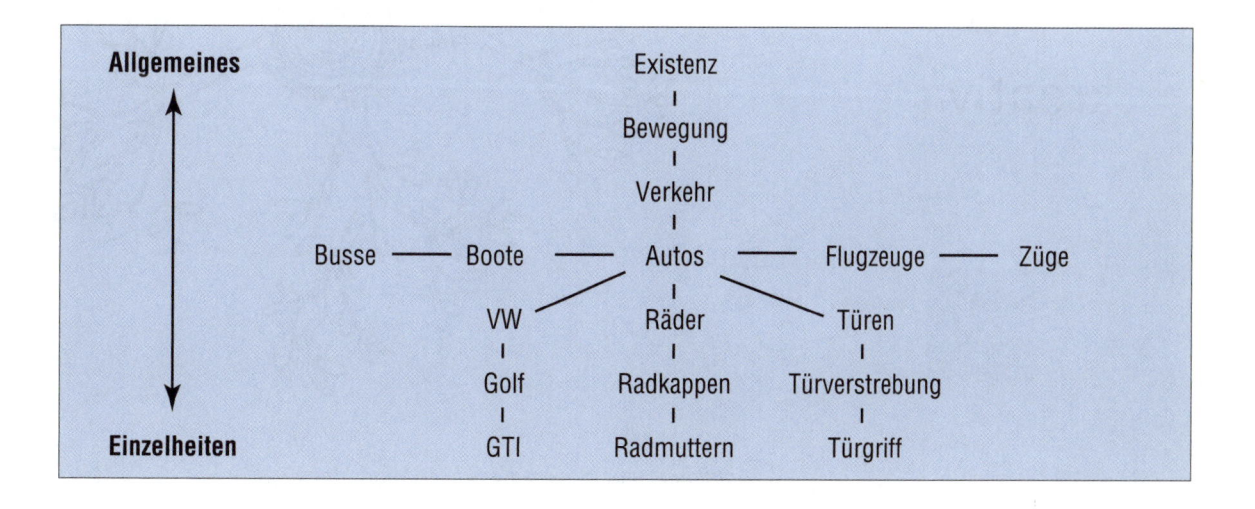

```
Allgemeines
    ↑                       Existenz
    |                          |
    |                       Bewegung
    |                          |
    |                       Verkehr
    |                          |
    |      Busse — Boote — Autos — Flugzeuge — Züge
    |                    /   |    \
    |                  VW  Räder  Türen
    |                   |    |     |
    |                  Golf Radkappen Türverstrebung
    |                   |    |     |
    ↓                  GTI Radmuttern Türgriff
Einzelheiten
```

6. Kreatives Arbeiten

Ideentechnik 5
Ideen und Gedanken mit einer Mindmap sammeln
Vorerst zeigen wir Ihnen kurz, wie Sie beim Mindmapping vorgehen. Im nächsten Kapitel vermitteln wir ausführliche Informationen, die Ihnen die Vorteile dieser Ideentechnik verdeutlichen.
Beim Mindmapping gehen Sie so vor:
1. Sie schreiben den Kernbegriff des Themas in die Mitte eines A4-Blattes und umkreisen ihn.
2. Wichtige Gedanken schreiben Sie in der Nähe des Kerns auf Linienäste, von diesen abhängige Gedanken schreiben Sie auf Zweige der entsprechenden Äste.
3. Während Ihres Denkprozesses können Sie die Mindmap jederzeit und im ganzen Liniengeäst ergänzen.
4. Ihre Gedanken werden mit einem Stichwort in Druckbuchstaben auf jeder Linie geschrieben.
5. Mit Farben, Symbolen und Pfeilen verdeutlichen Sie die thematischen Zusammenhänge.
6. Zum kreativen Vorgehen gehören Ergänzungen und Korrekturen. Die Verästelungen können überall eingefügt werden. Vielleicht ergibt sich aus einem Stichwort auf einem Hauptast eine neue Mindmap.

Mit Korrekturflüssigkeit oder durch Überkleben können Sie eine Mindmap neu ausrichten.

Die Struktur einer Mindmap erinnert an einen Baum von oben gesehen. Der Stamm bildet den Mittelpunkt, von dem aus die Haupt- und Nebenäste in alle Richtungen abzweigen und Blätter treiben.

KREATIV

kreativ

kreativ

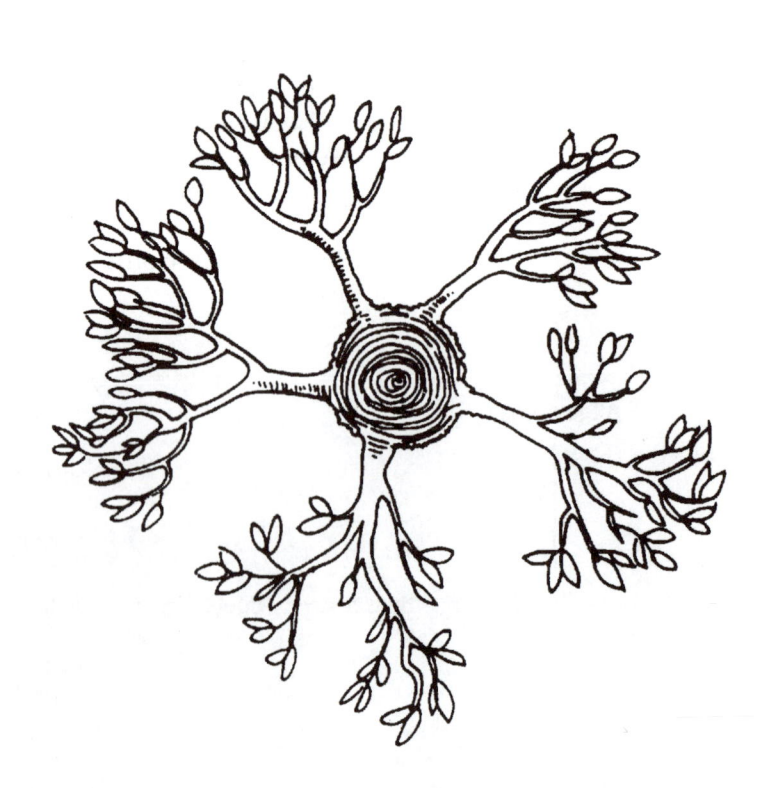

(Abbildung aus: Mogens Kirckhoff, Mind Mapping)

6. Kreatives Arbeiten

Schlüsselwörter stärken das Erinnerungsvermögen

Machen Sie sich Notizen, wenn Sie anderen über den Inhalt eines Buches, über die Handlung eines Films oder über wichtige Ereignisse berichten wollen? Schreiben Sie sich Stichworte auf? Halten Sie den Ablauf des Geschehens in ausformulierten Sätzen fest?

Wenn Sie etwas notieren, werden Sie feststellen, wie Sie Personen, Umstände und Ereignisse beschreiben: Schlüsselwörter oder Schlüsselsätze wecken umfangreiche Erfahrungen und Empfindungen in Ihrem Gedächtnis. Sie verstärken mittels Schlüsselwörtern das Erinnerungsvermögen an vielseitige Erfahrungen und Informationen (Wissen, Töne, Gerüche, visuelle Eindrücke usw.).

Man hat lange Zeit angenommen, der menschliche Geist arbeite linear. Als richtig und vorbildlich wurde erachtet, Wort- und Satzreihen in konsekutiver Ordnung (eines nach dem anderen) aufzuzeichnen und Druckschriften daher in einer Folge von Linien oder Reihen auf einzelnen Seiten zu gestalten. Wir alle haben in der Schule gelernt, Notizen in Sätzen oder vertikalen Stichwortlisten zu machen. Wer sich nicht daran hielt, wurde meist als unordentlich bewertet. Wir müssen uns und andere daran gewöhnen, dass Aufzeichnungen weniger «ordentlich» aussehen dürfen als es bisher vermeintlich wünschbar war.

Herkömmliche Aufzeichnungsarten: Die gedruckte Schrift betont das lineare, eines logisch aus dem anderen entwickelnde Prinzip, wie dies die beiden nebenstehenden Darstellungen veranschaulichen.

A Normale Linienstruktur – auf Satzbasis
B Standard-Linienstruktur – nach Bedeutungsprinzip geordnet

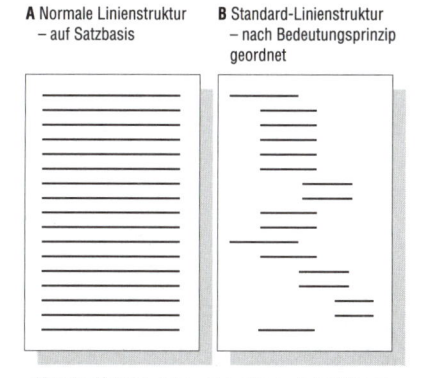

(Standardformen «guter» oder «klarer» Aufzeichnungen Nach: Buzan, Kopftraining)

Neue Erkenntnisse über die Beziehungen zwischen Schlüsselbegriffen und Erinnerung zeigen, dass bei der oben dargestellten Art des Notierens von Inhalten und Notizen rund 90 Prozent der Wörter für die Erinnerung unnötig sind. Solche unnötigen Wörter belasten lediglich unsere Erinnerungsarbeit. Da unser Gedächtnis auf der Verknüpfung von Vorstellungen (Assoziationen) beruht, erinnern wir uns mittels Schlüsselwörtern und einzelner Schlüsselsätze besser und vollständiger.

Im Alltagsleben begegnen wir dagegen häufig nichtlinearen Aufzeichnungsformen wie Fotos, Illustrationen, Grafiken, Diagrammen, Piktogrammen usw. Diese entsprechen der vielfältigen (multidimensionalen) Arbeitsweise des Gehirns weit mehr.

Wenn wir unsere Aufzeichnungen der Funktionsweise unseres Gehirns entsprechend gestalten wollen, müssen wir die herkömmliche lineare Aufzeichnungsweise verlassen.

Das Mindmapping

Mit Mindmapping können wir die vielfältige Vernetzung einer Problemstellung sichtbar machen.

Da das Gehirn hauptsächlich Schlüsselwörter verknüpft, werden unsere Aufzeichnungen mit Vorteil – insbesondere in der Notiztechnik – nicht in linearer Weise festgehalten, sondern als sogenannte Mindmap gestaltet. Sie verfolgen dabei nicht mehr die antrainierte, herkömmlich-lineare Aufzeichnungsart. Sie erlernen mit grossem Vorteil die «kartografische Arbeits- und Lerntechnik» (von T. Buzan als Mindmap bezeichnet und etwa als Gehirn-Karte zu übersetzen). Sie bietet ganz entschiedene Vorteile, die sich auf die unterschiedlichen Fähigkeiten unserer linken

6. Kreatives Arbeiten

und rechten Gehirnhälfte stützen. Es ist erwiesen, dass sie wirksamer und erfolgversprechender ist beim Gewinnen neuer Ideen und beim Festhalten von Notizen.

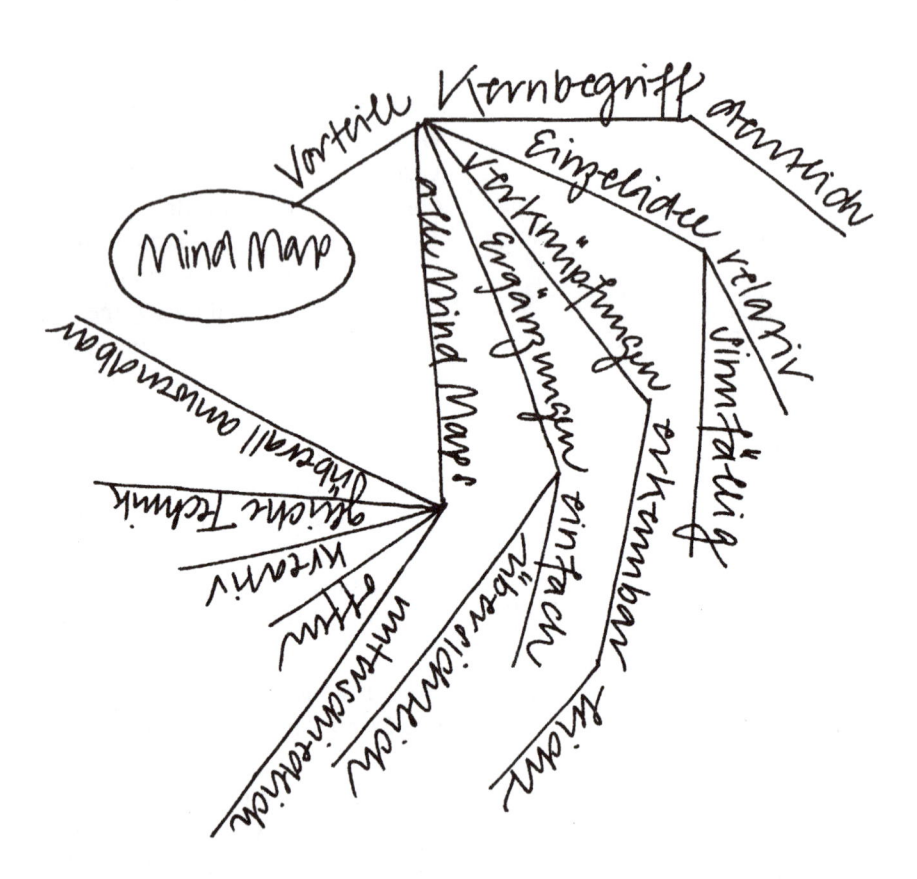

Diese Mindmap ergibt sich aus einer linearen Aufzeichnungsform, indem die Schlüsselwörter strukturiert dargestellt werden.

Buzan führt viele Anwendungsmöglichkeiten von Mindmaps an. Alle Bereiche kommen in Frage, in denen Denken, Überlegen, Informationsverarbeitung, Erinnerung, Kreativität oder Visualisierung gefragt und wichtig sind:
1. Vorbereitung von Besprechungen, Vorträgen, Texten aller Art für Fachzeitschriften, Zeitungen, Aufsätze und alle Schreibgelegenheiten
2. Notizen während Vorträgen und des Unterrichts in der Schulung und Weiterbildung
3. Darstellung einer Problemanalyse (Problemlandkarte) und von Lösungsideen
4. Persönliche Vorbereitung auf ein bestimmtes Sachthema oder eine Prüfung

Wie bereits dargestellt, nutzt eine Mindmap alle Fähigkeiten des Gehirns, und beide Gehirnhälften sind dabei aktiv. Warum sollten also nicht auch Sie die offensichtlichen Vorteile des Mindmappings in Ihrer Lernsituation zu nutzen beginnen? Heute werden bereits Konferenzen, Kongresse und Seminarien mit Mindmaps geplant und dann entsprechend durchgeführt.

6. Kreatives Arbeiten

Viele Firmen erreichen durch die zeitsparende und Kreativität erzeugende Methode des Mindmappings überraschende Lösungen ihrer Probleme. Teilnehmer an Konferenzen erstellen zeichnerisch zu bestimmten Fragen und Problemen ihre Mindmaps, in Arbeitsgruppen und Gesamtsitzungen werden die Ideen in Maxi-Mindmaps zusammengetragen. Das Modell ist schnell zu erlernen, einfach anzuwenden und benötigt extrem wenig Material.

Beim Mindmapping im Unterricht, in Gruppen, an Konferenzen, Kongressen und Seminarien gehen Sie so vor:
1. Die Lehrperson, die Leiterin oder der Leiter der Konferenz gibt das Thema bekannt.
2. Jede Teilnehmerin, jeder Teilnehmer zeichnet eine persönliche Mindmap (eigenes Brainstorming).
3. Nach einer bestimmten Zeit schauen sich alle Teilnehmer ohne zu diskutieren die Mindmaps der anderen Teilnehmer an und erhalten so neue Impulse.
4. Bei der erneuten Arbeit an der eigenen Mindmap ergänzen alle Teilnehmer ihre bisherige Arbeit aufgrund der erhaltenen Impulse aus anderen Mindmaps.
5. Die Leiterin oder der Leiter zeichnet auf einem grossen Papier (z.B. Flip Chart) vom Kernbegriff ausgehend den ersten Hauptast. Die Zurufe der Teilnehmerinnen und Teilnehmer lassen jetzt die Maxi-Mindmap entstehen.
6. Wenn alle Ideen aufgezeichnet sind, können Teilaufgaben an Gruppen übergeben werden. Sie arbeiten in der gleichen Art weiter und erreichen die gesteckten Ziele.

Es hat sich gezeigt, dass diese Form der Gruppenarbeit ausserordentlich kreativ und produktiv ist. Zermürbende Diskussionen entfallen zugunsten einer lockeren, aber auffallend arbeitsintensiven Atmosphäre mit guten Ergebnissen.
(Nach: Maria Beyer, Klaus Marwitz, 1990, S. 21)

7. Erfolgreich schreiben

Inhaltlicher Überblick

Schreiben ist lernbar
Schreibtechnik 1: Stilmittel unterscheiden
Bewusst bestimmte Stilmittel verwenden.

Schreibtechnik 2: Die Kunst des gedankenlogischen Aufbaus eigener Texte
Texte sinnvoll und überzeugend einleiten, gliedern und zu einem gedanklichen Abschluss bringen.

Schreibtechnik 3: Vielfältigere Textstrukturen erarbeiten
In einer Entscheidungsfrage Argumente und Gegenargumente abwägen.

Schreibtechnik 4: Texte für andere einsichtig gestalten
Die Leser Ihrer Texte überzeugen und Spannung bei der Lektüre schaffen.

Schreibtechnik 5: Bedenken Sie, wie Sie schreiben
So schreiben, dass Leserinnen und Leser Ihrem Text aufmerksam folgen.

Schreibtechnik 6: Von der Notiz zur Reinschrift
Die Texte unterschiedlich gestalten, je nachdem für wen sie geschrieben werden.

Schreibtechnik 7: Vom Aufsatz zur Semesterarbeit
Eine grössere Arbeit überlegt planen und gestalten.

Schreibtechnik 8: Ein Arbeitsprotokoll als Lernhilfe

Layout von Texten

Der Gedankensplitter zum Thema
«Schreiben ist eine Mitteilungsform, die man in der heutigen Zeit einfach beherrschen muss, weil man sie täglich braucht. Durch Brief- oder E-Mailschreiben kann man anderen jederzeit etwas übermitteln, durch Notizen Wichtiges festhalten und sich vieles merken. Leider kann man's nie perfekt. Aber man kann auch Freude daran gewinnen, wenn man seiner Freundin schreibt.» (Elektromonteur)

Schreiben ist lernbar

Schreiben ist tatsächlich lernbar. Wenn Sie einen guten Text (z.B. Prüfungsaufsatz, Leserbrief, Bewerbungsschreiben, Referat) verfassen wollen, sind Ihre Gedanken, Ideen, Überzeugungen, Argumente, Meinungen und Einfälle gefragt. Man spricht dabei von inhaltlicher oder sachlicher Kompetenz.

Wenn Sie vermeiden wollen, dass Sie hilflos vor einem leeren, weissen Papier sitzen und nicht weiter wissen, müssen Sie die folgenden Methoden kennen lernen:
- Stichwortkonzept
- Brainstorming
- Clustering
- Mindmap
- «Hierarchie der Ideen»

Diese Methoden wurden in Kapitel 6, «Kreatives Arbeiten», S. 66, vorgestellt. Wenn Sie dieses Kapitel bearbeitet haben, können Sie beim Schreiben mit den nun bekannten Methoden Hilflosigkeit vor dem leeren Papier vermeiden.

Schreibtechnik 1
Grundsätzliche Stilmittel unterscheiden

Wenn Sie Ihre Stichworte, Ideen, Einfälle und Argumente mit einer der dargestellten Ideentechniken gesammelt und geordnet haben, müssen Sie grundsätzlich die folgenden Gestaltungsprinzipien in Ihren Texten unterscheiden:
Die nachstehenden Beispiele beziehen sich auf das Thema «Smog – was ist das?» (vgl. Kapitel 8, Nutzbringend lesen, S. 92ff.)

Tatsachen
Sie geben einen bestimmten Sachverhalt wieder, der allgemein für richtig befunden wird. Diese Tatsachen können Ihnen zur Darlegung einer Ihrer Meinungen dienen.
Beispiel
Smog im Ruhrgebiet. Die Zusammenhänge zwischen der Schwefeldioxidbelastung der Luft und Schädigungen der Gesundheit sind nur teilweise erforscht.

Meinungen
Sie nehmen Stellung zu bestimmten Fragestellungen, Sie beurteilen bestimmte Sachverhalte und vertreten eigene Ansichten.
Beispiel
Kleine Kinder, ältere Menschen sowie Menschen mit Atemweg- bzw. Herz-Kreislauf-Erkrankungen sollten sich meines Erachtens bei Smog

möglichst wenig im Freien aufhalten und körperliche Anstrengungen vermeiden.

Begründungen
Sie erläutern den Leserinnen und Lesern, wie Sie zu Ihren Meinungen gekommen sind oder warum Sie bestimmte Tatsachen anführen.
Beispiel
Smog, eine austauscharme Wetterlage, betrachte ich als gesundheitsgefährdend, denn in Radio und Fernsehen wurden schon oft Warnungen über die schädlichen Wirkungen von Smog ausgestrahlt.

Vergleiche
Sie dienen vornehmlich dazu, Ihre Gedanken und Argumente anschaulich darzustellen.
Beispiel
Smog hängt wie eine bedrohliche, beängstigende, beklemmende Dunstglocke über den Städten. Smog ist wie der schlechte Atem eines unheimlichen modernen Geists, den wir selber gerufen haben.

Beispiele
Sie veranschaulichen Ihre Überlegungen. Beispiele gelten sozusagen als Beleg für eine Tatsache oder eine Behauptung. Weiter können Sie mit Beispielen einen Sachverhalt anschaulich erklären. Passen Sie aber auf, dass nicht ein ebenso gutes Gegenbeispiel Ihre Absicht widerlegen kann.
Beispiel
Dass Smog uns schadet, steht ausser Frage. Smog wird aber in bestimmten Gebieten besonders problematisch. So kommt es zum Beispiel in Beckenlandschaften häufiger zur Bildung von Smog, weil sich Staub und Abgase hier bei Windstille leichter ansammeln.

Schreibtechnik 2
Die Kunst des gedankenlogischen Aufbaus eigener Texte
Verlangt das Thema die Klärung eines Sachverhalts, spricht man von einer Ergänzungsfrage. Wenn Sie zu einer Ergänzungsfrage Ursachen und Lösungsvorschläge darlegen, reihen Sie Wissen zum Thema geradlinig (linear) auf. Begründen Sie dabei Ihre Ansichten.
  Man spricht hier von einem steigernden Aufsatz (Text), denn die einzelnen Gesichtspunkte werden nach dem Prinzip der Steigerung in eine sinnvolle Reihenfolge gebracht.

Gliederung einer Ergänzungsfrage

Einleitung	weckt Aufmerksamkeit für das Thema.
Hauptteil	1. Sachverhalte, Hintergründe verweisen auf das Problem. 2. Sie fügen Ihre Behauptungen, Gesichtspunkte Abschnitt für Abschnitt an; die bedeutsamste Überlegung folgt als letzte (Höhepunkt).
Schluss	zeigt das Ergebnis Ihrer Arbeit auf. Auch ein Ausblick in die Zukunft kann ihren Text abschliessen.

7. Erfolgreich schreiben

Als Beispiel das Thema: Warum ist es ein Vorteil, eine Weiterbildung im Ausland anzustreben?

Einleitung: Immer mehr Jugendliche und junge Berufsleute erweitern ihre Fähigkeiten während eines Auslandaufenthalts.

Hauptteil:
1. Die Wirtschaft ist international vernetzt. Auslanderfahrungen verbessern meine beruflichen Chancen (Beispiele, Vergleiche, Begründungen).
2. Sprachkenntnisse verbessern, erwerben.
3. Andere Bedürfnisse und Produktionsweisen kennen lernen (Beispiele, Vergleiche).
4. Erfahrungen bei anderen Herstellern sammeln.
5. Evtl. aber auch auf Nachteile hinweisen, die durch einen Auslandaufenthalt entstehen können.

Schluss: Abschliessend den beruflichen und persönlichen Gewinn aufgrund der im Hauptteil angeführten Argumente zusammenfassen: Dank den im Ausland erworbenen Sprachkenntnissen und Erfahrungen in einer fremden Berufswelt werden sich die beruflichen Chancen nach einer Rückkehr in die Schweiz erheblich verbessern. Auch für mich wird es bereichernd sein, ein fremdes Land und insbesondere seine Menschen kennen zu lernen.

Schreibtechnik 3
Vielfältigere Textstrukturen erarbeiten

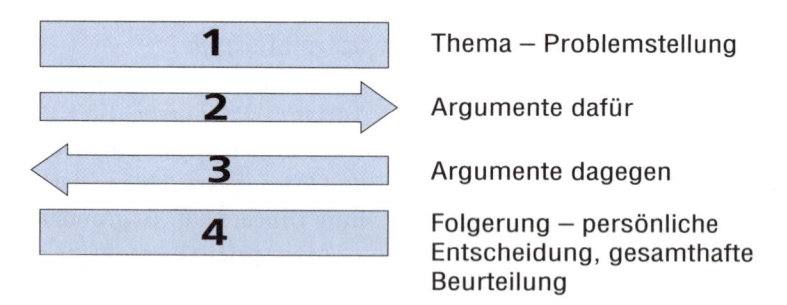

1	Thema – Problemstellung
2 →	Argumente dafür
← 3	Argumente dagegen
4	Folgerung – persönliche Entscheidung, gesamthafte Beurteilung

Schema für einen einfachen Textaufbau in einer Entscheidungsfrage: Wenn Sie in einem Text oder in einem Vortrag Argumente (Pro) und Gegenargumente (Kontra) gegeneinander abwägen, stellen Sie sich einer Entscheidungsfrage. Auf dem in «Schreibtechnik 2» dargestellten Grundprinzip der Steigerung (Einleitung, Hauptteil, Schluss) beruht auch das folgende, differenziertere Vorgehen im gedankenlogischen Aufbau eines Textes. Sie setzen sich dabei mit Vor- und Nachteilen hinsichtlich einer Sachfrage oder einer Wertfrage auseinander. Am Schluss zeigen Sie auf, wie ein Entscheid getroffen werden könnte oder Sie legen Ihre persönlichen Überlegungen und Ihren Standpunkt dar.

7. Erfolgreich schreiben

Gliederung einer Entscheidungsfrage

entwickelnde Darstellung		wechselseitige Darstellung
Einleitung	Problematik des Themas	**Einleitung**
Hauptteil		**Hauptteil**
1 ↓ 2 ↓ Argumente 3 ↓ ↘ 1 ↓ Gegen- 2 ↓ argumente 3 ↓		Argument 1 ↘ Gegenargument ↙ Argument 2 ↘ Gegenargument ↙ Argument 3 ↘ Gegenargument
Schluss		**Schluss**
	Zusammenfassung, wesentliche Überlegungen anführen, Ausblick, Fragen, Wünsche, persönliche Stellungnahme und Entscheid begründen.	

Als Beispiel das Thema: Weniger Arbeit – mehr Freizeit?

Einleitung: Geht uns die Arbeit aus? Müssen wir sie neu verteilen?

Hauptteil:

A1 Durch unsere Arbeit sichern wir unser Grundeinkommen.

    Wir können unser Grundeinkommen ein wenig verkleinern.

A2 Meine Arbeit bereitet mir Freude.

    Meine Arbeit macht mir zwar Spass, aber ich könnte sehr gut mehr Freizeit brauchen.

A3 Für meine vielen und teuren Hobbys brauche ich ein volles Arbeitseinkommen.

    Durch die industrielle Entwicklung können weniger Leute beschäftigt werden; die Arbeit ist neu zu verteilen.

A4 Die bisherige Erholungs- und Freizeit genügt mir vollauf.

    Dank verkürzter Arbeitszeit erfahren Menschen ihre Wertschätzung nicht nur durch Arbeit. Zudem gewinnen sie einen grösseren Freiraum für sich persönlich, für die Familie und Freunde.

A5 Mit meinem Arbeitslohn finanziere ich die Sozialversicherungen.

    Alle sollen ihren Beitrag für die Sozialversicherungen leisten. Ich leiste in meiner umfangreicheren Freizeit vermehrt auch soziale Nachbarschaftshilfe.

Schluss: Die technologische Entwicklung trägt dazu bei, dass viele Arbeitsplätze aufgehoben werden. Wir müssen uns gut überlegen, wie wir die zu leistende Arbeit verteilen wollen. Meiner Meinung nach gewinnt heute der Mensch durch eine verkürzte Arbeitszeit Zeit, die er selbst gestalten kann.

7. Erfolgreich schreiben

Für weitere grundsätzliche Vorgehensweisen in Aufbau und Gliederung können auch die beiden folgenden Grundstrukturen für Ihre Texte hilfreich sein:

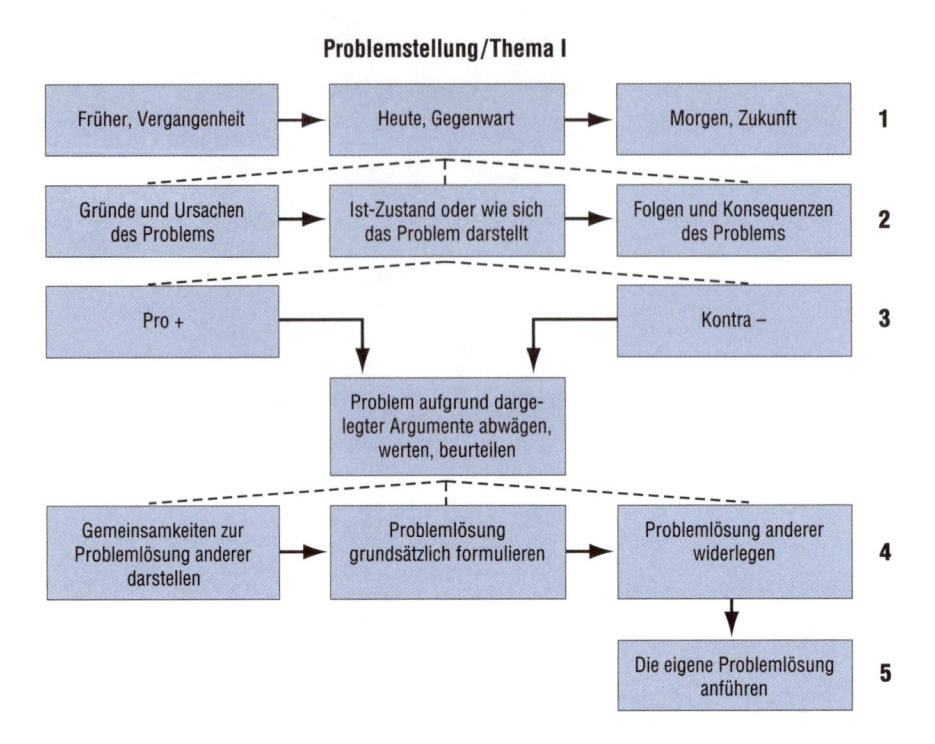

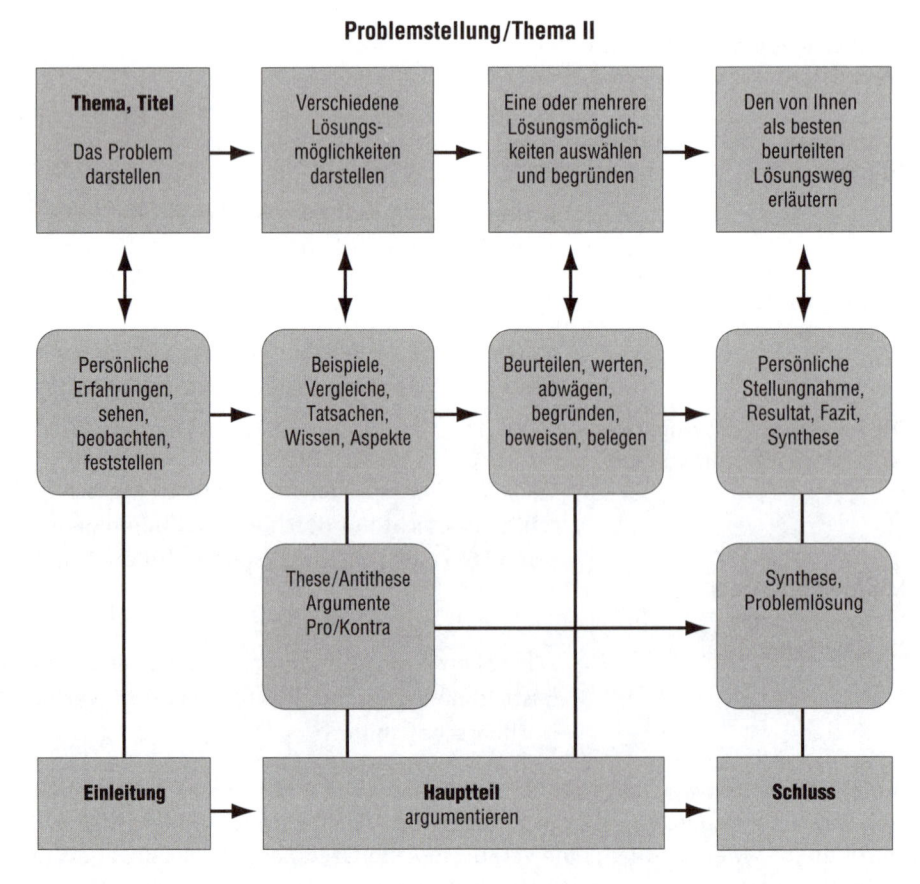

Problemstellung/Thema I

1. Früher, Vergangenheit → Heute, Gegenwart → Morgen, Zukunft
2. Gründe und Ursachen des Problems → Ist-Zustand oder wie sich das Problem darstellt → Folgen und Konsequenzen des Problems
3. Pro + / Kontra − → Problem aufgrund dargelegter Argumente abwägen, werten, beurteilen
4. Gemeinsamkeiten zur Problemlösung anderer darstellen → Problemlösung grundsätzlich formulieren → Problemlösung anderer widerlegen
5. Die eigene Problemlösung anführen

Problemstellung/Thema II

- **Thema, Titel** – Das Problem darstellen
- Verschiedene Lösungsmöglichkeiten darstellen
- Eine oder mehrere Lösungsmöglichkeiten auswählen und begründen
- Den von Ihnen als besten beurteilten Lösungsweg erläutern

- Persönliche Erfahrungen, sehen, beobachten, feststellen
- Beispiele, Vergleiche, Tatsachen, Wissen, Aspekte
- Beurteilen, werten, abwägen, begründen, beweisen, belegen
- Persönliche Stellungnahme, Resultat, Fazit, Synthese

- These/Antithese, Argumente Pro/Kontra
- Synthese, Problemlösung

Einleitung → **Hauptteil** argumentieren → **Schluss**

Nach: Harry Holzheu: Natürliche Rhetorik, 1991

7. Erfolgreich schreiben

Schreibtechnik 4
Texte für andere einsichtig gestalten
Wer immer einen Text schreibt, will überzeugen, darlegen, sein Wissen beweisen, ein Thema erörtern. Dabei sollten Sie nie vergessen, dass Sie den Text nicht für sich selber, sondern für andere verfassen. Das erfordert von Ihnen, dass Sie Ihren Text für andere einsichtig gestalten.

Das heisst: Die Leserinnen oder die Leser Ihres Textes sollen neugierig gemacht werden. Sie sollten deshalb die Aufmerksamkeit auf Ihre Darlegungen lenken. Gestalten Sie Ihre Ausführungen so, dass darin eine für alle verständliche Logik herrscht.

Leiten Sie von einem Gedanken zu einem anderen auf eine für Ihre Leser nachvollziehbare Weise über. Denn man sollte begreifen können, was Sie mit Ihrem Text eigentlich bezwecken und sagen wollen. Eine klare Gliederung Ihres Textes führt Sie zum Erfolg.

Beachten Sie dabei Folgendes:

1. Wecken Sie durch einen interessanten Titel die Neugier der Leserinnen und Leser.

2. Führen Sie mit einer packenden Einleitung ins Thema des Textes ein.

3. Beginnen Sie anschaulich und lebendig mit einer Frage, einem gut gewählten Beispiel, einer provozierenden Behauptung, mit einem Zitat, einem persönlichen Erlebnis oder einer persönlichen Erfahrung. Vielleicht können Sie auch auf die Aktualität des Themas oder auch auf dessen geschichtlichen Hintergrund hinweisen.

4. Stellen Sie zu einer bestimmten Sachfrage, zu einem Thema, einer Überlegung, Behauptung usw. stets Vor- und Nachteile einander gegenüber. Zusammen mit Ihrer daraus folgenden persönlichen Beurteilung und Ihrem Standpunkt entspricht der Text einer Ergründung/Abwägung.
Wenn Sie nach Ihrer Darstellung von Vor- und Nachteilen keine Stellung beziehen und die Leser ihre Schlüsse selber ziehen lassen, spricht man von einer Erörterung.

5. Gehen Sie in Ihren Ausführungen vom eigenen Erfahrungsbereich oder von Ihrem klaren Wissen aus. Vermeiden Sie Vermutungen und allzu kühne Behauptungen, die leicht widerlegt werden können.

6. Im Schlussabschnitt überzeugen Sie die Leserinnen und Leser. Sie setzen Ihre Überlegungen im Hauptteil mit Ihren Gedanken in der Einleitung in Beziehung. Sie machen Ihren Standpunkt abschliessend deutlich.

7. Erfolgreich schreiben

Schreibtechnik 5
Bedenken Sie, wie Sie schreiben
Jeder Mensch hat seine eigene, persönlich gefärbte Art, etwas zu sagen oder zu schreiben. Einige grundsätzliche Regeln gelten jedoch für alle, die Texte verfassen:

Schreiben Sie Ihre Texte ohne überflüssige Worte oder gar überladene Sätze. Vielmehr legen Sie in kurzen Sätzen Ihre Gedanken verständlich dar. Ihre vielfältige Wortwahl wirkt anregend. Um die Überlegungen miteinander zu verbinden, wählen Sie passende Bindewörter (Konjunktionen). Achten Sie dabei streng darauf, dass Sie auch für andere einsichtig von einem Gedanken zu einem nächsten überleiten. Es wirkt für andere wenig überzeugend, wenn sich Informationen, Gedanken, Meinungen usw. aneinanderreihen und Ihre Leser keinen Zusammenhang erkennen können.

Variieren Sie in Wortwahl und Satzbau. Dann liest sich Ihr Text flüssig (vgl. auch «Schreibtechnik 7, Semesterarbeit», S. 81). Erinnern Sie sich während des Schreibens immer daran, wie Sie Ihre Überlegungen, die Darstellung eines Ereignisses, einen Sachverhalt usw. einem Freund oder einer Freundin darlegen oder berichten würden. Dadurch fällt es Ihnen leichter, auch schwierige Sachverhalte verständlich, überzeugend und in einem natürlichen Stil darzustellen.

Schreibtechnik 6
Von der Notiz zur Reinschrift
Die äussere Form eines Textes richtet sich weitgehend nach dem Zweck, den Ihr Text erfüllen soll. Die Darstellung, die Leserlichkeit der Schrift, die Rechtschreibung hängen von diesem Zweck ab.

Notizen
Notizen machen Sie ausschliesslich für den persönlichen Gebrauch. Sie halten Gedanken in ungezwungener Art fest, so dass Sie diese später wieder verwenden können (vgl. Kapitel 8, «Nutzbringend lesen, Lesetechnik 3: Notizen machen», S. 93).

Entwurf
Sie schreiben rasch auf, was Ihnen einfällt. Der Entwurf ist etwas Provisorisches. Das Geschriebene werden Sie nach der Entwurfsphase noch überarbeiten. Im Vordergrund steht das Sammeln und zum Teil schon das Ordnen der Gedanken. Die gestalterische Ausführung beachten Sie noch kaum.

Obschon das Schriftbild beim entwerfenden Schreiben natürlich leidet, achten Sie doch darauf, dass Sie den Text wieder lesen können.

Reinschrift
Je nachdem, wem Sie den Text vorlegen wollen, wählen Sie einen unterschiedlichen Grad der Reinschrift.
Grad 1 ist eine saubere, übersichtliche und möglichst fehlerfreie Textfassung. Idealerweise liest eine andere Person Ihren Text kritisch durch.
Grad 2 ist eine tadellose Textbearbeitung: gut gegliedert, sauber geschrieben, ohne Korrekturen.

7. Erfolgreich schreiben

Schreibtechnik 7
Vom Aufsatz zur Semesterarbeit
Ein planmässiges Vorgehen hilft Ihnen, aufwändige Arbeiten zu bewältigen. Nehmen Sie sich nicht zu viel vor, passen Sie das Thema der gestellten Aufgabe in Umfang und Aufwand an. Machen Sie sich dazu einen Zeitplan!

Beispiel eines Zeitplanes für eine Semesterarbeit	
	zur erledigen bis
Wahl des Themas	15. 1. 2002
Vorarbeiten (Abgrenzung des Themas, Festhalten von Ideen, Einzelaspekten, Fragestellungen für Materialsuche, erste Gliederung)	31. 1. 2002
Materialsuche und -sichtung (Fachliteratur, Bibliotheken, Archive, Dokumentationsstellen von Zeitungen und anderen Quellen)	15. 2. 2002
Materialaufnahme durch Bearbeiten der Bücher, Quellen und Zeitungsartikel usw. Erstellen von Karteikarten	15. 3. 2002
Materialverarbeitung aufgrund von Karteikarten mit Hinweisen auf entsprechende Informationen in Büchern, Quellen, Zeitungen usw.; Überprüfung der Gliederung, Strukturieren der Informationen	31. 3. 2002
Verfassen des Textentwurfs	15. 4. 2002
Überarbeiten des Entwurfs	21. 4. 2002
Reinschrift der definitiven Fassung	30. 4. 2002

Begrenzen Sie die zeitraubende Materialsuche. In der nächstgelegenen Bibliothek finden Sie in einem Lexikon erste Hinweise zur Fachliteratur. Um Neuerscheinungen zu erhalten, wenden Sie sich an eine Buchhandlung, an öffentliche Gross- und Fachbibliotheken. Das Allerneuste kann auf Zeitungsredaktionen bzw. in -archiven oder spezialisierten Dokumentationsstellen erfragt werden. Auch Fachleute in Firmen, Vereinen, Fachorganisationen haben viel Wissenswertes zu bieten.

Wie Sie gezielt Bücher durcharbeiten, ist in Kapitel 8, «Nutzbringend lesen», S. 92ff. dargelegt, zur Internetsuche vergl. S. 104.

Wenn Sie die wesentlichen Inhalte zusammengetragen haben, Unwichtiges ausgeschieden ist, erarbeiten Sie den Aufbau Ihrer Semesterarbeit (vgl. Schreibtechnik 2 und 3).

7. Erfolgreich schreiben

Der Aufbau richtet sich meist nach folgender Gliederung:

Titelblatt
- Thema
- Verfasserin oder Verfasser
- Empfängerin oder Empfänger
- Art der Arbeit
- Abgabedatum

Inhaltsverzeichnis

Vorwort

- Hinweise zur Themenwahl
- Ziele
- Abgrenzung des Themas
- Schwierigkeiten bei der Arbeit an der gestellten Aufgabe. Häufig finden Sie im Vorwort eine Zusammenfassung der wesentlichen Inhalte der Arbeit (anstelle eines Schlusswortes).
- Vielleicht haben Sie Personen zu danken, die Sie bei Ihrer Arbeit unterstützten.
- Ein Vorwort wird mit Ort, Datum und dem vollen Namen abgeschlossen.

Hauptteil
Nun folgt die Bearbeitung des Themas aufgrund der Vorarbeiten (vgl. Kapitel 8, «Nutzbringend lesen, Lesetechnik 3, Notizen machen», S. 93 und «Lesetechnik 5, Karteikarten beschriften», S. 94). Im Hauptteil werden Einzelergebnisse dargelegt, Schlüsse gezogen, Teilprobleme aufgeführt und eine mögliche Fortsetzung des Themas aufgezeigt.

Mit Erklärungen, Beispielen und Illustrationen wie Bildern, Tabellen, Grafiken können Sie Ihre Gedanken leichter darlegen. Sie machen so Ihre Texte einfacher lesbar.

Wenn Sie im Text buchstabengetreue Wiedergaben von Texten anderer Autoren einfügen, kennzeichnen Sie diese Zitate durch Anführungszeichen oder Kleindruck. Auslassungen im Zitat werden durch [...] angegeben. (Quellenangabe nach dem Zitat, in einer Fussnote oder im Anhang mit einem Verweis auf die Fundstelle/Seitenzahl). Auch wenn Sie nicht wörtliche Angaben machen, sondern von AutorInnen Gedanken zusammenfassen, verweisen Sie in einer Anmerkung auf die Herkunft und machen einen Quellenverweis.

Literaturverzeichnis
Im Literaturverzeichnis am Schluss der Arbeit werden in alphabetischer Reihenfolge die Autorinnen und Autoren oder die Herausgeberinnen und Herausgeber aufgeführt, deren Quellen Sie benützt haben. Dabei beachten Sie folgende Reihenfolge:
Autor oder Herausgeber, Titel, evtl. Untertitel, Publikationsdaten (evtl. Verlag, Erscheinungsort, Erscheinungsjahr).
Beispiele für Literaturangaben
Fragnière, J.-P.: Wie schreibt man eine Diplomarbeit? Verlag Haupt, Bern 1988
Fischer, Fritz: Was ist eigentlich Brainstorming? Basler Zeitung vom 13. 8. 1980

7. Erfolgreich schreiben

Bluntschli, Johann Caspar: Über Nation und Staat, in: Alter, Peter: Nationalismus. Dokumente zur Geschichte und Gegenwart eines Phänomens. Piper, München, Zürich 1994
http://www.sauerlaender.ch/bildung

Es empfiehlt sich, beim Schreiben der Arbeit zügig voranzugehen, ohne sich um Einzelheiten und eine besonders sorgfältige Darstellung zu kümmern. So verlieren Sie nicht den Überblick aufs Ganze, denn die endgültige Fassung folgt in einem zweiten Schritt.

Achten Sie insbesondere auf:

Sachlichkeit
In kurzen Sätzen verwenden Sie treffende, geläufige Wörter. Ein Synonymwörterbuch hilft Ihnen, z. B. Duden 8, Sinn- und sachverwandte Wörter.

Gliederung
Achten Sie beim Aufbau der Arbeit darauf, dass Sie Wesentliches von Unwesentlichem unterscheiden.

Eindringlichkeit
Zielen Sie auf eine angemessene Länge der einzelnen Textteile und des gesamten Textes; vermeiden Sie Weitschweifigkeit. Anderseits kann Ihr Text zu knapp gehalten sein, so dass Sie Ihre Gedanken kaum für andere einsichtig darlegen können.

Überarbeitung
Nachdem Sie die Arbeit eine Zeitlang weggelegt haben, überarbeiten Sie Ihren Entwurf. Nun achten Sie vor allem auf Verständlichkeit. Haben Sie die Sachverhalte ohne Abschweifungen festgehalten? Ist die Abfolge Ihrer Darlegungen auch für andere einleuchtend und überzeugend? Gibt es für Ihre Texte treffendere Wörter und Wortwendungen? Finden Sie für Ihre Darlegungen noch anschaulichere Beispiele, zwingendere Erklärungen, überzeugendere Fakten? Unterstützen die Bilder, Illustrationen und Grafiken in Ihrer Arbeit die Verstehens- und Behaltensleistung der Leserinnen und Leser?

Einige Hinweise zum Schluss:
- Geben Sie Ihre Arbeit einer Kollegin oder einem Kollegen zum Lesen. So erhalten Sie Hinweise auf die gelungene oder mangelhafte Wirkung der Arbeit und auch auf eventuelle Ungereimtheiten.
- Auch das äussere Erscheinungsbild der Arbeit (Titelblatt, Darstellung und Sauberkeit) beeinflusst die Leserinnen und Leser.
- Der Zeitplan hilft Ihnen, den Abschlusstermin der Arbeit einzuhalten.
- Gewinnbringend ist für Sie vor allem ein Thema, das es Ihnen erlaubt, Querverbindungen zu verschiedenen Fächern herzustellen. Dadurch können Sie in Ihrer Ausbildung und auch persönlich am meisten profitieren. Lassen Sie Ihren Gedanken freien Lauf, und wagen Sie sich auch in neue Bereiche!
- Die Ehrlichkeitserklärung folgt am Schluss der Arbeit: «Hiermit bestätige ich, dass ich die Arbeit selbst verfasst habe und die Quellen gemäss den Vorgaben angegeben habe.»

7. Erfolgreich schreiben

Der Weg zu einem guten Text in einer Übersicht

1. Gedanken sammeln
Mit Hilfe einer Ideentechnik schreiben Sie alles auf, was Ihnen zu den Themen in den Sinn kommt, ohne schon zu berücksichtigen, ob Sie die Gedanken auch weiterverfolgen wollen. Bearbeiten Sie vorerst mehrere Themen. Denn so erhalten Sie eine **sichtbare** Entscheidungsgrundlage.

2. Ein Thema wählen
Über welchen Inhalt/welches (Prüfungs-)Thema wollen Sie schreiben? Die Gedankensammlung zu verschiedenen Themen erleichtert Ihnen den Entscheid: Wo Sie vielfältige Ideen aufzeichnen konnten, arbeiten Sie weiter.

3. Sich für eine Textart oder eine Aufsatz-Art entscheiden
Nach dem Zusammentragen möglichst vieler Gedanken zum gewählten Thema entscheiden Sie sich für die Textart oder die Aufsatz-Art: Wollen Sie aus Ihrer persönlichen Sicht oder von einem sachlichen Standpunkt aus schreiben? Ist Ihr Ziel ein Wechsel von Sachstil und kommentierenden Wertungen und Erläuterungen? Handelt es sich beim Thema um eine Ergänzungsfrage oder eine Entscheidungsfrage?

4. Gedanken ordnen
Sie überblicken Ihre Gedankensammlung und überarbeiten sie. Nutzen Sie dabei die erarbeiteten Ideentechniken. Farben, Zahlen, Buchstaben und andere Kennzeichnungen machen das Konzept sichtbar.

5. Den gedanklich logischen Aufbau beachten
Einleitung
Sie führen die Leserinnen und Leser zum Thema mit einer Frage, einem gut gewählten Beispiel, einem die Thematik veranschaulichenden sprachlichen Bild oder einem passenden Sachverhalt usw.

Hauptteil
Sie gehen vertieft auf die in der Einleitung aufgeworfenen Gedanken und Fragen und sachlich oder wertend auf das Thema Ihrer Arbeit ein.

Schluss
Sie zeigen die Schwerpunkte Ihrer Gedankenführung im Hauptteil auf und verschaffen den Leserinnen und Lesern einen zusammenfassenden Überblick über Ihre Darlegungen und Meinungen.

6. Überarbeiten
Überprüfen Sie die sprachliche Gestaltung und die äussere Form Ihres Textes (vgl. Schreibtechnik 6, S. 80).

7. Erfolgreich schreiben

Schreibtechnik 8
Ein Arbeitsprotokoll als Lernhilfe
Lernende beobachten sich selbst während Ihrem Lernen und schreiben ihre Beobachtungen ins Arbeitsprotokoll, das auch Lerntagebuch, Logbuch, Lernprotokoll oder ähnlich genannt wird. Ziel ist es, damit das selbständige Lernen zu fördern, Lernschwierigkeiten zu überwinden und so die Lernkompetenz zu steigern.

Sie haben sich auch schon geschworen: «Das nächste Mal mache ich es besser!» Nach einer Prüfungsarbeit oder nachdem Sie eine umfangreichere Arbeit abgegeben haben, nahmen Sie sich vor, vieles besser zu machen. Nur, was eigentlich?

Erst die Kenntnis Ihres eigenen Lernens erlaubt Ihnen eine Verbesserung des Lernens. Und dazu soll Ihnen ein Arbeitsprotokoll verhelfen. Wie ein Kugelschreiber, ein Lineal oder ein Zirkel geeignete Instrumente für bestimmte Tätigkeiten sind und die Ausführung einer Arbeit erleichtern, ermöglicht Ihnen die Führung eines Arbeitsprotokolls ein zielgerichtetes Arbeiten. Wenn Sie Ihre eigenen Lernprozesse überdenken, können Sie Ihr Lernverhalten zukünftig so steuern, dass Sie mit weniger Schwierigkeiten Ihr Ziel erreichen.

Und dieses Ziel ist nicht nur ein inhaltliches, sondern das Lernen selbst. Die Förderung des selbstverantwortlichen Lernens wird zum Lerngegenstand. Sie werden zur Lern-Expertin, zum Lern-Experten, können differenziert Ihre Lernprozesse überdenken, von sich und im Gespräch mit andern lernen. Ihr Interesse an den Inhalten, Ihre Motivation zu lernen führt Sie zum Erfolg!

So ist das Instrument «Arbeitsprotokoll» aufgebaut:
Arbeitsprotokoll Facharbeit «Veränderungen im Betrieb»

Datum	Zeit	Das habe ich gemacht (Inhalte, Art der Arbeit)	So habe ich es gemacht (verwendete Hilfsmittel, Vorgehensweise, Hilfen)
30.10.01	20'	Die Aufgabenstellung zur Facharbeit studiert und die wichtigsten Details und Daten mit Leuchtstift hervorgehoben.	Am Anfang hatte ich grosse Mühe, den Arbeitsauftrag zu verstehen.
12.11.01	30'	Nach einem Gespräch mit der Sekretärin des Personalchefs gelangte ich zu Informationen über das Projekt «Fertigung 2000».	Es war eine äusserst positive Erfahrung, wie sie sich Zeit nahm und sich für mich einsetzte.
21.11.01	30'	Erstellen eines Zeitplans nach dem Muster im Lehrmittel «Lernen ist lernbar».	Das Problem lag darin, Zeiten bzw. Ziele sinnvoll einzusetzen, damit die Arbeiten bis zum gewünschten Abgabetermin abgeschlossen sind.
6.12.01	2h	Unterlagen bearbeiten: Zuerst las ich alle Blätter zum selben Thema mit Hilfe eines Leuchtstifts. Danach übernahm ich die Schlüsselwörter im Text auf meine Karteikarten.	Dieses System mit den Karteikarten für die Bearbeitung von Texten hat sich bei mir bewährt, vor allem auf umfangreiche Prüfungen hin.

7. Erfolgreich schreiben

Diese Anregungen übernehmen Sie in Ihr Arbeitsprotokoll
Im Arbeitsprotokoll haben Sie während des Arbeitsprozesses zu verschiedenen Zeitpunkten viele Anmerkungen zu Ihrem Lernen aufgeschrieben.

Sie überblicken vorerst Ihr Vorgehen, überprüfen den Fortgang Ihrer Arbeit. Haben Sie die Arbeitsschritte sorgfältig geplant, ergaben sie sich eher zufällig? Wo hätten Sie Zeit einsparen können? Was machen Sie ein nächstes Mal besser?

Dank den Schwierigkeiten lernen Sie! Sie werden diese in Zukunft überwinden. Vorerst mussten Sie Ihre Lernschwierigkeiten erkennen. Dass Sie sie notiert haben – möglichst detailliert – erlaubt Ihnen nun, gleiche Lernschwierigkeiten zu vermeiden. Eine Lernpartnerin, ein Lernpartner kann Ihnen allenfalls dabei helfen.

Verbesserungsvorschläge für Ihr Lernen
(Beispiele aus dem Arbeitsprotokoll, wie sie oben aufgeführt sind)

Eintrag vom 30. 10. 01
Arbeitsaufträge lese ich sorgfältig. Um Klarheit zu gewinnen, kann ich den Arbeitsauftrag in meiner eigenen Sprache formulieren. Unsicherheiten kläre ich mit meiner Lernpartnerin, meinem Lernpartner oder mit der Lehrperson, die mir den Auftrag erteilt hat.

Eintrag vom 12. 11. 01
Wenn ich Auskunftspersonen um ein Gespräch bitte, schlage ich ihnen einen bestimmten Termin vor mit einer ungefähren Zeitvorgabe, z.B. 30 Min. So kann sich die Auskunftsperson auf das Gespräch einstellen und – wenn ich das Thema und möglichst genaue Fragestellungen vorgebe – auch vorbereiten.

Eintrag vom 21. 11. 01
Dass das Aufstellen eines Zeitplans eine wichtige Hilfe für umfangreichere Arbeiten oder zur Prüfungsvorbereitung ist, haben schon viele erfahren. Sie haben dabei auch das Gefühl von Sicherheit verspürt. Haben Sie auch genügend Pufferzonen eingeplant? (vgl. «Lernen ist lernbar», S. 25)

Sie können bei umfangreicheren Arbeiten hoffentlich auf Ihre Erfahrungen zurückgreifen. Sie wissen z.B. wie viele Seiten Sie während einer Stunde in einem Fachbuch bewältigen können. Für mich sind das etwa 15 Seiten/Stunde. So kann ich im Zeitplan die nötige Zeit für die Lektüre eintragen.

Eintrag vom 6. 12. 01
Ist es für mich tatsächlich schon selbstverständlich geworden, mit einem Leuchtstift zu markieren?

Durch das Notieren von wichtigen Gedanken, von Schlüsselwörtern aus den gelesenen Texten sichere ich mein Wissen. Die zusätzliche Arbeit (z.B. zusammenfassen auf einer Karteikarte) ist wertvoll.

7. Erfolgreich schreiben

In einem Arbeitsprotokoll findet man neben Hinweisen zum bearbeiteten Stoffgebiet auch solche über neue Einsichten, über Gefühle und Meinungen zum Stoff und zum Lernen, also: **was** und **wie** habe ich gelernt? Wie beurteile ich meine Leistung? Welche Lernhilfen waren geeignet? Wer hat mir weitergeholfen? So zeigt Ihnen das Arbeitsprotokoll, wie weit es Ihnen gelungen ist, Lernen zu Ihrem persönlichen Anliegen zu machen, das ja für unser lebenslanges Lernen notwendig ist. Aus dem Arbeitsprotokoll lese ich Lerntipps für mich.

Lernen lässt sich wirksam verbessern:
- Verantwortung fürs Lernen übernehmen
- Arbeitsprotokoll detailliert nachführen
- Schwierigkeiten und Erfolge aufschreiben
- Hilfen für die Überwindung der Schwierigkeiten bereit stellen
- In allen Lernbereichen auch übers Lernen nachdenken und Verbesserungen vornehmen

Dank Veränderung des Lernens zum Erfolg!
Übrigens: Betrachten Sie das Nachdenken über die Art Ihres Lernens als Spiel. Sie pendeln zwischen dem Sachthema, das Sie bearbeiten, und dem Nachdenken über die Art, wie Sie lernen, hin und her. So wird das Lernen zum Spiel, Sie entdecken neue Möglichkeiten des Lernens. Die Zweckgerichtetheit der Arbeit Lernen erlaubt spielerische Gedanken darüber. Sie werden kreativer, effektiver, produktiver. Sie nähren Ihre Arbeit durch Ihr Nachdenken über Ihre Arbeit, über das Lernen.

7. Erfolgreich schreiben

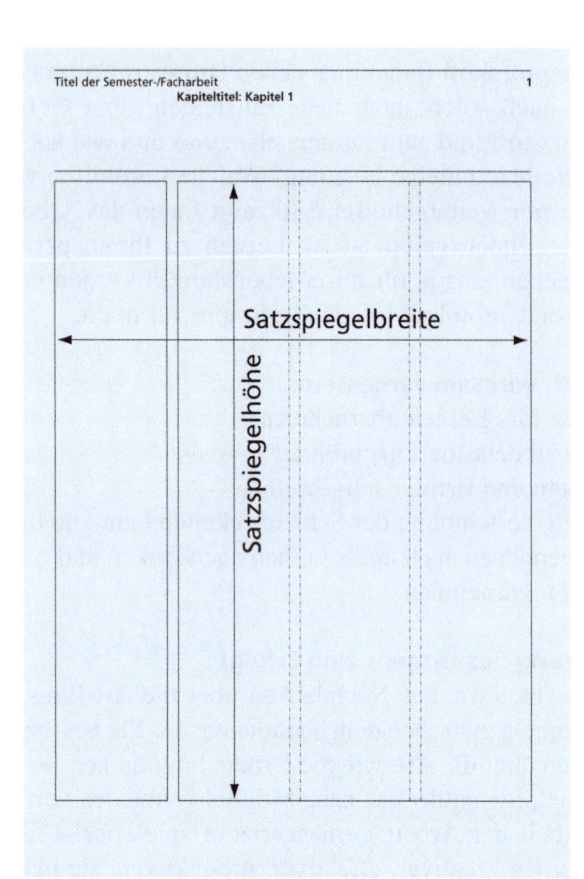

Bild 1

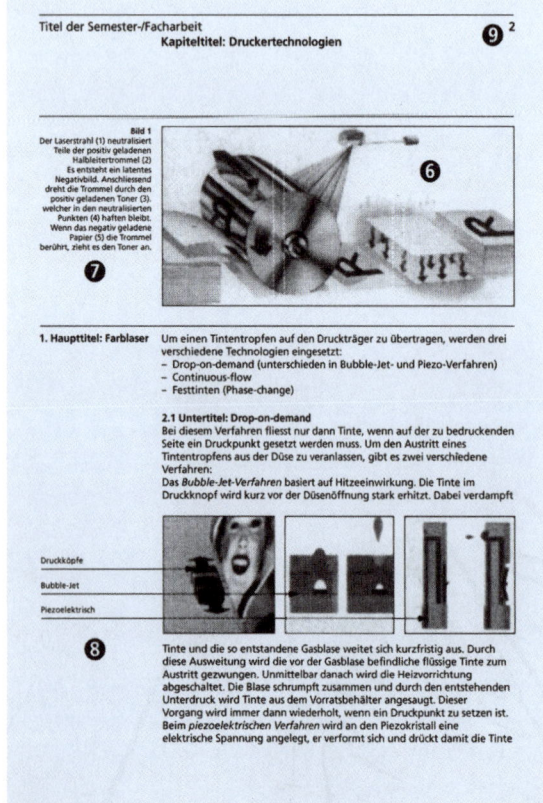

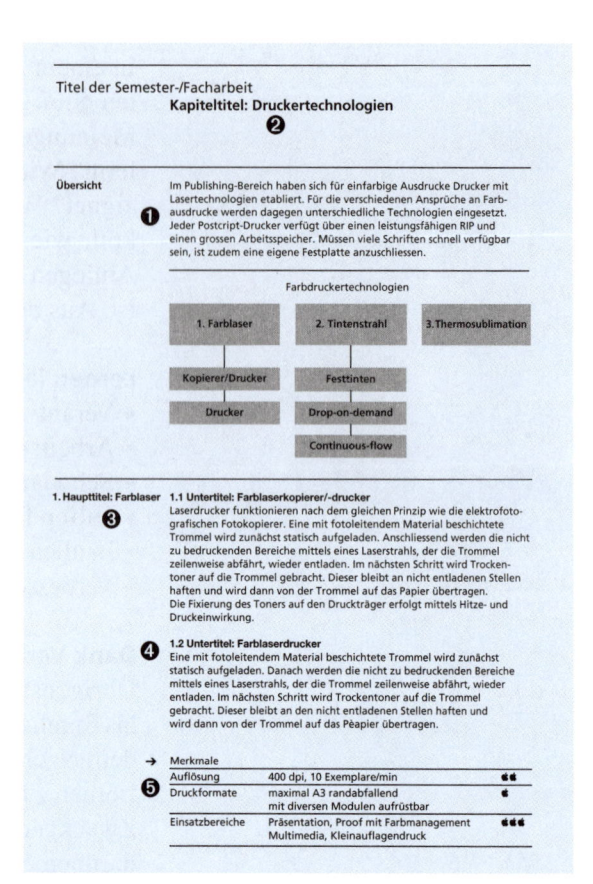

Bild 2

Bild 3

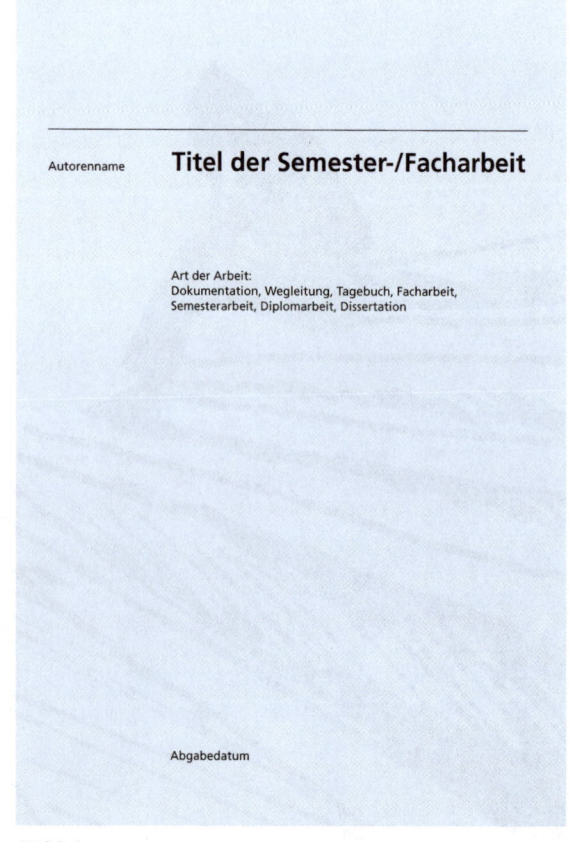

Bild 4

7. Erfolgreich schreiben

Layout von Texten

Der Kurzbegriff «Layout» steht für: Anordnung von Elementen auf der zu druckenden Seite. Diese Elemente sind Textblöcke (z. B. Überschriften, Anmerkungen, Bildlegenden, Tabellen), Textspalten, Linien, Grafiken und Bilder. Für Ihre Präsentation werden Sie sich über das Layout dann Gedanken machen, wenn Sie Ihre Arbeit als Dokumentation den Zuhörern abgeben wollen und wenn Sie Projektions-Folien als Hilfsmittel einsetzen werden.

Als Leitgedanke gilt in jedem Fall die Frage: Wer liest wann meine Informationen? Ein Roman beispielsweise ist derart aufbereitet, dass die Gedanken des Autors, der Autorin in aller Ruhe linear auf den motivierten Leser übertragen werden. Anders präsentiert sich das Layout einer Zeitschrift/einer Zeitung: Den vorerst unmotiviert blätternden Lesenden müssen Einstiegstore angeboten werden. Durch Bilder, Grafiken, Kernsätze, Kasten beispielsweise wird Interesse geweckt, der Leser, die Leserin steigt – vielleicht – in einen der Artikeltexte ein. Das Layout Ihrer Dokumentationsunterlagen wird sich dazwischen einordnen lassen: Ihr Ziel muss sein, auch weniger motivierten Lesenden möglichst schnell Übersicht zu verschaffen. Dem Leser, der Leserin müssen Ihr Gedankengang, Ihre Gliederung der Arbeit anschaulich und verständlich dargestellt werden.

Und das erreichen Sie, indem Sie Ordnung und Einheitlichkeit schaffen: Verwandtschaft der Seiten untereinander, Einheitlichkeit der bestimmenden Masse auf allen Seiten (z. B. Abstände vor und nach Titeln, Bildgrössen usw.).

Hilfreich ist das Erstellen eines Gestaltungskonzeptes bereits vor dem Schreiben des Textes.

Layoutplanung Schritt für Schritt

Beschaffen Sie sich als Anschauungsmaterial Publikationen, welche eine vergleichbare Funktion erfüllen und dieselbe Zielgruppe ansprechen wie Ihre Arbeit (z. B. Lehrblätter Ihrer Lehrperson, Lehrbücher usw.). Lernen Sie von Profis, kopieren Sie diese! Wenigstens so lange, bis Sie es besser machen.

Finden Sie – vorerst auf Papier skizzierend – Ihr Gestaltungskonzept. Beachten Sie dabei die Einbindung Ihrer wichtigsten Layoutelemente (Textblöcke, Textspalten, Tabellen, Bilder, Grafiken).

Erstellen Sie jetzt den Satzspiegel (Bild 1); er entspricht dem Innenmass der Papierränder. Er kann aufgeteilt werden in Spalten. Die Spaltenanzahl ist abhängig von der Vielfalt der Bilder und Grafiken. Der effektiv genutzte Satzspiegel darf ohne weiteres nur etwas über die Hälfte des verfügbaren Papierformates abdecken. Nur hohe Auflagen – wegen der Papierkosten – sprechen gegen eine solche Grosszügigkeit.

Erstellen Sie aufgrund Ihres Satzspiegels zwei Musterseiten, welche alle Layoutelemente enthalten. Dabei sind einige typografische Grundlagen zu beachten.

Grundtext ❶: Beachten Sie bei der Wahl der Schriftart eine optimale Leserlichkeit; nicht die Originalität ist entscheidend, Sie produzieren

7. Erfolgreich schreiben

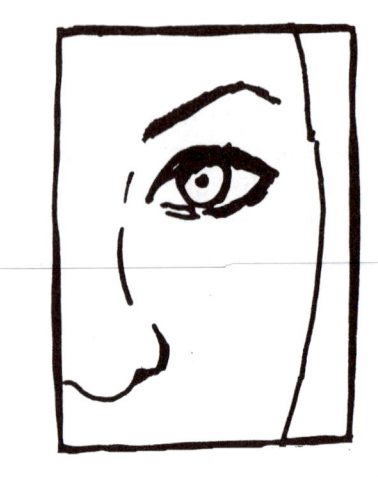

schliesslich kein Werbeinserat. Gut lesbare Schriften sind z.B. die ‹Times› und die ‹Univers› resp. ‹Arial› oder ähnliche. Verwenden Sie für die ganze Dokumentation nur eine Schriftfamilie (z.B. Univers) mit ihren verschiedenen Schnitten (normal, kursiv, halbfett oder fett). Die Schriftgrösse liegt bei etwa 11 pt. Wählen Sie für die ganze Dokumentation linksbündige Satzart und vermeiden Sie Trennungen. Lesefreundlich für längere Texte sind Zeilenlängen, welche nicht mehr als etwa 60 Zeichen enthalten.

Kapiteltitel ❷, Haupttitel ❸, Untertitel❹: Die Abstufung der Schriftstärken und -grössen ist der Wichtigkeit entsprechend vorzunehmen. Vermeiden Sie mehr als drei Formatierungen; schliesslich können Gewichtungen auch durch zweckmässige Positionierung erreicht werden.

Für eine Abschnittsgliederung mit Ziffern siehe «Duden Rechtschreibung» R3, R4. Darin finden Sie auch das Kapitel «Richtlinien für den Schriftsatz», welches bei der richtigen Anwendung verschiedener Zeichen (« », ‹ ›, – und weitere) hilfreich ist.

Tabellen❺: Bauen Sie sie derart auf, dass ein sofortiger Überblick möglich ist. Linien dienen der Leserführung.

Bilder, Grafiken ❻: Sie sagen mehr als tausend Worte! Bestimmen Sie deren Grösse ihrer Bedeutung entsprechend; vermeiden Sie aber mehr als drei verschiedene Grössen und Proportionen (ein-/zwei-/dreispaltig). Nummerieren Sie fortlaufend.

Bildlegenden ❼: Sie können in derselben Art wie der Grundtext formatiert werden. Zwei, drei Schriftgrade kleiner können sie gesetzt werden durch entsprechend privilegiertere Stellung (z.B. in einer seitlichen Spalte).

Anmerkungen, Hinweise, Zitate ❽: Wenn diese Layoutelemente seitlich in einer eigenen Spalte angeordnet werden, genügt dieselbe Grösse wie jene der Bildlegenden. Sind sie im laufenden Text platziert, ist die Grundschriftgrösse beizubehalten. Zitate sind zwischen französische Anführungszeichen «...» zu setzen.

Seitenzahlen ❾: Die über die ganze Dokumentation fortlaufende Nummerierung muss beim Durchblättern sofort sichtbar sein (rechte Seite = Seitenzahl rechts).

Titelblatt:
(Bild 4) Beachten Sie dazu die Ausführungen auf S. 82. Dort finden Sie auch Hinweise zum Vorwort und zum Literaturverzeichnis. Bei grösserem Umfang der Dokumentation dient dem Leser zudem ein Inhaltsverzeichnis als Orientierungshilfe.

Überprüfen Sie anhand der Musterseiten die Funktionalität der einzelnen Gestaltungselemente. Beurteilen Sie nun abschliessend die Wirkung

7. Erfolgreich schreiben

Ihres Layouts. Vergleichen Sie es immer mit Ihren ursprünglich definierten Zielsetzungen: Wer liest wann meine Informationen? Ist Übersicht durch Ordnung und Einheitlichkeit gewährleistet?

Nur wenn nötig ergänzen Sie Ihr Konzept mit weiteren Gliederungsmitteln: Linien unterschiedlicher Stärken, Hinweis-Symbolen usw.

Wenn Sie jetzt Ihre Dokumentation produzieren, berücksichtigen Sie immer, auf jeder Seite, das Konzept Ihrer Musterseiten.

8. Nutzbringend lesen

Inhaltlicher Überblick

Mit mehr Gewinn lesen
Sich vor allem durch Lesen Informationen aneignen.

Lesetechnik 1: Schnelles, überfliegendes Lesen
Entscheiden, wie wichtig der Text ist und was wichtig im Text ist.

Lesetechnik 2: Genaues, gründliches und nutzbringendes Lesen
Durch aufmerksames Lesen Texte im Detail als nützlich und ergiebig beurteilen.

Lesetechnik 3: Notizen machen
Mit Notizen das Wesentliche in einem Text erarbeiten. Übersicht gewinnen und wichtige Stellen in einem Text schnell auffinden.

Lesetechnik 4: Lektüre mit Mindmapping
Mit einer Mindmap das Gelesene in Erinnerung behalten.

Lesetechnik 5: Wichtiges herausschreiben, Karteikarten beschriften und Zettelkasten einrichten
Eine gute Arbeitstechnik beim Lesen erleichtert die Verarbeitung des Gelesenen und hilft, genau zu zitieren.

Der Gedankensplitter zum Thema:
«Lesen ist eng mit Lernen verbunden. Es braucht viel Ausdauer, auch wenn ich ein Buch spannend finde. Lesen ist immer, auch heute noch, wichtig und bereichernd für meine Weiterbildung, meine Unterhaltung und meine Horizonterweiterung, auch wenn wir jetzt durch audiovisuelle Medien beherrscht werden.»
(Maschinenzeichner)

Mit mehr Gewinn lesen
Ob Sie eine Zeitung, einen literarischen oder trivialen Roman, ein Sachbuch, einen Comic lesen: Sie eignen sich Informationen oder Wissen an. Ob diese Informationen für Sie wichtig oder unwichtig, richtig oder falsch, hilfreich, unterhaltend, bereichernd, einseitig oder sachlich sind, können Sie beurteilen, wenn Sie vorerst flüchtig und dann aufmerksam lesen. Sie werden durch überfliegendes Lesen schnell entscheiden können, ob sich genaues Lesen lohnt. Dieses Vorgehen erspart Ihnen fruchtlose Lesearbeit und verschafft Ihnen Zeit für das genaue Lesen der für Sie wichtigen Informationen.

Für die schnelle oder gründliche Beurteilung eines Textes stehen Ihnen verschiedene Lesetechniken zur Verfügung.
Denken Sie stets daran:
1. Rund 85% des Wissens eignen sich Menschen trotz der audiovisuellen Medien wie Fernsehen, Radio, Kassettenrecorder, Computer oder gar einer Mind Machine durch Lesen an.
2. Lesen bleibt unergiebiger Leerlauf, wenn Sie ohne Interesse und lustlos an einen Text herangehen.
3. Durch aufmerksames Lesen verbessern Sie Ihre Fähigkeit zu schreiben.

Lesetechnik 1
Schnelles, überfliegendes Lesen
Lesen Sie einen Text überfliegend, indem Sie einzelne Sätze oder Wörter, vielleicht sogar einzelne Zeilen überspringen. Lesen Sie schnell! Sie werden feststellen, dass Sie trotzdem über den Inhalt einer Seite einiges wissen. Testen Sie im überfliegenden Lesen Ihre eigene optimale Verfahrensweise aus! Beim überfliegenden Lesen sind zwei Fragen wichtig:
1. Welches Thema wird im Text behandelt?
2. Was interessiert Sie an diesem Thema?
    Wenn Sie den gelesenen Text als interessant beurteilen, beachten Sie Lesetechnik 2 über das gründliche Lesen eines Textes.

Lesetechnik 2
Genaues, gründliches und nutzbringendes Lesen
Wenn Sie einzelne Seiten oder Abschnitte für Ihr Wissen als nützlich, ergiebig oder notwendig beurteilen, lesen Sie den entsprechenden Text gründlich. Gründlich lesen heisst:
– Langsam und aufmerksam lesen.
– Markieren Sie mit einem Stift alle Stellen, die Ihnen wichtig erscheinen. Kennzeichnen Sie vor allem auch alle Textpassagen, die einen neuen Gedanken oder Begriff einführen.

8. Nutzbringend lesen

- Längere wichtige Textpassagen markieren Sie mit einem vertikalen Strich am Rand. Verzichten Sie aber unbedingt auf Anstreichungen in fremden Büchern.
- Das Wichtigste halten Sie in Stichwörtern fest oder in einer Mindmap (vgl. Lesetechnik 4).
- Alle Wörter, die Sie nicht verstehen, schlagen Sie in einem Lexikon oder in der Fachliteratur nach.

Lesetechnik 3
Notizen machen

Notizen sind eine bewährte Methode, das Wesentliche eines Textes herauszuarbeiten und für eine spätere Verwendung festzuhalten. Notizen empfehlen sich ausserdem, wenn Sie wichtigen Lernstoff im Unterricht, das Wesentliche eines Referats, den Verlauf einer Sitzung für eine spätere Verwendung zur Verfügung haben wollen. (Vgl. dazu Kapitel 2, «Arbeitstechnik in der Schule und zu Hause; Notizen zum Unterrichtsstoff machen», S. 18.) Eine gute Notiztechnik umfasst:
- Immer A4-Blätter oder Karteikarten verwenden und sie zwecks schneller Übersicht nur einseitig beschriften.
- So wenig wie möglich und so viel wie nötig festhalten.
- Zu einzelnen Notizen stets einen Titel setzen.
- Die Notizen für die spätere Verwendung sinnvoll und übersichtlich strukturieren.
- Deutlich kennzeichnen, was Zusammenfassung des Gelesenen oder Gehörten, was Schlagwörter und was eigene Gedanken dazu sind, was Text oder Zitat im Wortlaut ist. (Quellenangaben nicht vergessen!)
- Einzelne Stichwortnotizen statt auf A4-Blättern oder auf Karteikarten auch am Rand in eigenen Büchern oder Lehrmitteln festhalten.
- Eigene, aber klare Abkürzungen und Zeichen verwenden.
- Die einzelnen Seiten bzw. Karteikarten stets mit einem Schlagwort versehen.

Lesetechnik 4
Lektüre mit Mindmapping

Immer dann, wenn Sie einen schwierigen Text lesen und sich einen schwierigen Inhalt merken müssen, zahlt sich eine Mindmap aus. Denn dadurch bringen Sie Ihre eigene Ordnung und Übersicht in das, was Sie lesend lernen oder begreifen wollen. Die Technik des Mindmappings als eine von Ihnen erstellte kartografische Aufzeichnung von Schlüsselbegriffen haben Sie im Kapitel 6, «Kreatives Arbeiten, Ideentechnik 5, Gedanken mit einer Mindmap sammeln», S. 70, kennen gelernt und geübt. So erstellen Sie eine Mindmap während des Lesens:

Lesen Sie den Text zuerst überfliegend und schnell durch. So erkennen Sie, um was es in diesem Text schwerpunktmässig geht. Jetzt schreiben Sie einen Schlüsselbegriff als Kern der Mindmap in die Seitenmitte. Hilfreich ist oft der Titel des Buchs oder des Kapitels.

Nun bearbeiten Sie den Text gemäss Lesetechnik 2. Zu jedem neuen Abschnitt, Gedanken oder jeder neuen Information schreiben Sie weitere Schlüsselbegriffe (Stichwörter) in die Mindmap. Den ganzen Text arbeiten Sie nach diesem Verfahren durch.

8. Nutzbringend lesen

Überlegen Sie nach dieser ersten Bearbeitungsphase, wie die einzelnen Schlüsselbegriffe zum Kernbegriff der Mindmap stehen und welche Abhängigkeiten und Verknüpfungen zwischen den Schlüsselbegriffen bestehen.

Jetzt können Sie daran gehen, eine Mindmap zum bearbeiteten Text zu zeichnen. Eine Mindmap kann auch Ihren gesamten Prüfungsstoff (vgl. Kapitel 10) übersichtlich strukturieren. Verknüpfungslinien vernetzen alle Teilbereiche.

In einer Mindmap erkennen Sie den gedanklichen Ablauf des Textes. Nutzen Sie die Mindmap als Gedankenstütze, zum Einprägen der Informationen und zur Überprüfung, ob Sie den Inhalt beherrschen.

Lesetechnik 5
Wichtiges herausschreiben, Karteikarten beschriften und Zettelkasten einrichten

Wenn Sie wichtige Textstellen, Informationen für Ihren Vortrag, Ihr Referat, für eine schriftliche Arbeit oder für Ihre Prüfungsvorbereitung lesen, dann halten Sie mit Vorteil Ihre Stichwort-Notizen auf Karteikarten fest. Achten Sie darauf, dass Sie die Informationen auf der Karteikarte immer unter einem Oberbegriff oder einem Schlüsselwort aufzeichnen.

Denn so finden Sie die Informationen leicht wieder, wenn Sie sie zur Ausarbeitung brauchen. Beschriften Sie für alle neuen Gedanken, die für Ihre Arbeit wichtig sind, immer eine neue Karteikarte. Tragen Sie zu allen Notizen auf den Karteikarten Angaben über das Buch oder die Zeitung mit dem Namen des Autors, dem Erscheinungsjahr und den Seitenzahlen ein. Auch der Buchtitel bzw. der Titel des Zeitungsartikels darf nicht fehlen.

Für eine hilfreiche Arbeit mit Karteikarten beachten Sie:
– Kaufen Sie marktübliche Karteikarten (A5 oder A6), und verzichten Sie auf irgendwelche Fresszettel.
– Tragen Sie immer oben auf der Karteikarte (Grundlinie) ein Schlagwort ein, das wie ein Lexikonbegriff Ihre Notizen, Zitate, Kernsätze oder Zusammenfassungen mit einem Wort kennzeichnet. Dies erleichtert Ihnen das Wiederauffinden von bestimmten Informationen in Ihrer Kartei.
– Schlagworte auf den Karteikarten ermöglichen Ihnen ein Grobkonzept für Ihren Vortrag oder Ihre Arbeit und die Kontrolle Ihres Lernstoffs oder des Prüfungswissens.
– Wichtige Informationen schreiben Sie im Wortlaut heraus, oder Sie fassen den Inhalt stichwortartig zusammen.
– Beim Notieren halten Sie immer den Titel des Buches oder der Zeitung (Ausgabedatum und Nummer der Zeitung oder Zeitschrift zusammen mit dem Titel des betreffenden Artikels), den Namen des Autors und die Publikationsdaten sowie die Seitenzahl auf den Karteikarten fest. Arbeitsdisziplin ist Zeitersparnis!
– Eintragungen auf den Karteikarten beschränken Sie auf das Wesentliche, sonst verlieren Sie leicht die Übersicht.
– Wenn Sie bereits zahlreiche Karteikarten beschrieben haben, bewahren Sie sie mit Vorteil in einem Karteikasten auf. Eine Schuhschachtel ist dazu ein dienlicher Behelf.

8. Nutzbringend lesen

– Übrigens: Das Verwenden von Karteikarten und die Technik des Mindmappings sind kombinierbar.

Beispiel Karteikarte

Stichworte	erweiterte Informationen	
U. Jäkel Umweltschutz Stuttgart 1992	Umweltschutz	S. 36/37
Smog	Smog – was ist das?	Zeitungsartikel zur Thematik beachten
Zusammenhänge Gesundheit	Zusammenhänge zwischen Schwefeldioxid-belastung und Gesundheit sind nur teilweise erforscht.	
Auslöser von Schadstoffkonzentrationen	Erhöhte Schadstoffkonzentrationen in bodennaher Luft lösen bei ungünstigen meteorologischen Verhältnissen Smog aus.	
austauscharme Wetterlagen	Austauscharme Wetterlagen treten vor allem im Spätherbst und im Winter auf.	
Winter- Smog		
Sommer-Smog		
Schädigung von Menschen, Tieren und Pflanzen		

Bild zum Text Smog – was ist das?
(vgl. S. 138, Aufgabe 8.1)

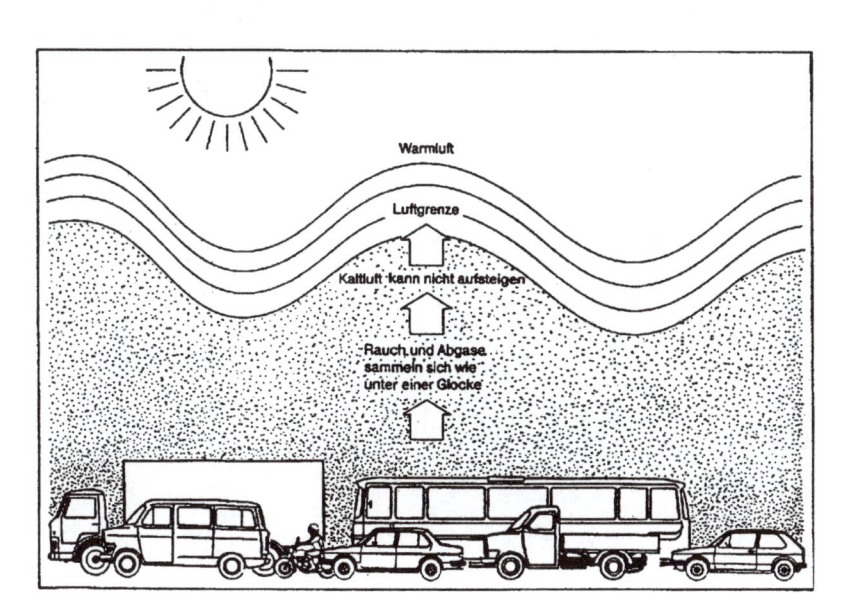

Aus: Ulrike Jäkel, Umweltschutz, Klett, Stuttgart 1992, S. 36f.

9. Prüfungen vorbereiten

Inhaltlicher Überblick

Prüfungstechnik 1: Langfristige Prüfungsvorbereitungen
Vor jeder Prüfung genau überlegen und planen, welche Vorbereitungen zu leisten sind. Ein sorgfältig erstellter Plan hilft, die Lernzeit richtig einzuteilen.

Prüfungstechnik 2: Prüfungen richtig vorbereiten
Gut vorbereitet an die Prüfungen gehen können.

Prüfungstechnik 3: Während der Prüfung ruhig arbeiten
Aufmerksam arbeiten und sich zwischendurch kurz entspannen.

Der Gedankensplitter zum Thema
«Vor Prüfungen bin ich jeweils sehr nervös. Wenn es mir aber gelingt, den Prüfungsbeginn einigermassen ruhig anzugehen, zerstreut sich die Nervosität schnell.»
«Die Prüfungsstunden erlebe ich meist als unangenehm lange Stunden, die nicht zu Ende gehen wollen, und dann gegen Schluss gerate ich in Panik, weil ich plötzlich zu wenig Zeit habe. Es ist für mich bei Prüfungen und ihrer Vorbereitung sehr wichtig, dass ich von Anfang an weiss, wie viel Zeit mir zur Verfügung steht.»
(Hochbauzeichner- und Elektrozeichnerlehrlinge)

Prüfungstechnik 1
Langfristige Prüfungsvorbereitungen

Je früher man sich auf eine Prüfung vorbereitet, desto besser. Überlegen Sie sich, sobald Sie wissen, dass und wann eine Prüfung auf Sie zukommen wird, was Sie sehr langfristig vor einer Prüfung bei Ihrem Lernen beachten sollten. Ihre Gedanken werden zum Beispiel die folgenden Stichworte enthalten, die anschliessend mit einer Mindmap dargestellt sind. Versuchen Sie die Mindmap zur Prüfungsvorbereitung nach Ihrer eigenen Beurteilung zu ergänzen. Denn zwischen den einzelnen Personen und ihren Prüfungssituationen bestehen beträchtliche Unterschiede, so dass Sie die Ihnen wichtigen Kombinationen der Vorbereitung treffen müssen.

Wenn der Prüfungstermin näher rückt, studieren Sie die Mindmap «Prüfungsvorbereitung». Sie hilft Ihnen, alles zu beachten, sodass (mit einem Zeitplan) Ihre Prüfungsvorbereitung ruhig erfolgen kann. Da Sie nun wissen, wie man lernt, bereitet Ihnen die Prüfungsvorbereitung auch keine grosse Angst. Die Einnahme von Beruhigungsmitteln ist heikel. Zwar können Sie damit die körperliche Erregung und damit die Angst dämpfen, Sie bewirken aber nichts im Hinblick auf eine optimale Prüfungsvorbereitung. Vielmehr könnten Sie damit Ihre Aufmerksamkeit und Konzentration beeinträchtigen.

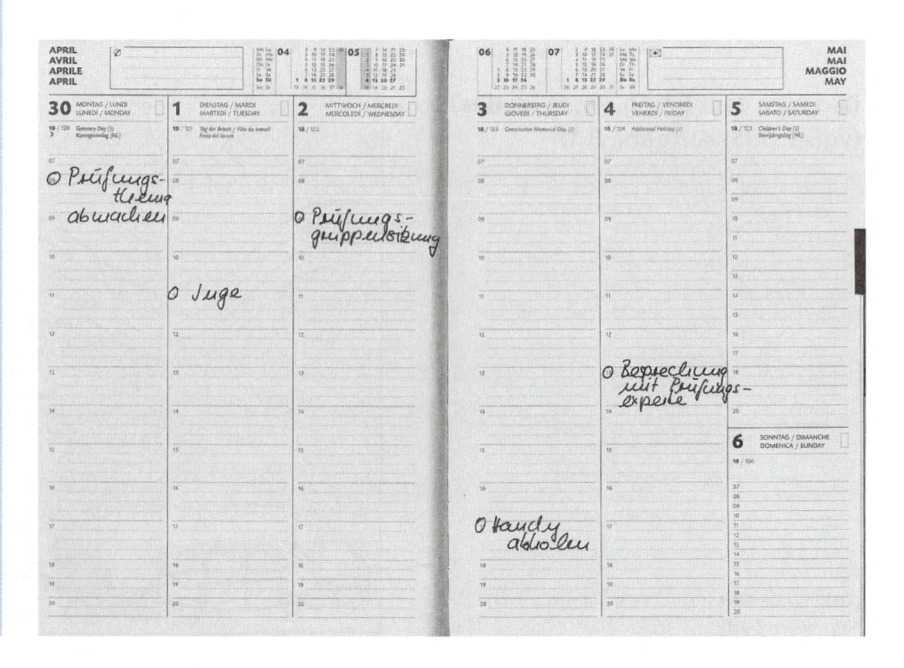

9. Prüfungen vorbereiten

Prüfungstechnik 2
Prüfungen richtig vorbereiten
Vor jeder Prüfung überlegen Sie sich: Was wird verlangt? Was beherrschen Sie bereits? Wie viel Wissen fehlt Ihnen noch (Überblick gewinnen)? Vorerst arbeiten Sie einen Zeitplan aus, um die Vorbereitungen bis zum Prüfungstag festzulegen. Sie halten sich dabei an Teilziele, denn erfolgreich abgeschlossene Bereiche stärken Ihr Selbstvertrauen. Sie machen sich so Mut für die kommende Arbeit.

Im Zeitplan halten Sie auch die Zeiten für Ihre Erholung (Schlaf, Hobbys, Sport) fest, denn die Einhaltung der bisherigen Lebensweise gehört mit zur ruhigen Prüfungsvorbereitung. Ihr Zeitplan für die Prüfungsvorbereitung ist jenem ähnlich, den Sie auch mit grossem Vorteil für eine Semesterarbeit erstellen (vgl. Sie dazu Kapitel 7, «Erfolgreich schreiben; Schreibtechnik 7, Vom Aufsatz zur Semesterarbeit», S. 81ff.).

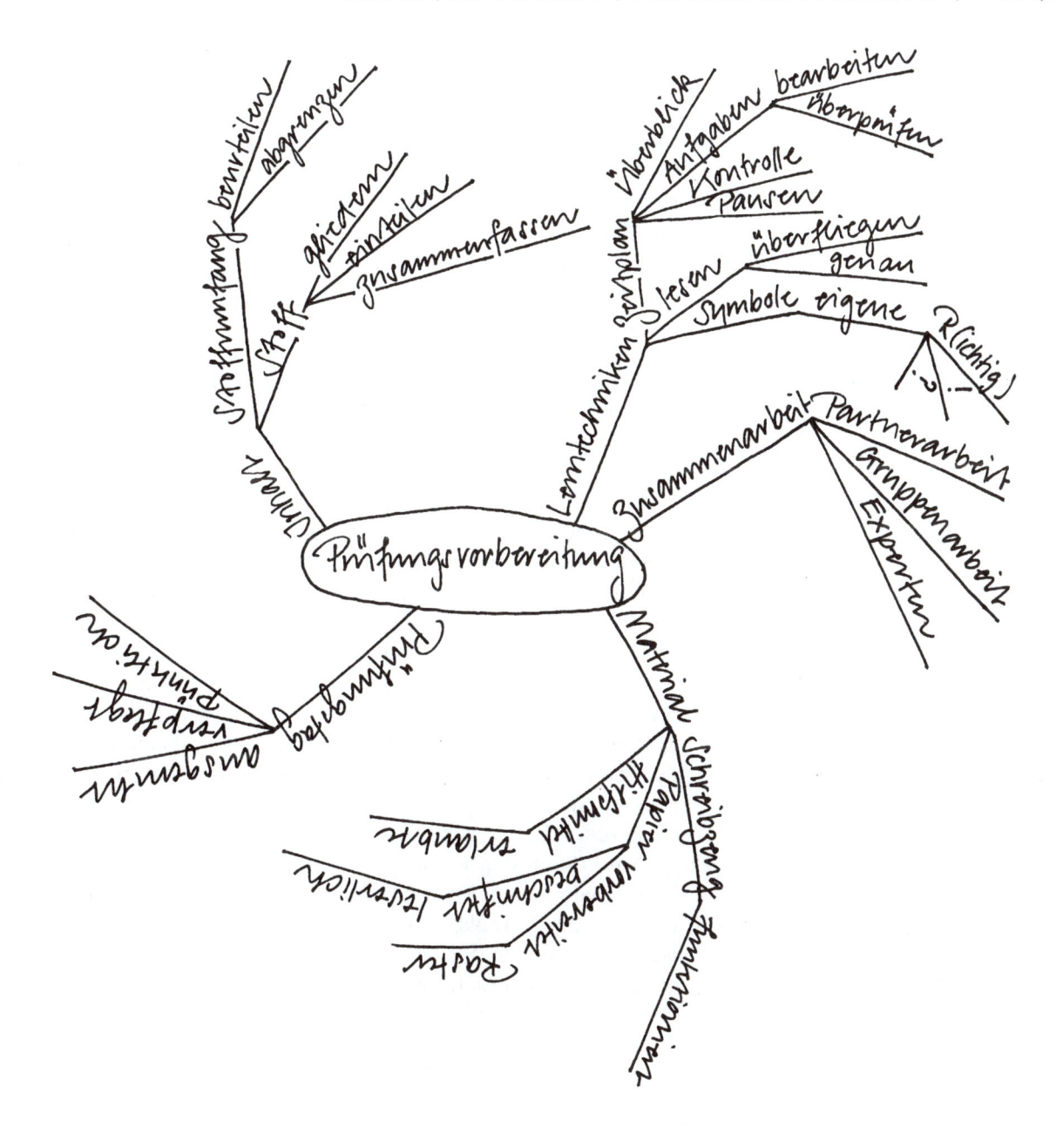

9. Prüfungen vorbereiten

Geplante Arbeiten

Fachgebiet zur Prüfungsvorbereitung	Notizen und Unterlagen aus Kursen und/oder Unterricht	Fachbücher zur Vorbereitung (Lesetempo ca. 15 Seiten pro Std.)	Zeitbedarf zur Verarbeitung und Vorbereitung	vorgesehene Bearbeitung (Woche/Wochentag)
usw.	usw.	usw.	usw.	usw.

Sie haben sich die äusseren Arbeitsbedingungen für Ihr optimales Lernen geschaffen. Die besprochenen Lerntechniken ermöglichen Ihnen ein leichteres Lernen. Je mehr Sinne Sie in den Lernprozess einschalten, desto besser wird der Lernstoff im Gedächtnis haften. Planen Sie Ihre Arbeit abwechslungsreich (Abwechslung zwischen schreiben, lesen, Aufgaben lösen, Gespräche in einer Prüfungsgruppe führen). Unterstreichungen, Anmerkungen in verschiedenen Farben, die Verwendung von Symbolen verbessern Ihre Merkfähigkeit. Wenn Sie im Unterricht weiterhin aufmerksam mitmachen, erleichtern Sie sich die Prüfungsvorbereitung.

Auch eine Prüfung lässt sich proben. Lesen Sie sorgfältig die Prüfungsaufgaben der Vorjahre, beantworten Sie die Fragen schriftlich und überprüfen Sie sie kritisch. Frühere Prüfungen geben Ihnen auch Hinweise zur Prüfungsart: Sind Fragen mit einem Wort, einer Zahl oder einer Rechnung zu beantworten, sind Erklärungen und Begründungen selbstständig zu formulieren?

Eine Besprechung in einer Prüfungsvorbereitungsgruppe zeigt Ihnen Lücken, bestätigt aber vor allem Ihre schon erreichten Kenntnisse. So erarbeiten Sie sich das für die Prüfungstage nötige Selbstvertrauen.

Repetieren Sie Ihre bearbeiteten Unterlagen am besten zusammen mit andern, die sich wie Sie auf die Prüfung vorbereiten. Die gemeinsame Arbeit ermutigt Sie auch, sich mit der Prüfungssituation auseinanderzusetzen, was zur Reduktion des Prüfungsstresses beiträgt. Denken Sie sich möglichst viele Prüfungsfragen aus, so dass Ihnen an der Prüfung viele Fragen gar nicht neu sind. Schwierigkeit und Bekanntheit der Prüfungsinhalte sind richtig einzuschätzen. Für die Wiederholung steigern Sie Ihre Aufmerksamkeit, indem Sie die Kreativitätstechniken einsetzen, z.B. das Mindmapping.

Am Prüfungstag wie auch am Vortag sollten Sie konsequent nichts Neues mehr lernen. Etwas Sport treiben ist die richtige Ablenkung; dies lässt Sie auch erholsam schlafen. Lassen Sie am Prüfungstag keine Hetze aufkommen. Sie nehmen sich genügend Zeit fürs Aufstehen, für ein gut verdauliches, leichtes Frühstück. Aufkommendes Lampenfieber überdecken Sie nicht mit Beruhigungspillen. Vielmehr regt Sie die Spannung vor der Prüfung an, die Aufgaben überlegt zu beginnen.

In Ihrer Mappe befindet sich alles Nötige vorbereitet, und nachdem

9. Prüfungen vorbereiten

Sie den vorher erkundeten Weg zum Prüfungsort zurückgelegt haben, erscheinen Sie pünktlich im Prüfungszimmer. So haben Sie sich gut für die Prüfungsaufgaben vorbereitet.

Unmittelbar vor der Prüfung zu lernen rät Ihnen kein Lernpsychologe, denn kurzfristig Gelerntes blockiert Ihre gesicherten Kenntnisse. Je ungestörter wir nämlich nach dem Lernen während der bewussten Lernphase bleiben, desto besser wird das Gelernte ins Gedächtnis übertragen.

Prüfungstechnik 3
Während der Prüfung ruhig arbeiten

Die Prüfungsaufgaben lesen Sie zuerst gesamthaft sorgfältig durch. Sie überlegen sich, worauf die Aufgaben ausgerichtet sind (Art der Aufgaben, ihre Schwierigkeiten, sind Lösungshilfen wie z.B. Notizen beizulegen?). Diejenige Aufgabe, die Ihnen am einfachsten erscheint, gehen Sie als erste an. Mit Selbstvertrauen können Sie dann an schwierigere Aufgaben herangehen.

Wenn Sie mit einer Aufgabe nicht zurechtkommen, lassen Sie sich nicht aus der Ruhe bringen. Einige Minuten später kann sich die Denkblockade lösen, während Sie an einer weiteren Aufgabe arbeiten. Auch während einer Prüfung brauchen Sie eine kurze Entspannung, etwa einen Blick durchs Fenster hinaus.

Nutzen Sie die Prüfungszeit voll aus, auch in den letzten Minuten können Sie treffende Lösungen finden oder die Zeit für die Überprüfung Ihrer Lösungen verwenden. Viel Erfolg!

Arbeitstechnik (Wie mache ich es?) und Lerntechnik (Warum mache ich es so?) verhelfen Ihnen zu einer aufmerksamen Arbeitsweise und zu einer guten Prüfungsvorbereitung. Denken Sie auch daran, sich zu entspannen, und gönnen Sie sich die wichtige Freizeit.

Wir denken, Sie haben nun Wesentliches erreicht, so dass Sie – gut vorbereitet – Ihre Arbeits- und Lerntechniken auch bei Prüfungsvorbereitungen überlegt einsetzen werden.

Merkpunkte für optimales Prüfungsverhalten
Vor der Prüfungsvorbereitung Lernstoff bestimmen
– Welches ist der genaue Lernstoff?
– Was wird gefragt?
– Was kann ich bereits?
– Was muss ich noch lernen?

Während der Prüfungsvorbereitung
– Beginnen Sie rechtzeitig mit der Vorbereitung.
– Verteilen Sie die Arbeit auf verschiedene Tage.
– Zerlegen Sie den Stoff in Übungseinheiten.
– Beachten Sie die Lernregeln: z.B. schreiben und zeichnen Sie viel beim Lernen.
– Führen Sie selbst eine Prüfung mit möglichen Fragen durch.
– Schreiben Sie schwierige Stoffe nochmals auf, und wiederholen Sie sie öfters.
– Arbeiten Sie am Schluss mit anderen zusammen, und fragen Sie sich gegenseitig ab.

9. Prüfungen vorbereiten

Effizientes Verhalten in Prüfungssituationen
- Ändern Sie nicht kurz vor der Prüfung Ihren gewohnten Lebensrhythmus.
- Soweit überhaupt erforderlich, nehmen Sie vor der Prüfung nur Medikamente ein, deren Wirkung Sie bereits ausprobiert haben.
- Stimmen Sie sich ohne Hektik auf den «Tag X» ein. Nehmen Sie sich Zeit, das Gebäude und wenn möglich auch den Raum, in dem die Prüfung stattfindet, schon vor der eigentlichen Prüfung zu «erleben».
- Kommen Sie rechtzeitig und ausgeschlafen zur Prüfung, damit Sie nicht unnötig in zusätzlichen Stress geraten.
- Verscheuchen Sie angstmachende Gedanken durch positives Denken: «Ich schaffe es!»
- Entspannen Sie sich in der Wartezeit dadurch, dass Sie an ein schönes Erlebnis, z. B. aus den letzten Ferien, denken.
- Versuchen Sie nicht, aufsteigende Ängste zu unterdrücken, sondern bedienen Sie sich des positiven Denkens und versuchen Sie, die Situation möglichst realistisch einzuschätzen.
- Fangen Sie, wenn Sie die Möglichkeit haben, ein nettes Gespräch mit anderen Prüfungskandidatinnen und -kandidaten an, und gestehen Sie dabei Ihre Angst offen ein; das verbindet.

Schriftliche Prüfungen
- Bringen Sie das erforderliche «Handwerkzeug» und die zugelassenen Hilfsmittel zur Prüfung mit.
- In den Prüfungsräumen herrscht kurz vor schriftlichen Prüfungen mit zahlreichen Kandidaten oft eine starke Nervosität. Lassen Sie sich nicht davon anstecken. Betreten Sie den Prüfungsraum rechtzeitig, aber nicht zu früh.
- Lesen Sie die Prüfungsaufgaben langsam und konzentriert durch (zwei- bis dreimal).
- Lesen Sie die Prüfungsaufgaben sorgfältig, und bilden Sie Schwerpunkte.
- Stellen Sie die Aufgaben, die Sie verwirren, zunächst zurück.
- Nur Ihre eigene Arbeit ist wichtig. Lassen Sie sich nicht von anderen Prüfungsteilnehmerinnen und Prüfungsteilnehmern verunsichern und ablenken, die bereits kurze Zeit nach dem Austeilen der Aufgabenblätter hektisch mit dem Schreiben beginnen.
- Legen Sie einen Ablaufplan für Ihr Vorgehen fest.
- Stellen Sie einen groben Zeitplan auf. Etwa 10 % der Arbeitszeit sollten Sie für Kontrollen vorsehen. Planen Sie die Zeit für eine Überprüfung des Niedergeschriebenen am Schluss der Prüfung ein.
- Versuchen Sie, sich Erfolgserlebnisse zu verschaffen, indem Sie mit den leichteren Aufgaben beginnen.
- Achten Sie bei Ihrer schriftlichen Prüfungsarbeit auf ein ansprechendes Äusseres: gut lesbare Schrift, Gliederung der Absätze, übersichtliche Darstellung, ausreichender Rand.
- Halten Sie sich an Ihre Gliederung.
- Verfehlen Sie das gestellte Thema nicht.
- Wenn Sie bei einer Aufgabe trotz grosser Anstrengung nicht weiterkommen, so «beissen» Sie sich nicht fest, sondern wenden Sie sich der nächsten Fragestellung zu. Vielleicht bleibt Ihnen zum Schluss noch Zeit für die «Knacknuss».

9. Prüfungen vorbereiten

- Schalten Sie Entspannungsphasen ein (z.B. Blick durchs Fenster, kurzes isometrisches Training [starkes, abwechselndes, kurzes Anspannen verschiedener Muskelpartien], kurzes, tiefes und entspanntes Durchatmen).
- Geben Sie Ihre Gliederung und evtl. nur skizzierte Überlegungen zu den Lösungswegen mit ab.
- Nummerieren Sie Ihre Blätter durch. Vermerken Sie die Gesamtseitenzahl Ihrer Arbeit auf der ersten Seite neben Ihrem Namen.

Mündliche Prüfungen
- Vermeiden Sie ungepflegte und unpassende Kleidung, die vielleicht auf die prüfende Person provozierend oder brüskierend wirkt.
- Überdenken Sie die gestellten Fragen ruhig; reden Sie nicht sofort los. Strukturieren Sie Ihre Antwort.
- Beantworten Sie die gestellten Fragen; vermeiden Sie es, weitschweifig aus Lehrbüchern Auswendiggelerntes vorzutragen.
- Bitten Sie bei nicht verstandenen Fragen um eine Wiederholung der Fragen bzw. um eine Klärung der Fragestellung.
- Machen Sie – wenn irgend möglich – entsprechende Skizzen an die Wandtafel im Prüfungsraum oder auf ein Blatt Papier.
- Werden Sie mit einer allgemeinen Fragestellung konfrontiert, so versuchen Sie, nicht sofort mit Ihrem Detailwissen zu «glänzen», sondern geben Sie zunächst nur einen Überblick.
- Wenn Sie zu leise sprechen, sich häufig räuspern oder dem Blick der prüfenden Person dauernd ausweichen, deuten Sie Ihre Unsicherheit an.
- Flüchten Sie sich nicht in Ausreden, wenn Sie etwas nicht wissen («Gerade eben habe ich es noch gewusst …», «Mir liegt es auf der Zunge …»).
- Tragen Sie dazu bei, dass die Prüfung ein Gespräch wird und kein Frage-Antwort-Spiel.
- Sie können den Ablauf der Prüfung mitbestimmen. Gehen Sie auf die Fragestellungen der prüfenden Person exakt und erschöpfend ein. Solange Sie nicht abschweifen und solange Ihre Antworten korrekt sind, fragt die prüfende Person in der Regel nicht weiter.
- Ohne in Rechthaberei zu verfallen, sollten Sie Ansichten, von deren Richtigkeit Sie überzeugt sind, im Prüfungsgespräch mit Nachdruck vertreten.
- Passen Sie sich – in Ihrem eigenen Interesse – an die Art der prüfenden Person an. Fragen Sie bereits in der Vorbereitungsphase, worauf sie Wert legt.
- Bedienen Sie sich nach Möglichkeit der Erfahrungen von Bekannten, die sich bereits einer solchen Prüfung unterzogen haben.
- Denken Sie bei Gruppenprüfungen auch dann mit, wenn andere gefragt werden. (Quelle: Johann Leh, 1992)

10. Informieren, Präsentieren, Überzeugen

Inhaltlicher Überblick

Ziel der Präsentation
In einem Vortrag, einer Präsentation gezielt Informationen weitergeben.

Planung, sich informieren
Genau abklären, was man mit einer Präsentation erreichen will und welche Informationen wie beschafft werden sollen.

Materialsammlung und Informationsbeschaffung
Sich vielseitig informieren und eine Dokumentation erstellen.

Vortrag, Präsentation
Sich beim Referieren wohl fühlen.

Medieneinsatz (Visualisierung)
Die verschiedenen Medien gekonnt einsetzen und dank ihnen erfolgreich präsentieren.

Gruppenpräsentation
Sich mit anderen absprechen und zusammen gut präsentieren.

Nach der Präsentation
Nach Ihrer Präsentation eine Austauschphase einfügen und mit Ihren Zielen verbinden.

Der Gedankensplitter zum Thema
«Es ist schwierig, etwas vor vielen Leuten, zum Beispiel der Klasse, vorzutragen. Man sollte eine Botschaft hinüberbringen und die Zuhörenden damit fesseln. Zuerst braucht es aber Überwindung sich selber als Person vor den kritischen Augen zu präsentieren. Eine gute Vorbereitung und der Einsatz von Medien erleichtern es mir, eine Sache zu präsentieren.» (Carmen Hiltbrunner, Zeichnerin)

Ziel der Präsentation
Wenn Sie Personen gezielt über eine Sache informieren, tun Sie dies in der Form eines Vortrags (Referats) oder einer Präsentation. Die sinnverwandten Bezeichnungen werden heute kaum mehr unterschieden. Vor allem beim Einsatz visueller Hilfs- und Anschauungsmittel spricht man vermehrt von Präsentation. Voraussetzung für den Erfolg einer Präsentation ist natürlich die Richtigkeit und Glaubwürdigkeit der Inhalte, die vermittelt werden.

Planung, sich informieren
Damit Sie mit Ihrer Präsentation erfolgreich sind, müssen Sie mit Sorgfalt an die Planung heran gehen. Was hat zu Ihrer Präsentation geführt? Gilt es, dazu wichtige Zusammenhänge aufzuzeigen?

Wenn Sie sich selbst ein klares Ziel formulieren, werden Sie gezielt an die Arbeit gehen können. Sie unterscheiden dann deutlich: Richtet sich Ihre Präsentation auf die Information aus, oder wollen Sie die Zuhörenden von einer Sache überzeugen? Soll im Anschluss an Ihre Präsentation diskutiert werden? Sollen Ideen eingebracht werden können, die die nachfolgende Arbeit wesentlich beeinflussen?

Ob Sie Ihr Ziel erreichen, hängt auch davon ab, ob sich die Anwesenden auf Ihre Ziele, auf Ihre Präsentation einlassen, bzw. ob es Ihnen gelingt, diese für Ihre Absicht zu gewinnen.

Daher soll Ihre Präsentation teilnehmerorientiert sein. Sie führen Bekanntes nicht zu ausführlich aus, bestimmen den Schwierigkeitsgrad Ihrer Darlegungen und richten sich auf die Erwartungen der Teilnehmerinnen und Teilnehmer aus. Schon bei der Materialsammlung achten Sie auf die beabsichtigte Visualisierung.

Materialsammlung und Informationsbeschaffung
Sich informieren
Um sich effizient zu informieren, muss man einen eigenen Weg in der Praxis finden. Dabei kommt es nicht allein auf das handwerklich-technische Know-how an. Sich informieren meint mehr als das Befolgen von Regeln. Mit Handbüchern umgehen, Bibliotheken und Archive benutzen gehören ebenso dazu wie vielseitiges Kombinieren und intuitiver, manchmal sogar detektivischer Spürsinn. Übung und Erfahrung sind nötig.

Zu richtigen und wichtigen Informationen kommen
Entscheidend für das Gelingen Ihres Referats ist es, dass Sie aus all den erhaltenen Informationen das Wesentliche entnehmen. Aus dem Lexikon haben Sie erste Kenntnisse über Ihr Referatsthema gewonnen und Hinweise für die Weiterarbeit erhalten (weitere Stichwörter, Literaturangaben).

10. Informieren, Präsentieren, Überzeugen

Auf der Suche nach weiteren Informationen aus der Sekundärliteratur (Sachbücher) prüfen Sie sehr sorgfältig, ob dieser oder jener Buchtitel für Ihr Referat wirklich hilfreich sein kann. Ein Zuviel an Informationen, die nicht genau Ihr Referatsthema betreffen, können zeitraubende oder sogar verwirrende Folgen haben. Achten Sie auch auf das Erscheinungsjahr der Bücher, damit Sie nicht veraltete Informationen erhalten!

Erstinformation im Lexikon
Unvermittelt stehen Sie vor der Aufgabe, einen Kurzvortrag über ein bestimmtes Thema zu halten. Wenn Sie zu diesem Thema wenig oder gar nichts wissen, informieren Sie sich am Besten zuerst in einem guten Lexikon.

Wenn Sie sich beispielsweise für ein staatspolitisches Referatsthema entscheiden, das alle interessiert, schlagen Sie in einem Lexikon unter verschiedenen Stichwörtern nach. So erarbeiten Sie sich Hinweise dazu, welche Informationen Sie sich für dieses Referatsthema wo beschaffen können. Sie werden für Ihren Kurzvortrag nicht alle Informationen verwenden können. Kennzeichnen Sie in den Kopien aus dem Lexikon mit mehreren Leuchtstiftfarben (Spot-Markern), welche Stellen Sie als wichtig für Ihr Referat erachten.

Die markierten Textstellen sind für Ihren Vortrag wichtige Stichworte, denen Sie weiter nachgehen.

Informationsbeschaffung mit dem Schneeballsystem
Wenn Sie in einem Lexikon einen Begriff nachschlagen, werden Sie fast immer auf weitere Lexikonartikel verwiesen. In den Lexika finden Sie auch meistens am Ende der Erläuterungen zu einem Stichwort Literaturangaben, also Hinweise zu Buchtiteln, die sich eingehender mit dem Problem befassen, über das Sie sich orientieren wollen. Man spricht dabei von Sekundärliteratur.

Die im Lexikon zu einem bestimmten Thema empfohlenen Bücher enthalten jeweils ein Literaturverzeichnis (Bibliografie), das Sie zu weiteren Buchtiteln führt. Aus dem kleinen Informationsschneeball wird also schnell eine Informationslawine, vor der Sie sich hüten müssen, damit Sie nicht von ihr überrollt werden!

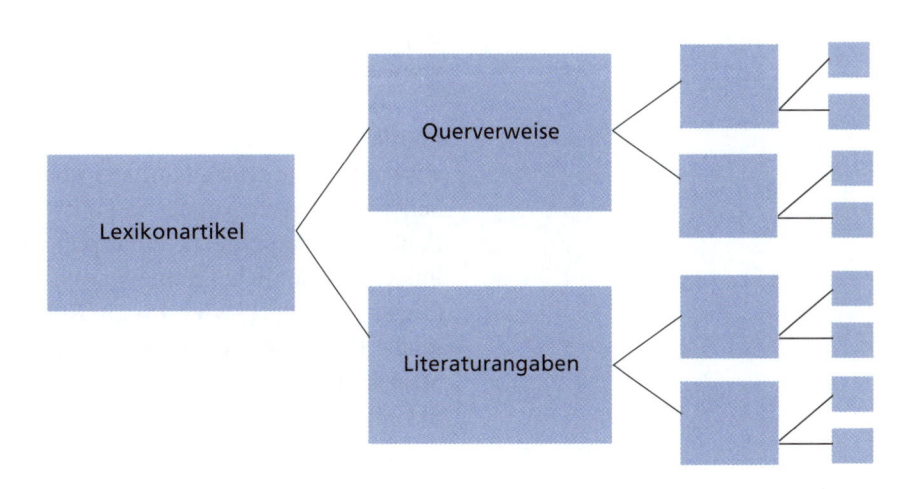

10. Informieren, Präsentieren, Überzeugen

Informationssuche im Internet

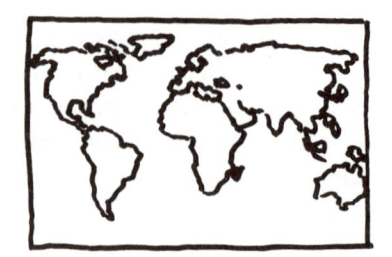

World Wide Web (WWW)
Das World Wide Web ist gegenwärtig die Krone der Informationsbeschaffung im Internet. Ausser Texten werden auch grafische, bewegte grafische und akustische Daten vermittelt. Wer schnell und gezielt bestimmte Informationen im Internet sucht, dem helfen Suchprogramme, die so genannten Suchmaschinen. Man gibt einen oder mehrere Suchbegriffe ein – die Search Engine sucht entsprechende Beiträge im Netz und listet gefundene Hinweise am Bildschirm auf. Wählen Sie einen eindeutigen Suchbegriff und verbinden Sie ihn möglichst mit ein bis drei weiteren Suchworten. Genaue Angaben für das Vorgehen finden Sie bei den entsprechenden Suchmaschinen.

Verzeichnisse der Suchmaschinen
www.suchfibel.de bietet Informationen zur Recherche im Internet, zur Suche im World Wide Web und in anderen Diensten. Sie erfahren, welche Suchmaschinen es gibt (über 800), welche Möglichkeiten sie bieten, und wie man sie bedient.
www.ch ist ein Verzeichnis von Schweizer Internet-Adressen und Suchmaschinen.

Adressen von internationalen Suchmaschinen
www.google.com / www.hotbot.com / www.altavista.com / www.excite.com / www.infoseek.com / www.yahoo.com / www.lycos.com

Adressen von deutschsprachigen Suchmaschinen
www.sear.ch (Schweizer altavista-Suchfenster) / www.web.ch (Themenkatalog für die Schweiz) / www.yahoo.de und www.web.de (Themenkataloge für den deutschsprachigen Raum)

Medien
Einige Zeitungen publizieren ihre Artikel in vollem Umfang im Internet. Die am besten ausgebauten Angebote der deutschen Schweiz bieten momentan der Tages-Anzeiger (www.tages-anzeiger.ch) und die Weltwoche (www.weltwoche.ch). Das Schweizer Fernsehen (www.sfdrs.ch/-sendungen) publiziert zu einigen aktuellen und früheren Sendungen Begleitmaterial. Online-Zeitungen der ganzen Welt finden Sie unter www.zeitung.ch und www.totalnews.com.

Politik
www.admin.ch (Informationen über schweizerische Politik der Bundesbehörden) / www.younet.ch/politynfo (Internet-Jugendplattform u.a. für Politik) / www.politeia.ch (das politische Netmagazin von Studenten) / politik.ch (persönliche Homepages von PolitikerInnen) / www. politics.ch (Tages-Anzeiger) / www.ksr.ch (Rubrik «Staatskunde online» der Kantonsschule Romanshorn / www.mypage.bluewin.ch/looser.roman (Beiträge zu Staatskunde und Geschichte des Kantonsschullehrers an der Burghalde in St. Gallen)

10. Informieren, Präsentieren, Überzeugen

Bildung
http://educeth.ethz.ch/other_servers/ (Ausgangspunkt für weitere Adressen) / www.educa.ch/ (Schweizerische Fachstelle für Informationstechnologien im Bildungswesen SFIB) / www.schulnetz.ch / www.weiterbildung.ch / www.berufsbildung.ch / www.educat.hu-berlin.de/schulen / www.dino-online.de/wiss/html

Bibliotheken und Buchhandlungen helfen weiter
Nun müssen Sie sich in Bibliotheken und Buchhandlungen Bücher, Landkarten und Statistiken zur vertiefenden Bearbeitung des Vortragsthemas besorgen. Lassen Sie sich vom Bibliothekspersonal zeigen, wie Sie in den Bibliothekskatalogen zu den Buchtiteln gelangen, die Ihnen weiterhelfen. In vielen Bibliotheken können Sie auch mittels Computer Autoren, Titel, Sachgebiete usw. rasch auffinden und so zu den nötigen Angaben für die Ausleihe gelangen.

Achten Sie bei der Auswahl der Bücher unbedingt darauf, dass sie allgemein verständlich und nicht zu wissenschaftlich geschrieben sind! Oft können Sie schon am Buchtitel erkennen, ob es sich um ein wissenschaftliches Buch handelt. Bestellen Sie an der Ausleihe ruhig die verschiedensten Bücher und prüfen Sie an Ort und Stelle, ob sie für Ihre Referatsarbeit dienlich sind!

Das umfassendste und aktuellste Verzeichnis von Informationsquellen wird von der Zentralbibliothek Zürich herausgegeben. Es informiert über Bibliotheken, Archive, Dokumentationsstellen, Datenbankanbieter der Schweiz und des Fürstentums Liechtenstein. Auch Sammlungen von Universitäten, Firmen, Gesellschaften, Verbänden und religiösen Gemeinschaften sind verzeichnet: Rainer Diederichs, Hermann Schneider, Information Schweiz – Suisse 1998, hrsg. Zentralbibliothek Zürich. Auf dem Internet zugänglich unter www.zb.unizh.ch.

Neuerdings können Sie von Buchhandlungen aus das gesamte Buchangebot mit Hilfe des Computers durcharbeiten. Und seit kurzem bietet Ihnen auch der Schweizerische Buchhändler- und Verlegerverband (SBVV) auf dem Internet den vollständigen Katalog aller lieferbaren Bücher. Die Web-Seite wird laufend erweitert und aktualisiert (Adresse www.swissbooks.ch).

Auch das schweizerische Buchzentrum bietet Ihnen auf dem Internet den vollständigen Katalog aller lieferbaren Bücher. Die Web-Seite wird laufend erweitert und aktualisiert (www.sbz.ch).

Das Bibliotheks-Informationsnetz Schweiz im Internet bietet einen bequemen Zugang zu Katalogen von unzähligen Hochschul-, Kantons-, Gemeinde- und Spezialbibliotheken an.

Den Informationswert eines Buches rasch abklären
Ob ein Buch für Ihren Kurzvortrag brauchbar ist, können Sie oft beurteilen, wenn Sie die so genannten Klappentexte oder Texte auf Buchdeckel oder Buchrücken aufmerksam lesen. Sie erleichtern Ihnen die Entscheidung, ob Sie das Buch ausleihen und bearbeiten wollen. Recht oft stossen Sie gerade in Büchern zu einem Sachthema auf grafische Darstellungen (Landkarten, Tabellen, Grafiken oder ein Organigramm, Darstellung einer Organisation). Diese können Sie zur Gestaltung und Bereicherung Ihres Referats bestens einsetzen! Sie können sie als Kopie

10. Informieren, Präsentieren, Überzeugen

austeilen oder als Dia bzw. Projektionsfolie einblenden. Achten Sie aber darauf, dass die Darstellungen in der Projektion gut lesbar sind.

Bei der Abklärung, ob Ihnen ein Buch bei der Ausarbeitung eines Referats helfen wird, lesen Sie auch sorgfältig das Vorwort zum Buch. Darin können Sie erkennen, was der Autor mit seinem Buch beabsichtigt, und was er nicht behandeln wird.

Wenn Sie sich aufgrund Ihrer Abklärungen für einige Bücher entschieden haben, weil sie Ihnen hilfreich erscheinen, gehen Sie zur gründlichen Lektüre der für Sie brauchbaren Kapitel über. Vergessen Sie bei dieser Arbeit nicht, jede neue Information in Ihrer Zettelkartei festzuhalten! Die in Bibliotheken ausgeliehenen Bücher haben den Nachteil, dass Sie darin keine Randbemerkungen und keine Markierungen mit Leuchtstift anbringen dürfen.

Gekaufte Bücher sind in dieser Beziehung arbeitserleichternd. Ausserdem sind Sie damit von keinen Ausleihfristen behindert. Heute können Sie Taschenbuchausgaben zu sehr günstigen Preisen kaufen. Fragen Sie also Ihre Buchhändlerin oder Ihren Buchhändler! Sie werden Ihnen gerne behilflich sein.

Sich dokumentieren
Informationen stellen gewissermassen den Rohstoff für Ihre Präsentation dar: Informationen von Fachleuten, Interviewten, Politikerinnen und Politikern ebenso wie Informationen aus bereits früher veröffentlichten Quellen.

Die für ein Thema bedeutsamen Informationen müssen in einer zuverlässigen Quelle am richtigen Ort gefunden werden, zudem möchten Sie dies in möglichst kurzer Zeit erreichen. Dokumentationsstellen halten Informationen auf Abruf zur Verfügung. Vielleicht bewahren Sie in einem eigenen, persönlichen Handarchiv zu einigen Themen bereits Unterlagen auf, oder Sie können sich auf professionelle Institutionen wie Bibliotheken, Archive oder Dokumentationsstellen verlassen. Die gesammelten Informationen auf allen Informations- bzw. Datenträgern müssen dann geordnet abgelegt werden. Dokumentieren ist also ein fortlaufender Vorgang.

Der Aufbau eines persönlichen Handarchivs
Bücher, Zeitschriften, Zeitungsartikel, Bild- und Tonträger werden aufgenommen. Umfang, Ordnung und Ablagesystem richten sich nach Ihren Arbeits- und Wohnverhältnissen. Die Sammelgebiete sollten eine überschaubare Zahl von Themen nicht überschreiten.

Hinweise zum Aufbau Ihres Handarchivs
Das Aufbewahren erfolgt in einer Hängeregistratur: pro Thema eine Mappe, Feingliederung in Sichtmappen.

In Archivschachteln bewahren Sie Material unterschiedlichster Art auf. In einem Ordner geraten Zeitungsartikel, Fotokopien, selbst beschriftete Blätter weniger durcheinander, und ein Register ermöglicht Ihnen das rasche Auffinden abgelegter Unterlagen. Sichtmappen eignen sich für kurzfristig zu bearbeitende Themen.

Zwischenarchiv nennt man die Vorablage – auch einfach der auf dem

10. Informieren, Präsentieren, Überzeugen

Pult liegende Papierstapel – mit einer «Reifezeit» von mehreren Wochen. Dieses Zwischenarchiv muss man kassieren, d.h. von Zeit zu Zeit ausmisten. Aber werfen Sie nicht einfach alte Dokumente weg, sondern sichten Sie Ihre Sammlung nach Kriterien wie bei der Aufnahme von Informationsträgern.

Karteien ermöglichen Ihnen einen raschen Überblick, sind flexibel, aber auch zeitaufwendig aufzubauen. Zudem ist die Gefahr der falschen Einordnung nicht zu unterschätzen. Und falsch eingeordnete Karten sind kaum mehr zu finden.

Das Anlegen einer Zettelkartei

Notizen und die notwendigen Informationen zu Ihrem Referat halten Sie mit Vorteil auf Karteikarten in Postkartengrösse fest.

Schreiben Sie stets ein Stichwort zu den folgenden ausführlicheren Notizen an den oberen rechten Rand der Karteikarte. Wenn Sie Informationen im Wortlaut festhalten, kennzeichnen Sie diese als Zitat durch Anführungszeichen. Halten Sie auf Ihren Karteikarten auch immer fest, welcher Informationsquelle Sie die Informationen entnehmen! Bei allgemein bekannten Nachschlagewerken genügt eine Kurzform wie zum Beispiel «Lexikon aktuell» oder «Der Brockhaus». Bei weniger bekannten Informationsquellen geben Sie korrekt an: den Verfasser, den Buchtitel, Publikationsort und -jahr und vielleicht den Verlag und die betreffende Seite. (vgl. Lesetechnik 5, S. 94f.)

Smog
Zusammenhänge Schwefeldioxidbelastung – Gesundheit?
Schadstoffbelastung bodennah und ungünstige meteorologische Verhältnisse → Smog
Austauscharme Wetterlagen → Spätherbst und Winter
Schädigung bei Menschen, Tieren und Pflanzen
Quelle: U. Jäkel, Umweltschutz, Stuttgart 1992, S. 36 f.

Um Notizen zu machen, kennen Sie mehrere Techniken (vgl. Lesetechnik 3 + 4, S. 93 f.)

Wenn Sie Informationen über sehr aktuelle Themen suchen

Bis ein aktuelles Thema in einem Buch behandelt wird, kann einige Zeit verstreichen. Wenn Sie also in Ihrem Vortrag auch die neueste Entwicklung (zum Beispiel in der Politik, in Technik und Wissenschaft) berücksichtigen wollen, müssen Sie sich an eine Zeitungsredaktion oder an ein Zeitungsarchiv wenden. Hier werden zu den verschiedensten Themen Zeitungsartikel aufbewahrt, von denen Sie eine Kopie bestellen können. In Zürich können Sie im Sozialarchiv, das sich die lückenlose Dokumentation aktueller Themen zur Aufgabe gemacht hat, Zeitungs- und Zeitschriftenartikel zu aktuellen Themen in Sammelmappen anfordern.

10. Informieren, Präsentieren, Überzeugen

Den Vortrag gliedern

Sie verfügen nun über Informationen aus der Sekundärliteratur und aus Zeitungs- und Zeitschriftenartikeln. Ihre eigentliche Arbeit am Kurzvortrag kann nun beginnen! Denn Sie haben in den für Sie brauchbaren Texten die wichtigen Stellen markiert und Notizen auf Ihren Zetteln oder Karteikarten gemacht.

Nun wird die Gliederung (Strukturierung) Ihres Referats wichtig. In welcher Reihenfolge wollen Sie die Zuhörer über das Thema informieren? Halten Sie die einzelnen Punkte in der Gliederung Ihres Referats sorgfältig fest.

Natürlich gibt es sehr zahlreiche Gliederungsvorgehen, die auch immer vom behandelten Thema abhängig sind. Ihren Gestaltungsideen sind also keine Grenzen gesetzt. Wenn Sie sich für eine geeignete Gliederung Ihres Referats entschieden haben, halten Sie diese unbedingt schriftlich fest. Dann gehen Sie daran, Ihre Zettel oder Karteikarten mit den Notizen zu einzelnen Fragestellungen entsprechend zu sortieren. Die Reihenfolge wechseln Sie so lange, bis Sie überzeugt sind, dass Ihre Zuhörerinnen und Zuhörer Ihren Gedankengängen folgen können. Einige Karten mit Notizen können Sie vielleicht jetzt doch nicht brauchen. Prüfen Sie auch, ob Sie etwas Wichtiges vergessen haben. Oder enthalten Ihre Notizen zum Teil überflüssige Informationen?

Ihre Präsentation halten Sie vorzugsweise in freiem Vortrag. Trotzdem formulieren Sie ihn zur Sicherheit vollständig aus. Schreiben Sie ihn mit grösserem Zeilenabstand, damit Sie nötige Ergänzungen oder Verbesserungen anbringen können. Lassen Sie links vom Referatstext für die Stichworte eine schmale Spalte frei und rechts davon eine schmale Spalte für Hinweise zum Einsatz von Hilfsmitteln. Das gleiche Vorgehen können Sie auch für den freien Vortrag Ihres Referats wählen. In der rechten Spalte sind als Hilfsmittel Folien von Karten, Statistiken, Organigrammen, Dias usw. einzutragen, die Sie während Ihres Referats zu einem bestimmten Zeitpunkt einsetzen wollen. Diese Kolonne erweist sich während des Referats als sehr hilfreich.

Jetzt müssen Sie auch festlegen, welche Äusserungen anderer Personen Sie als Zitate in Ihr Referat aufnehmen wollen (in den schriftlichen Unterlagen in Anführungs- und Schlusszeichen). Während des Vortrags sagen Sie: «Ich zitiere»/«Ende des Zitats».

(Zur schriftlichen Ausformulierung und Darstellung Ihres Vortrags vergleichen Sie Kap. 7, «Das Layout» S. 88/89.)

Referiert wird oft und überall

In vielen Lebenssituationen, vor allem auch im Berufsleben, hat ein einzelner oft andere Menschen über einen Sachverhalt zu informieren. Ein Referat kann Diskussionen eröffnen, Unbekanntes näherbringen, Entscheidungen erleichtern, ein gemeinsames Arbeitsprojekt mit neuen Impulsen beeinflussen und auch politische Standpunkte deutlich machen.

Ein Referat ohne ausformulierten Text zu halten ist anspruchsvoll, hat aber den entscheidenden Vorteil, dass Sie im freien Blickkontakt zu den Zuhörenden sprechen können. Je freier ein Redner seine Ausführungen vortragen kann, desto lieber hört man ihm zu. Wagen Sie es also, aufgrund der Notizen in Ihrer Zettelkartei zu referieren. Sie haben sich ja intensiv in das Referatsthema eingearbeitet, so dass Sie aufgrund von

10. Informieren, Präsentieren, Überzeugen

festgehaltenen Stichwörtern das Referat frei halten können. Ihr Gedächtnis wird Sie jetzt wohl kaum im Stich lassen. Vergessen Sie aber nicht, sich einen Organisationsplan zum Einsatz Ihrer Anschauungsmaterialien zu erstellen. Sie referieren mündlich! Den Zuhörenden fällt es schwer, Ihnen länger als 20 bis 30 Minuten konzentriert zuzuhören. Orientieren Sie daher zu Beginn kurz über die Gliederung Ihrer Präsentation. So können sich die Anwesenden aufmerksam den einzelnen Bereichen Ihrer Darlegungen zuwenden.

Vielleicht ziehen Sie aber die Mischform mit einem zum Teil ausformulierten Vortragstext vor: Zum grossen Teil halten Sie Ihr Referat aufgrund Ihrer Stichwörter frei, doch einige wichtige Abschnitte haben Sie ausformuliert. Das gibt Ihnen Sicherheit. Insbesondere lesen Sie die Zitate im Wortlaut vor.

Ihrem Kurzvortrag steht nichts mehr im Weg

Jetzt kann Ihr Referat endgültig Gestalt annehmen. Nebst den möglichst vielseitigen Informationen zum Referatsthema erwarten die Anwesenden auch Ihre persönliche Stellungnahme. Zum Beispiel erklären Sie, warum Sie gerade dieses Thema ausgewählt haben. Halten Sie Ihr Referat lebendig und anschaulich, aber sprachlich klar und präzis.

Sie haben die Karteikarten vor sich liegen und legen während des Vortrags eine Karte nach der anderen zur Seite. Die Stichworte haben Sie jetzt in gute Sätze umzuformen.

Zu einem Referat gehören Literaturangaben!

Vergessen Sie nicht, zu Ihrem Referat eine Liste der benutzten Bücher (Bibliografie) und der weiteren Informationsquellen entweder mündlich anzugeben oder schriftlich auszuteilen. Diese Angaben gehören zum Schlussteil des Referats. (vgl. Kap. 7, S. 82)

Den Schluss – wie auch den Beginn – Ihrer Präsentation gestalten Sie besonders sorgfältig. Zur Sicherheit haben Sie die letzten Sätze wortwörtlich in Ihren Unterlagen aufgeschrieben. Um zeitlich einen Spielraum zu haben, halten Sie einen Abschnitt zur Verfügung, den Sie eventuell weglassen können.

Vortrag, Präsentation
Rahmenbedingungen

Vorzugsweise besichtigen Sie die Räumlichkeiten, wo Ihre Präsentation stattfinden wird. Wie viel Platz haben Sie zur Verfügung, wie steht es mit den Verdunkelungsmöglichkeiten, sind Stromanschlüsse und Verlängerungskabel vorhanden? Wollen Sie die Sitzordnung ändern? Funktionieren alle Apparate und können Sie diese bedienen?

Wenn Sie solche Fragen geklärt haben, können Sie dem Beginn Ihrer Präsentation ruhig entgegensehen. Sie werden dann mit einer Übersicht über Ihre Präsentation rasch die Aufmerksamkeit der Teilnehmerinnen und Teilnehmer erhalten. Wenn Sie für eine geeignete Sitzordnung, eventuell mit Schreibgelegenheiten, gesorgt haben und auch ab und zu frische Luft einströmen lassen, steht dem Erfolg Ihrer Präsentation nichts mehr entgegen.

Die Inhalte und vor allem die Art der Präsentation richten Sie an ein bestimmtes Publikum. Sie fragen sich:

10. Informieren, Präsentieren, Überzeugen

– Ist das Publikum ausgewählt nach Alter, Beruf, Interessen usw.?
– Welche allgemeinen Kenntnisse kann ich voraussetzen?
– Welche Fachkenntnisse kann ich voraussetzen?
– Handelt es sich um eine geschlossene Gruppe?
– Wie viele Personen sind anwesend?

Vortragstechnik
Viele Leute haben Angst, vor einem Publikum aufzutreten. Ein bisschen Lampenfieber ist normal und nützlich, die Angst können Sie vermindern. Denn die Redekunst ist zum grossen Teil Handwerk (Mundwerk!), das Sie lernen können. Unterdrücken Sie Ihre Angst vor dem Reden nicht, sondern beschäftigen Sie sich mit ihr. Vermindern Sie sie, indem Sie mit einer Vertrauensperson darüber sprechen. Vielleicht hilft es Ihnen, wenn Sie wissen, in welchen Situationen diese Angst aufkommt. Einige führen eine Generalprobe durch, und Profis prüfen sich sogar in Videoaufnahmen.

Über ein Thema, das Sie beherrschen, sprechen Sie lockerer als über ein Gebiet, das Sie sich nur eine Woche zuvor angelesen haben. Sicher wissen Sie mehr zum Thema zu sagen, als Sie im Vortrag ausführen. So können Sie auf weiterführende Fragen eingehen.

Sie begrüssen die Anwesenden und stellen das Thema vor. Die Einleitung bezieht sich meist auf das Thema. Sie versuchen das Interesse bei den Zuhörenden zu wecken mit einem Ereignis aus dem Fachgebiet, einem persönlichen Erlebnis oder einer Behauptung.

Medien zur Visualisierung helfen sowohl Ihnen als auch dem Publikum. Sie fühlen sich so weniger ausgestellt, als wenn Sie einzig mit einem Manuskript in der Hand ausschliesslich referieren. Durch den Einbezug von Medien wird die Aufmerksamkeit des Publikums zum Teil von Ihrer Person weg auf die Präsentation gelenkt. Ihre Darlegungen werden verständlicher und Sie selbst können sich daran orientieren (z.B. die Folie als Spick).

Ihren Einfällen zur Veranschaulichung eines Kurzvortrags sind keine Grenzen gesetzt! Denken Sie aber daran, die benötigten Geräte frühzeitig zu reservieren.

Lassen Sie während Ihres Kurzvortrags aber niemals Anschauungsmaterial durch die Zuhörergruppe zirkulieren, weil Sie dadurch die Aufmerksamkeit auf Ihre Rede vermindern.

Zum mündlichen Ausdruck gehört auch der körperliche. Wenden Sie sich den Zuhörenden zu, sprechen Sie möglichst frei und vermeiden Sie, starr dazustehen. Wohl ist einem vor allem, wenn man stabil sitzt oder sicher steht. So können Sie Unsicherheit abbauen. Sie wirken aber besser, wenn Sie ein wenig nervös sind, als wenn Sie eine falsche Selbstsicherheit vorspielen.

Reden Sie nicht zu schnell. Pausen an der richtigen Stelle tragen wesentlich zum Verständnis bei. Schauen Sie das Publikum an und nicht auf den Boden und auch nicht über das Publikum hinweg. So fühlen sich die Zuhörerinnen und Zuhörer angesprochen, und Sie halten keinen Monolog, sondern einen Dialog. Als nonverbale Rückmeldung registrieren Sie, dass man Ihnen aufmerksam zuhört.

Mit der folgenden Checkliste können Sie Ihren Auftritt als Präsentatorin, als Referent so vorbereiten, dass Sie ruhig und sicher auftreten können.

10. Informieren, Präsentieren, Überzeugen

Checkliste zur Vorbereitung/Bewertung der Präsentation

Inhalt/Aufbau

Inhalt	– relevante Auswahl, sinnvolle Zentrierung, Kernaussagen, dem Auftrag entsprechend
Engagement	– eigenständige Verarbeitung von Unterlagen (statt nur vorhandene Präsentation übernommen/kopiert), Arbeitsaufwand
Einstieg	– die Einleitung weckt Interesse, sagt, worum es geht, macht das Ziel klar
Disposition	– logischer Aufbau, klare Strukturierung in Abschnitte, roter Faden
Argumentation	– abgeschlossene, klare Aussagen, mit Beispielen ergänzt
	– Aspekte sind so verknüpft, dass Gedankenschritte plausibel und nachvollziehbar sind
	– Umsetzung der Kernaussagen gelungen
Schluss	– Hauptaussage wird verstärkt, **letzter Satz** wirkt verstärkend (z.B. Zusammenfassung der wesentlichen Punkte, Schlussfolgerung, Ausblick)
Zeitlimite	– Vorgabezeit eingehalten, über- oder unterschritten

Sprache und Sprechen

Sprechen	– freies Vortragen (kurze Blicke ins Manuskript)
	– monoton/ausdrucksvoll, verschiedene Lautstärken (in der Regel kräftig) variierte, angenehme Sprechgeschwindigkeit, Pausen
	– klares und deutliches Sprechen, korrekte Aussprache
Sprache	– die Sprache ist der Sache und dem Publikum angemessen, die Sprache unterstützt das Verständnis und motiviert, sich auf das Thema einzulassen und dabei zu bleiben
Qualität der Formulierung	– Rhetorische Mittel abwechseln (rhetorische Fragen, Wiederholungen)
	– Kürze, Prägnanz (mit wenig Worten viel sagen)
	– Anschaulichkeit der sprachlichen Wendungen
	– kurze, klare Sätze
	– Umgang mit Schriftsprache

Auftreten

Haltung/Mimik	– die Körpersprache unterstützt das Verständnis
	– Sicherheit, Lebendigkeit, natürliches, ungezwungenes Auftreten
Gestik	– Gesprochenes mit Händen unterstützen
Blickkontakt	– mit dem Publikum in Blickkontakt sein
	– Verhalten des Publikums wahrnehmen und angemessen reagieren

Medieneinsatz

stoffgerechte Auswahl	– der Medieneinsatz stützt den Inhalt
	– verschiedene Kommunikationskanäle ansprechen (hören, sehen, fühlen)
	– illustrativer Charakter der Medien
	– Anschauungsmaterial ist übersichtlich, keine Informationsüberfülle, gut lesbar
sinnvoller Einsatz	– gezielter, dosierter und mediengerechter Einsatz der Medien
technischer Standard	– technische Geräte stehen bereit, werden kompetent bedient

Gesamteindruck

Ausgewogenheit	– die Präsentation ist in sich stimmig
	– die Einzelteile fügen sich zu einem ausgewogenen Ganzen
Pluspunkte	– aussergewöhnliche Leistungen

10. Informieren, Präsentieren, Überzeugen

Welche Medien gibt es überhaupt, die sich für den Einsatz während einer Präsentation eignen?

Ihre Präsentation können Sie mit einer Vielfalt von Medien unterstützen und bereichern. Ja, Sie können sogar mehrere Medien während einer Präsentation einsetzen. Beachten Sie aber, dass die Inhalte, die Sie vermitteln wollen, nicht unter dem Eindruck von Showeffekten leiden.

Bilder/Fotos: Man sagt, wir leben im «Bildzeitalter». Wir sind so sehr an Bildinformationen gewöhnt, dass wir sie oft zu unkritisch betrachten, ja ihre Information als selbstverständlich richtig und genau annehmen.

Vorteile: «Sich ein Bild machen» sagt am besten aus, was Bilder und Fotos leisten und warum sie in einer Präsentation nicht fehlen dürfen, denn mit ihnen kann das Wesentliche sinnhaft in den Vordergrund gerückt werden.

Nachteile: Bilder können von den weiteren Präsentationsteilen ablenken. Sie können auch von wichtigen Aspekten eines Themas wegführen, vor allem wenn sie nicht mehr im Zusammenhang mit der Präsentation stehen.

Diaprojektor: Mit ihm können tolle Bilder grossflächig projiziert werden.

Vorteile: Vor allem vor einem grossen Publikum können Sie mit schönen Bildern Freude bereiten und motivieren. Hohe Farbqualität löst Begeisterung aus.

Nachteile: Von Film und Fernsehen her sind wir verwöhnt und erwarten auch bei der Diaprojektion Überblendung und musikalische Untermalung. Eine gute Abdunkelung sichert den Erfolg der Projektion.

Film/Video: Die bewegten Bilder sprechen uns ganzheitlich an und sind sehr anschaulich.

Vorteile: Entwicklungen, Vorgänge können klar sichtbar gemacht werden, komplizierte Zusammenhänge werden durchschaubar. Die Kameras sind so bedienerfreundlich geworden, dass Sie mit ein wenig Übung einen kurzen Beitrag für Ihre Präsentation herstellen können.

Nachteile: Gewöhnt an eine gute Qualität, erwarten wir dies auch von Kurzbeiträgen.

Flipchart: Ein Flipchart eignet sich für Aufzeichnungen, die während der ganzen Präsentationszeit entwickelt werden und gut sichtbar sein sollen.

Vorteile: Teilnehmerinnen und Teilnehmer können während Ihrer Präsentation immer wieder zu den Aufzeichnungen zurückblicken. Voll beschriebene Blätter können anderenorts im Raum an einem Haftband aufgehängt werden.

Nachteile: Wenn Sie umblättern, ist die Information nicht mehr sichtbar. Das während der Präsentation Aufgeschriebene ist eventuell zu wenig leserlich gestaltet.

10. Informieren, Präsentieren, Überzeugen

Hellraumprojektor: Er eignet sich für das Projizieren von Folien (Schrift, Grafiken, Karten, Tabellen, Statistiken), auf denen sie etwas Bestimmtes zeigen wollen.

Vorteile: Vorbereitete Folien wirken professionell und können Ihre Präsentation wirksam bereichern. Sie bleiben in Blickkontakt mit den Anwesenden.

Nachteile: Zu viele Folien überfordern das Publikum, vor allem wenn Sie nicht mit einem Zeiger eine Sehhilfe anbieten. Oft wird vergessen, den Projektor wieder auszuschalten.

Modell: Als genaue Abbildung eines Sachverhalts oder einer Idee dient das Modell der Veranschaulichung.

Vorteile: Das dreidimensionale Modell stellt einen klaren Bezug zur Realität her. Dank der hohen Anschaulichkeit können Details und Funktionen wirklichkeitsnah gezeigt werden. Vor allem Laien in einem Fachgebiet bieten sich damit Übungsmöglichkeiten.

Nachteile: Der Aufwand für den Bau von Modellen ist eher gross, der Transport heikel. Sie dürfen nicht zu klein und zu kompliziert sein.

Pinnwand: Hier können Blätter für spontane Notizen angeheftet werden, besonders aber Karten mit Stichworten zur Präsentation oder mit Beiträgen aus dem Publikum.

Vorteile: Mit dem Anheften vorbereiteter verschiedenfarbiger Karten können Sie den Fortgang Ihrer Präsentation dokumentieren. Beiträge von Teilnehmerinnen und Teilnehmern können zu- und umgeordnet werden.

Nachteile: Die Vielfalt hinsichtlich Farben und Format der Karten kann allenfalls die Teilnehmerinnen und Teilnehmer überfordern.

Plakate: Mit einem Plakat vereinfachen Sie die Vielfalt eines Themas auf die wesentlichen Aussagen. Sie wollen damit Ihr Publikum für Ihre Aussage gewinnen.

Vorteile: Dank vielfältigen Gestaltungsmitteln können Sie die Teilnehmerinnen und Teilnehmer Ihrer Präsentation für Ihr Thema gewinnen. Und dank geschickter Umsetzung (Farbe, Schrift etc.) können Sie einen Akzent setzen.

Nachteile: Plakate müssen gut überlegt eingesetzt werden, dürfen nicht von der weiteren Präsentation ablenken. Trotz Vereinfachung soll ein Plakat in Ihre Botschaft hineinpassen.

Schriftliche Unterlagen: Sie können Ihre Ausführungen damit vertiefen, Einzelheiten, anspruchsvolle Zusammenhänge in der entsprechenden Präsentationsphase nachsehen lassen. Diese Unterlagen sollen ansprechend gestaltet sein.

Vorteile: In den ergänzenden Unterlagen finden sich Informationen, die das Verständnis erleichtern, Einsichten vertiefen (z.B. ein Überblick über Ihre Präsentation). Die Teilnehmerinnen und Teilnehmer können hier ihre Zusatzbemerkungen anbringen, etwa wenn auf einer Folie eine Grafik dargelegt wird.

Wenn Sie an Ihre Präsentation erinnern wollen, können Sie mit geeigneten Unterlagen, die Sie den Teilnehmerinnen und Teilnehmern im Nachhinein zusenden, viel Aufmerksamkeit gewinnen. Bedenken Sie: Wenig ist mehr.

Nachteile: Sie erwarten sicher, dass Ihre Unterlagen aufmerksam studiert werden. Daher muss gut überlegt sein, zu welchem Zeitpunkt die Unterlagen Ihre Präsentation bereichern und wann sie stören.

Tonband: Sehr eindrückliche Tondokumente wie etwa ein Ausschnitt einer Rede oder eine Interviewaussage können Ihre Präsentation bereichern.

Vorteile: Mit einem Tonbeitrag lässt sich die Gefühlswelt der Teilnehmerinnen und Teilnehmer gewinnen, so dass Ihre Präsentation ganzheitlich anspricht.

Nachteile: Die Qualität der Aufnahme und der Ausstrahlung müssen gewährleistet sein.

Wandkarten: Sie sind ein bewährtes Mittel, um auf geografische Zusammenhänge hinweisen zu können.

Vorteile: Die hohe Druckqualität von Wandkarten ermöglicht genaue Hinweise und Erklärungen. Auf einigen Wandkarten lassen sich sogar Entwicklungen in bestimmten Sachbereichen verfolgen.

Nachteile: Die Grösse der Wandkarten verunmöglicht oft, weitere Darstellungsmittel einzusetzen. Und da Sie – einmal aufgehängt – nicht rasch wieder entfernt werden können, ziehen sie die Aufmerksamkeit der Teilnehmerinnen und Teilnehmer Ihrer Präsentation zu sehr auf sich.

Schreibtafel: (Black- und Whiteboard): Sie ist Ihnen aus der Schulzeit bekannt und dient Ihnen als grossflächige Notizfläche.

Vorteile: Sie lässt sich einfach beschriften, Notizen können leicht korrigiert oder auch wieder ausgewischt werden. Oft lassen sich hier mittels Magneten Bilder, Karten usw. anheften.

Nachteile: In der Eile müssen Sie auf gute Leserlichkeit Ihrer Schrift achten.

Gruppenpräsentation

Sie präsentieren nicht allein, sondern mit anderen zusammen und teilen sich in der Arbeit und Verantwortung. Dies kann zur Lebendigkeit und Vielfalt beitragen, muss aber gut abgesprochen sein. Je nach besonderen Fähigkeiten der Präsentierenden gilt das in diesem Kapitel Geschriebene auch für die Gruppenpräsentation. Mit Vorteil sind alle von Beginn weg an der Vorbereitung beteiligt und so mit dem Verlauf der Präsentation vertraut. Und wie bei der Einzelpräsentation gilt auch für die Gruppenpräsentation: Ein Übungsdurchgang verschafft Ihnen Sicherheit.

Nach der Präsentation
Informationen besprechen, Meinungen diskutieren, Entscheidungen fällen

Die Präsentation ist vorbei und – sofern Sie dies nicht schon während der Präsentation erwünscht haben – Ihre Informationen, Gedanken, Behauptungen, Schlüsse stehen nun zur Diskussion. Die Austauschphase ist ein wichtiger Teil Ihrer Präsentation. Dies bedeutet, dass Sie sich

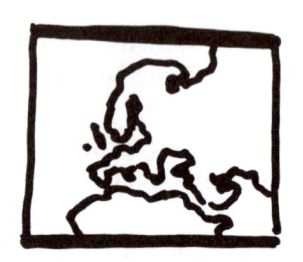

10. Informieren, Präsentieren, Überzeugen

auch dafür gut vorbereiten müssen. Sie werden ja die Zuhörenden während Ihrem Vortrag beobachtet haben und können diese entsprechend ihren Reaktionen ansprechen, denn einige werden zustimmend genickt haben, andere auch einmal ablehnend den Kopf geschüttelt haben. Nun können Sie auf die Bedürfnisse der Teilnehmerinnen und Teilnehmer eingehen, gleichzeitig können Sie das Ziel Ihrer Präsentation weiter verfolgen:

Wenn Sie auf Verständnisfragen eingehen, können Sie weitere Einzelheiten nachreichen und auch Kritik in Ihre Präsentation einbauen.

Um das Gespräch in Gang zu bringen, empfiehlt es sich, einige Fragen vorbereitet zu haben. So können Sie Ihre Präsentation auch in die gewünschte Richtung steuern. Damit allerdings ein gleichberechtigter Meinungsaustausch stattfinden kann, sollte ein Diskussionsleiter das Gespräch führen.

Damit einzelne Fragen, wesentliche Diskussionspunkte nicht vergessen gehen, sollten sie für alle sichtbar auf einem Flipchart notiert werden. Am Schluss der Diskussion ist so ein Rückblick möglich, der es erlaubt zu prüfen, ob alle Aspekte Ihrer Präsentation kritisch überdacht wurden.

Wie ein Kurzvortrag, eine Präsentation beurteilt wird
Ihren Kurzvortrag beurteilen die Zuhörerinnen und Zuhörer auch im Zusammenhang mit der nachfolgenden Diskussionsrunde.

Beurteilungskriterien finden Sie in der Checkliste zur Vorbereitung/ Bewertung, S. 111.

Anhang A

1. Motivation

Ausschnitt aus einem Lernförderprogramm
Ursachenzuschreibungen
Es gibt einen weiteren Wissensbereich, welcher darüber mitentscheidet, ob wir etwas lernen oder nicht. Es handelt sich um persönliche Theorien darüber, warum wir in einem Gebiet Erfolg oder Misserfolg haben. Erfolg und Misserfolg lassen sich nämlich unterschiedlichen Ursachen zuschreiben. Dass wir z.B. in einer Prüfung schlecht oder gut abgeschnitten haben, können wir uns folgendermassen erklären:

a) Ich hatte Pech/Glück; die Lehrperson mag mich nicht/mag mich besonders gut, b) ich bin eben in diesem Fach unbegabt/begabt, c) die Aufgabe war sehr schwierig/sehr leicht; die Lehrperson hat sehr streng korrigiert/sehr grosszügig korrigiert, d) ich habe die Prüfung zu wenig vorbereitet/genügend vorbereitet.

Die Ursachen a) und c) haben nichts mit unserer Person zu tun. Wir nennen sie deshalb äussere Ursachenzuschreibungen.

Die Ursachen b) und d) betreffen unsere eigene Person. Deshalb nennen wir sie innere Ursachenzuschreibungen. Es kommt also darauf an, ob wir die Ursachen für Erfolg oder Misserfolg bei uns selbst oder ausserhalb von uns suchen.

Die Ursachen a) und b) können nicht beeinflusst werden. Wenn die Lehrperson mich nicht mag, dann kann ich nichts dagegen tun, und wenn ich für ein Fach nicht begabt bin, so kann ich das nicht ändern. So denken die meisten von uns. Demgegenüber können die Ursachen c) und d) sich von Fall zu Fall ändern. Ob die Ursache d) sich ändert, hängt sogar einzig und allein von mir selbst ab. Wenn ich zugebe, dass ich eine schlechte Prüfung durch mangelnde Vorbereitung verschuldet habe, dann weiss ich genau, welche Konsequenzen ich zu ziehen habe. Nur eben, damit sind wir wieder bei den Gefühlen, die das Lernen so sehr beeinflussen, und das nicht nur im guten Sinn. Es fällt uns leichter, einen Misserfolg mit Ursachen zu erklären, die nichts mit unserer Person zu tun haben. Wir sehen uns eben lieber in der Rolle des Opfers als in derjenigen des Schuldigen. Und es fällt uns auch leichter, einen Misserfolg solchen Ursachen zuzuschreiben, welche wir nicht beeinflussen können. Eine derartige Ursachenzuschreibung hilft Schuldgefühle vermeiden. Leider führt aber nur die Erklärung d) zu vermehrten Anstrengungen und damit längerfristig zum Erfolg.

Manche mögen das alles im Prinzip einsehen, aber für ihren persönlichen Fall glauben sie doch eben an Pech, mangelnde Begabung und Lehrpersonen, welche sie nicht mögen, zu strenge Prüfungen machen und diese dann erst auch noch zu streng korrigieren. Solche Leute haben tief in sich verborgen ein Gefühl der Hilflosigkeit. Dieses Gefühl lässt keine vernünftigen Überlegungen zu, es überwuchert alle Argumente. Ein solches allgemeines Gefühl von Hilflosigkeit wurde irgendwann in der Entwicklung gelernt. Es ist möglich, dass es im Leben dieser Person eine Periode gab, in welcher sie das Gefühl hatte, dass sie machen kann, was sie will, es geht sowieso schief. War sie traurig, dann wurde ihr gesagt, sie solle nicht so ein griesgrämiges Gesicht machen, war sie fröhlich, dann sollte sie gescheiter besser aufpassen. Psychologen sprechen in diesem Fall von gelernter Hilflosigkeit.

Anhang A

Glücklicherweise können wir Urteile, die wir über uns selbst oder über andere Personen im Laufe unserer Entwicklung gebildet haben, aufgrund von neuen Erfahrungen verändern. Das gilt auch, wenn diese Urteile sich zu verfestigten Einstellungen, zu stereotypen Vorurteilen entwickelt haben. Das Gefühl der gelernten Hilflosigkeit beruht auf negativen Vorurteilen über uns und unsere Situation. Es kann nur geändert werden, wenn wir sehr viele und intensive günstige neue Erfahrungen machen, und zwar ohne dass diese dauernd durch neue ungünstige Erfahrungen getrübt werden. Menschen mit gelernter Hilflosigkeit müssen die Chance haben, sich wenigstens in einem Bereich ganz neu und positiv zu erleben.

Viele Schüler mit Schwierigkeiten im Lernen haben der Schule gegenüber ein solches Gefühl der Hilflosigkeit. Und alles, was an Schule erinnert, löst dieses Gefühl von neuem aus. Für solche Schüler können die Delv-Übungen eine Chance darstellen, sich neu und positiv zu erleben. Um zu vermeiden, dass durch schulische Inhalte gelernte Gefühle der Hilflosigkeit ausgelöst werden, haben wir für die Delv-Übungen keine schulischen Inhalte gewählt. Wenn Sie in der Vergangenheit schulische Misserfolge gehabt haben und sich deshalb für unbegabt halten, dann versuchen Sie jetzt, dieses Vorurteil sich selbst gegenüber zu ändern.

Machen Sie mit den Delv-Übungen neue positive Erfahrungen. Wenn Sie sich in die Übungen vertiefen, werden Sie plötzlich feststellen, dass Sie diese genauso gut gut lösen können wie Ihre scheinbar begabteren Kolleginnen und Kollegen. Sagen Sie dann nicht einfach, Sie hätten jetzt eben zufällig Glück gehabt oder die Aufgaben seien eben sehr leicht gewesen. Haben Sie den Mut, durch diese neue Erfahrung Ihr negatives Urteil sich selbst gegenüber zu verändern. Sagen Sie ganz einfach: Ich habe mich getäuscht. Ich bin genauso begabt wie die anderen.

Aus: Büchel, Fredi P.; Büchel, Patrik: DELV. Das eigene Lernen verstehen. Ein Programm zur Förderung des Lernens und Denkens für Jugendliche und Erwachsene. Sauerländer, Aarau 1997

Aufgabe 1.1
Motivationsstörungen
a) Finden Sie für konkrete Lernsituationen (Schulstunde, Prüfungsvorbereitung) die drei Motivationsstörungen heraus, die Sie am meisten ablenken.
b) Notieren Sie Möglichkeiten, wie Sie diese Ablenkungen überwinden oder positiv umfunktionieren können.

Aufgabe 1.2
Motivation für die konkreten Lernaufgaben klären
Notieren Sie die verschiedenen Lerninhalte/Arbeiten (Fächer, Fachgebiete, Fachunterricht, Arbeitsbuch führen usw.), die Sie sich in der Schule oder je nach Ausbildung in Ihrem Betrieb für Ihre Ausbildung aneignen oder die Sie ausführen müssen.
a) Schreiben Sie sich zu jedem Gebiet die Lernziele auf.
b) Untersuchen Sie die verschiedenen Lerninhalte/Arbeiten mit einem

Anhang A

Fragenkatalog:
- Habe ich mich klar entschieden, was ich lernen will?
- Ist mir das Ziel und der Sinn des Lernstoffs klar?
- Wie kann ich mich motivieren, eine Aufgabe positiv anzugehen?

Formulieren Sie weitere Fragen. Besprechen Sie sich mit Ihren Lehrpersonen und mit anderen Lernenden.

Repetitionsaufgabe 1

Kontrollieren Sie, ob Sie die einzelnen Hinweise zur Motivation nicht nur gelesen, sondern auch im Hinblick auf Ihre persönliche Situation überdacht haben. Lesen Sie dazu jede Überschrift des «Inhaltlichen Überblicks», und notieren Sie zu jeder mindestens eine konkrete Handlungsanweisung, die Sie beim Lernen beachten werden.

Unter «Lösungsvorschläge zu den Aufgaben und Repetitionsaufgaben», S. 143, finden Sie eine Musterlösung.

Literaturtipps

- Buzan, Tony: Kopftraining. Anleitung zum kreativen Denken. Tests und Übungen. Goldmann-Verlag, München 1984
- Ott, Ernst: Das Konzentrationsprogramm: Konzentrationsschwäche überwinden – Denkvermögen steigern. Verlag Rowohlt, Hamburg 1987
- Vollmer, Günter; Hoberg, Gerrit: Top-Training. Lern- und Arbeitsstrategien. Behalten – Verarbeiten – Anwenden. Verlag Klett, Stuttgart 1988

2. Arbeitstechnik in der Schule und zu Hause
Aufgabe 2.1
Wochenplan als Freizeitmacher

Der Freizeitforscher H. Opaschowski kennzeichnet die Gesamtlebenszeit eines Menschen als Einheit von drei Zeitabschnitten. Je nach dem Grad an freier Verfügbarkeit über Zeit und entsprechender Wahl-, Entscheidungs- und Handlungsfreiheit unterscheidet er die Determinationszeit, die Obligationszeit und die Dispositionszeit. **Determinationszeit** liegt immer dann vor, wenn das Individuum in der Ausübung einer Tätigkeit zeitlich, räumlich und inhaltlich festgelegt ist. Von **Obligationszeit** kann man sprechen, wenn das Individuum sich zu einer bestimmten Tätigkeit verpflichtet fühlt, sei es aus beruflichen, familiären, sozialen oder politischen Gründen. Als **Dispositionszeit** schliesslich können Zeitabschnitte bezeichnet werden, über die das Individuum räumlich, zeitlich und inhaltlich frei verfügt (selbstbestimmte Zeit).

Ordnen Sie Ihren Wochenplan einmal nach diesen drei verschiedenen Zeitbereichen. Nachdem Sie eine Übersicht auf Grund Ihres Wochenplans gewonnen haben, überlegen Sie, welche der Zeitbereiche Sie rasch eintragen konnten und wo Sie vorerst genauer überlegen mussten. Wie ist das für Sie? Sind Sie fremdbestimmt? Glauben Sie, selbst über Ihre Zeit bestimmen zu können? (Kein Lösungsvorschlag)

Anhang A

Aufgabe 2.2
Persönliche Leistungskurve
Zeichnen Sie so genau wie möglich Ihre persönliche Leistungskurve während eines Tagesablaufs auf. Sie kann Ihnen Hinweise geben, wie Sie Ihren Tagesplan optimal gestalten.

Aufgabe 2.3
Arbeitsplatzgestaltung
Skizzieren Sie Ihren Arbeitsplatz, und beschriften Sie die einzelnen Gegenstände. Berücksichtigen Sie dabei die Umstände bei Ihnen zu Hause. Vergleichen und besprechen Sie Ihre Zeichnung mit denen Ihrer Mitschülerinnen und Mitschüler. (Kein Lösungsvorschlag)

Aufgabe 2.4
Lösen mathematischer Aufgaben
1. Halten Sie sich beim Lösen der nachstehenden Aufgabe ganz genau an das vorgestellte Schema zum Lösen mathematischer Aufgaben:
   Ein Geläute hat fünf Glocken. Die mittlere wiegt 600 kg. Sie ist 400 kg leichter als die zweite und 200 kg schwerer als die vierte. Die grösste Glocke wiegt siebenmal mehr als die kleinste, welche 153 kg schwer ist. Wie schwer ist das ganze Geläute?
2. Lesen Sie die Aufgabe dreimal ganz konzentriert durch.
   Notieren Sie: Was ist gesucht?
   Schätzen Sie das Resultat.
3. Die Aufgabe ist hier etwas erleichtert. Tragen Sie in der folgenden Darstellung das Gewicht der Glocken ein.

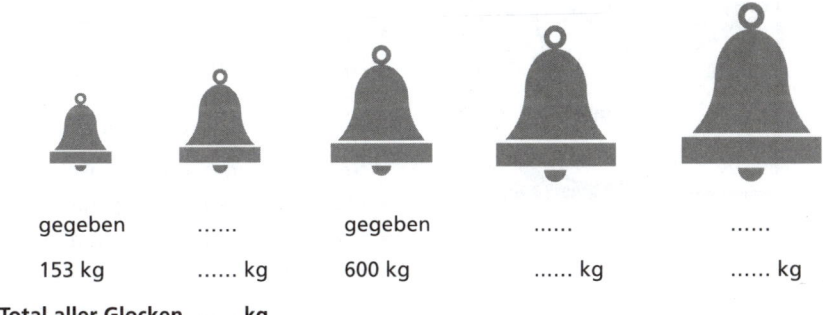

gegeben	......	gegeben	......	......
153 kg	...... kg	600 kg	...... kg	...... kg

Total aller Glocken ...... kg

4. Kontrollieren Sie nochmals alle Zahlen. Kontrollieren Sie alle Ausrechnungen.

Repetitionsaufgabe 2
Kontrollieren Sie, ob Sie die einzelnen Arbeitstechniken nicht nur gelesen, sondern auch im Hinblick auf Ihre persönliche Lernarbeit überdacht haben. Lesen Sie dazu jede Überschrift des «Inhaltlichen Überblicks», und notieren Sie zu jeder mindestens eine konkrete Handlungsanweisung, die Sie beim Lernen beachten werden.

Unter «Lösungsvorschläge zu den Aufgaben und Repetitionsaufgaben», S. 144, finden Sie eine Musterlösung.

Anhang A

Literaturtipps
- Kaiser, Lothar: AHA - so lernt man. Arbeitsheft mit einfachen und elementaren Lerntipps und Anregungen für eine Verbesserung der Lerntechnik. Comenius-Verlag, Hitzkirch 1998
- Kugemann, Walter F.: Lerntechniken für Erwachsene. Rororo, Reinbek bei Hamburg 1986
- Mantel, Manfred: Effizienter lernen. Heine Verlag, München 1990
- Schräder-Naef, Regula D.: Der Lerntrainer für die Oberstufe. Beltz Verlag, Weinheim und Basel 1992
- Vollmer, Günter; Hoberg, Gerrit: Top-Training. Lern- und Arbeitsstrategien. Behalten – Verarbeiten – Anwenden. Verlag Klett, Stuttgart 1988

3. Die Funktionsweise des Gehirns
Aufgabe 3.1
Von der Wahrnehmung zum Gedächtnis

Bringen Sie die folgende Liste mit Begriffen zum Thema «Von der Wahrnehmung zum Gedächtnis» in eine sinnvolle Ordnung. Unter «Lösungsvorschläge zu den Aufgaben und Repetitionsaufgaben», S.145, finden Sie eine Musterlösung.

- Art der Speicherung: akustisch und visuell
- Art der Speicherung: zusammen geschaltete Neuronenbahnen
- Art der Speicherung: physikalisch
- Kurzzeitgedächtnis
- Langzeitgedächtnis
- Speicherdauer: Sekundenbruchteile
- Speicherdauer: ca. drei Sekunden
- Speicherdauer: lebenslang
- Speicherkapazität: sehr gross
- Speicherkapazität: sieben Objekte
- Speicherkapazität: fast unbegrenzt
- übernimmt Sinneswahrnehmungen
- übernimmt Informationen, die in Sprache umgesetzt und innerlich leise wiederholt werden
- übernimmt Informationen, die mehrmals wiederholt werden
- Ultrakurzzeitgedächtnis

Aufgabe 3.2
Testen Sie Ihr Gedächtnis

Mit einem Test können Sie die individuelle Verweildauer unzusammenhängender Informationen im Ultrakurzzeit- und Kurzzeitgedächtnis erfahren. Zusätzlich erfahren Sie eine Methode, wie Sie die individuelle Aufnahmefähigkeit Ihres Gehirns richtig einsetzen. Der Test dauert rund zwanzig Minuten.

Sie brauchen eine Person, die den Test mit Ihnen durchführt. Die Angaben für die Durchführung und Auswertung des Tests befinden sich im Anhang B unter «Lösungsvorschläge zu den Aufgaben und Repetitionsaufgaben», S. 145, und sind nur für die prüfende Person bestimmt. Falls Sie den Test durchführen wollen, dürfen Sie diese Angaben nicht lesen.

Anhang A

Der Filmtipp zur Thematik:
Blick ins Gehirn
Der Inhalt des 3. Kapitels «Die Funktionsweise des Gehirns» wird ausgezeichnet illustriert im 18-minütigen Videofilm von Frederik Vester «Blick ins Gehirn». Wenige Details entsprechen zwar nicht mehr ganz der modernen Forschung, trotzdem ist der Film empfehlenswert für die Vertiefung der Kenntnisse über Gehirn und Lernen.

Der Filmablauf
I. Gehirnverdrahtung
– In der Welt der Gehirnzellen (kurz vor der Geburt)
– Die Entwicklung des Gehirns in den ersten Lebenswochen
– Einflüsse der Umwelt und ihre Folgen für die Gehirnentwicklung
– Stadien der Gehirnverdrahtung (mikroskopisch gesehen)
II. Denkblockaden
– Denkblockaden durch Angst
– Mikrodimension des erwachsenen Gehirns
– Prinzip der Informationsleitung
– Funktion der Synapsen, Synapsenblockaden
– Ablauf des Stressmechanismus
– Denkblockaden als Überlebenshilfe der Natur
– Demonstration der Abhängigkeit des Gedächtnisses vom hormonellen Geschehen
III. Stufen des Gedächtnisses (z. T. veraltete Theorie)
– Wahrnehmung einer Information
– Ultrakurzzeitgedächtnis
– Einstieg in die Dimension der DNA
– Übergang ins Kurzzeitgedächtnis und Informationsspeicherung
– Fixierung im Langzeitgedächtnis durch Protein-Synthese und -Ablagerung
– Die Aufgaben der verschiedenen Gedächtnisstufen
– Ursachen des Vergessens

Ergänzende Informationen zum Film
I. Gehirnverdrahtung
• In der Welt der Gehirnzellen (kurz vor der Geburt)
Um bei der grossen Dichte übereinandergepackter Gehirnzellen überhaupt etwas zu sehen, werden Ultradünnschnitte aus bestimmten Gehirnpartien angefertigt. Ein winziger Ausschnitt aus dem grossen Netz wird sichtbar: Fünfzehn Milliarden Nervenzellen (Neuronen), die untereinander mit der noch einmal zehntausendfachen Zahl von Querverbindungen zu einem komplizierten Netz verfasert sind und auch noch über einen unbekannten Code in einer Art Resonanz stehen. Die weisse Gehirnsubstanz besteht aus den mit weissen Zellen umhüllten Fasern, welche die verschiedenen Regionen der grauen Masse miteinander sowie mit dem Rückenmark und beispielsweise mit unseren Organen verbinden.

Bei einer Vergrösserung von 1:10 000 und mehr entdecken wir überall Kontaktstellen zu anderen Neuronen, die mit dieser einen Zelle in Verbindung stehen. Ein einziges Neuron kann auf diese Weise über

Anhang A

1 000 Zuleitungen empfangen, von denen jedoch ein kleiner Teil fest verschmolzen ist.

- Die Entwicklung des Gehirns in den ersten Lebenswochen
Bis zur Geburt ist der grösste Teil des menschlichen Gehirns ausgebildet. Die restlichen Zellen und ihre festen Verknüpfungen entstehen in der kurzen Periode der ersten Wochen und Monate nach der Geburt. Damit ist dann das eigentliche Gehirnwachstum abgeschlossen.

Dieser gegenüber den anderen Organen erstaunlich frühe Stopp jeder Zellteilung ist die einzige Garantie dafür, dass Lebewesen überhaupt lernen können. Denn wenn sich die Zellen unseres Gehirns genauso ständig teilen würden wie etwa die Zellen unserer Muskulatur oder unserer Haut, dann würden in der gleichen Zeit auch entsprechend viele Zellen absterben und mit ihnen ginge die ganze gespeicherte Information verloren. Denn bei jeder Zellteilung wird zwar die in der Desoxyribonucleinsäure (DNA) gespeicherte Erbinformation, nicht aber das neu Hinzugelernte als Information weitergegeben.

- Einflüsse der Aussenwelt und ihre Folgen für die Gehirnentwicklung
Die frühen Informationen durch unser erstes Tasten, Riechen, Schmecken, Fühlen sind ganz ähnlich wie die Erbinformationen fest gespeichert, fester als die meisten späteren bewussten Erinnerungen.

Damit das Gehirn aber überhaupt damit beginnen kann, das erste Wort, den ersten Eindruck der äusseren Welt zu speichern und wiederzufinden, muss zunächst ein Grundgerüst aus fest verbundenen Fasern gebildet werden, an dem sich die späteren Informationen befestigen. Ein Teil dieser Verknüpfungen ist schon vor der Geburt durch unsere Gene festgelegt.

- Stadien der Gehirnverdrahtung (mikroskopisch gesehen)
Die restlichen Verknüpfungen werden in den ersten Lebensmonaten vollendet. Die Zellen wachsen nun je nach der vorhandenen Umwelt anders. Es ist dies die einzige Zeit, in der sich die äusseren Einflüsse direkt in der Ausbildung des Gehirns niederschlagen können.

Die ersten Hinweise darüber, wie äussere Einflüsse die Gehirnzellen dazu anregen, ihre Fortsätze unterschiedlich auswachsen zu lassen und unter Tausenden von Partnerzellen ganz bestimmte zur Verknüpfung auszusuchen, kamen von Tierexperimenten.

So stellte man fest, dass bei Ratten während der ersten zwei Wochen nach der Geburt jede Nervenzelle im Sehzentrum ihres Gehirns etwa vierzehn Kontakte mit anderen Nervenzellen besitzt. Sobald die Ratten jedoch die Augen öffnen – sie werden ja blind geboren –, kommt es zu einer explosionsartigen Entwicklung.

Die Zahl der Kontakte steigt innerhalb weiterer Wochen auf ca. 8 000 pro Zelle an. Wenn man jedoch Ratten weiterhin blind hält, indem man ihnen die Augen verbindet, so bleibt die Zahl dieser Kontakte so niedrig wie am Anfang. Ja, öffnete man ihnen einige Monate später die Augen, dann war der Verlust nicht mehr nachzuholen, die Ratten blieben blind.

Erstaunlich ist nun, dass auch die späteren hormonellen Reaktionen schon durch die ersten Gefühlseindrücke sehr früh festgelegt werden. An Ratten zeigte man, dass eine gewisse Stresserfahrung in den ersten Lebenswochen insofern Weichen für das weitere Verhalten stellte, als die Tiere im späteren Leben mit Stresssituationen besser fertig wurden.

Das gleiche gilt auch für die chemischen Einflüsse und damit für die Nahrung und die eingeatmete Luft. Zuviel Sauerstoff etwa (wie er z. B. bei Frühgeburten im Sauerstoffzelt auftreten könnte) verlangsamt die Teilungsrate der gerade zu dieser Zeit besonders stark wachsenden Gehirnzellen und führt zu kleineren Gehirnen (im Rattenexperiment zu einer um sieben Prozent verminderten Zahl der Gehirnzellen).

Die Wahrnehmungsmuster sind von Familie zu Familie, von Sozialstatus zu Sozialstatus, von Volk zu Volk und erst recht von Kultur zu Kultur sehr verschieden.

Aber nicht nur die Eindrücke unserer fünf Sinne legen in dieser Zeit von Kind zu Kind unterschiedliche Muster für spätere Denk- und Auffassungsweisen fest. Mindestens ebenso entscheidend und eingreifend ist natürlich die Nahrung. Amerikanische Forscher haben an einer grossen Zahl von Kindern in hungernden Ländern über längere Zeit untersucht, wie sich eine chronische Unterernährung auf die geistige Entwicklung auswirkt. Kinder, die ständig zu wenig zu essen hatten, wiesen einen wesentlich geringeren Intelligenzgrad auf als Kinder der gleichen Bevölkerungsgruppe, die täglich satt wurden. Anderseits dürften Überfütterung und übertriebene Eiweisszufuhr – gemessen an der Muttermilch – ebenso abträglich sein. Es ist eben doch wichtig, ob eine Mutter dem Baby die Brust gibt oder nicht und welche Atmosphäre den Säugling umgibt, einfach, weil das Gehirn alles aufnimmt und speichert, und zwar in gewisser Weise tiefer, wenn auch undeutlicher als je in seinem späteren Leben. Liebe und Wärme dürften in dieser ersten Lebensphase, in der sich feste Neuronenbahnen zu einem Grundmuster von Assoziationen ausbilden, wo man ein Baby aber oft noch als stumpfsinnig einstuft, mindestens ebenso wichtig sein wie in späteren Altersstufen.

Damit werden auch von der rein biologischen Seite her die Beobachtungen der Psychologen bestätigt.

II. Denkblockaden
- Denkblockaden durch Angst
- Mikrodimension des erwachsenen Gehirns
  In den Zellkörpern der Neuronen wird ein Protein- oder Peptidmolekül gebildet, welches dem Axon entlang wandert. Proteine und Peptide bestehen aus verknäuelten Aminosäureketten. Ein Peptid ist lediglich ein kleines Protein aus einigen hundert Aminosäuren. Ein solches Eiweissmolekül bestimmt dann, mit welchen anderen Neuronen die Verbindung hergestellt wird. Man nennt diese Eiweissmoleküle daher auch «Erkennungsmoleküle». Fast alle gegenwärtig durch Experimente gewonnenen Erkenntnisse über die Entwicklung des Gehirns stimmen mit diesem Modell überein.
- Prinzip der Informationsleitung
  Und nun zu den Kontaktstellen. Die meisten von ihnen sind nicht fest «verlötet», sondern entsprechen kleinen Schaltern, die erst auf bestimmte Signale den Kontakt herstellen oder unterbrechen: Die Signale selbst

Anhang A

werden wahrscheinlich über einen bestimmten Code mit den in köpfchenartigen Schaltern, den Synapsen, abgelagerten chemischen Substanzen ausgelöst.

- Funktion der Synapsen, Synapsenblockaden
Synapsen sind winzig kleine Köpfchen an den Endungen von verzweigten Nervenfasern. Bei höheren Wirbeltieren, und so auch beim Menschen, liegt zwischen den Endköpfchen der Nervenfasern und der Membran des anliegenden Neurons ein Spalt, der die miteinander in Kontakt stehenden Fasern voneinander trennt, solange der Schalter auf «aus» steht. Wird auf «an» geschaltet, so wird der Spalt durch chemische Übertragungssubstanzen, sogenannte Transmitter, überbrückt. Diese Übertragung geschieht – zumindest bei diesen Synapsen – nur in einer Richtung, von der Synapse zur angrenzenden Nervenzelle.

Welche Rolle spielen nun die Synapsen? Wir kennen im Wesentlichen zwei Aufgaben: Erstens übernehmen sie die Signalübermittlung und zweitens einen Teil der Informationsspeicherung des Gedächtnisses. Denn auch in ihnen sind Erkennungsmoleküle abgelagert, die darüber entscheiden, ob die Synapse auf «an» schaltet oder nicht.

Wenn wir eine Synapse betrachten, dann sehen wir dort eine ganze Reihe kleiner Bläschen. In ihnen sind die Transmitterstoffe gespeichert. Läuft nun eine Erregung durch das Axon bis in die Synapsen, dann platzen die Bläschen und geben die Transmittersubstanz frei. Sie wandert in den Spalt und erhöht in der gegenüberliegenden Wand der Nervenzelle oder einer ihrer Verzweigungen die Durchlässigkeit für bestimmte Ionen. So entsteht dort ebenfalls ein elektrischer Impuls, der Kontakt wird geschlossen, und die Information kann weiterlaufen. In der Synapse werden sofort wieder neue Bläschen aufgebaut, um für ein nächstes «Feuern» bereit zu sein. Ein ständiger Nachschub ist also erforderlich.

Etwa fünfhundert Billionen solcher Schaltstellen sorgen dafür, dass wir gezielt denken und uns erinnern können und dass wir z. B. nicht gleichzeitig alle die Erinnerungen unseres ganzen Lebens gegenwärtig haben, sondern dass wir durch wenige «passende» Gedankenverbindungen immer nur ganz bestimmte Erinnerungen abrufen.
- Ablauf des Stressmechanismus, sein Zusammenhang mit der Synapsenfunktion
- Denkblockaden als Überlebenshilfe der Natur
In vielen Fällen – je nach der persönlichen Struktur und dem Grundmuster des Menschen – setzt der in vielen hunderttausend Jahren genetisch in uns verankerte Stressmechanismus ein, der zwar schlagartig die Energiereserven unseres Körpers mobilisiert, jedoch zu ganz anderen Zwecken als zum Lernen. Im Gegenteil! Die Stressreaktion erfolgt auf jeden Fall auf Kosten des Lernens und Denkens, und zwar ganz im Sinne der Natur. Denn in solchen Fällen sollen andere, weit schnellere Reaktionen als das Denken ablaufen, damit wir im Kampf ums Überleben bestehen können. Denkblockaden also zugunsten reflexartiger Körperreaktionen.
- Demonstration der Abhängigkeit des Gedächtnisses vom hormonellen Geschehen
In vielen Fällen – ob beim Aufrufen in einer Prüfung, bei der ersten

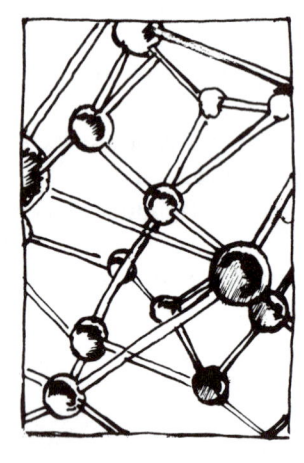

Panik, wenn ein Feuer ausbricht oder bei einem unerwarteten Geräusch in der Dunkelheit – wird das Denken zunächst blockiert. Erst später, beim Nachlassen des ersten Schrecks und Absinken des Adrenalinspiegels, kann es wieder einsetzen.

Das Gleiche gilt auch für das Lernen. Bei schwer verständlichen, abstrakten Texten signalisiert das Gehirn: unbekannt, feindlich – Vorsicht. Die befremdlichen Worte werden über das Ohr in bestimmten Gehirnzellen registriert. Die unbewusste Begleitinformation «Das ist alles unverständlich» wird an den Hypothalamus weitergeleitet, der darauf Impulse über den Sympathikus zur Nebenniere und in bestimmte Hirnregionen schickt. Prompt reagieren Drüsenzellen mit Ausschüttung der Stresshormone Noradrenalin und Adrenalin. Erröten, beschleunigter Puls oder Muskelverspannungen deuten auf eine leichte Stressreaktion. Der Hormonspiegel steigt weiter an, auch im Gehirn, wo unsere Synapsen als Schaltstellen arbeiten. Ihre Schaltfähigkeit wird vermindert, das Gehirn kann nun auch vertraute Informationen nicht mehr richtig aufnehmen, assoziieren und speichern. Denkblockade! Da hilft auch kein Wollen. Im Gegenteil: Gewaltanstrengung kann die Denkblockade und Frustration nur noch verstärken. Welche Möglichkeiten haben wir, die natürlichen Denkblockaden gegen neuen Unterrichtsstoff zu vermeiden? Befolgen wir eine Grundforderung der Didaktik: das rein begriffliche Lernen dadurch zu ergänzen, dass man andere Sinnesorgane mit einbezieht, um den Stoff über möglichst viele Eingangskanäle fassbar zu machen.

III. Stufen des Gedächtnisses
- Wahrnehmung einer Information
  Jede unserer Zellen hat in ihrem Kern eine Art Gedächtnis: Es ist die in unseren Genen gespeicherte Erbinformation, die zahlreiche Lebensvorgänge in unserem Körper steuert. Dieses Mikrogedächtnis der Zellkerne ist in den Nukleinsäuren der Zellkerne wie die Buchstaben und Worte einer grossen und doch winzig kleinen Bibliothek fest gespeichert.

  Von dort können die so niedergeschriebenen Befehle und Programme je nach Bedarf von jeder einzelnen Zelle abgerufen werden, so wie wir das im grossen Gehirn mit unseren Gedanken machen.
- Ultrakurzzeitgedächtnis
- Einstieg in die Dimension der DNA
  Beim Lernvorgang im Innern der Gehirnzellen werden von bestimmten Seiten unserer «Lebensbibliothek», das heisst von bestimmten Abschnitten der spiraligen Nukleinsäure, «Negative» gebildet aus vielen Molekülen, die sich wie Buchstaben aus einem Setzkasten daran anordnen.

  Diese «Negative» bestehen aus Ribonukleinsäure, die man abgekürzt RNA nennt, und die wie der Lochstreifen eines Computerprogramms das jeweilige Arbeitsprogramm in der normalen Zelle weiterleitet. Dazu ordnen sich an einer solchen RNA-Matrize zunächst verschiedene Aminosäuremoleküle in der vorgeschriebenen Reihenfolge an. Sie werden anschliessend in einer kleinen Knüpfmaschine (Ribosom) regelrecht aneinandergeknotet. So entstehen aus Aminosäuren

Anhang A

lange Proteinketten, während die RNA-Matrize wieder zerfällt. Es wird angenommen, dass dies auch beim Lernen in unseren Gehirnzellen geschieht.

Da sich eine Gehirnzelle jedoch nicht mehr teilt, nicht mehr wächst und sich auch nur an wenigen Stoffwechselreaktionen beteiligt, wird sie die Proteine an bestimmten Stellen ablagern. Damit deponiert sie sie aber bereits als ruhende Informationsspeicher, als Erkennungsmoleküle, die durch gezielte Signale wieder aktiviert werden können und damit auch ihre Gehirnzelle aktivieren, ihrerseits Signale auszusenden. Auf diese Weise werden alle diese Zellen gezielt abrufbar.

- Übergang ins Kurzzeitgedächtnis und Informationsspeicherung durch RNS-Synthese
- Fixierung im Langzeitgedächtnis durch Proteinsynthese und Ablagerung
- Die Aufgaben der verschiedenen Gedächtnisstufen
  Gleichzeitig hätten wir damit eine der plausibelsten Erklärungen für das Wesen der Kurzzeit- und Langzeit-Speicherung gefunden: Vor dem Abklingen des Ultrakurzzeit-Gedächtnisses würde dessen Information von der Kurzzeit-Speicherung übernommen. Diese ist mit der Herstellung einer RNS-Matrize verknüpft, was etwa zwanzig Minuten dauert. Die Matrize würde dann wieder zerfallen. Bis dahin muss sie ihre Information zur Langzeit-Speicherung durch Bildung bestimmter Proteine wiedergegeben und fest eingelagert haben.

  Aus der unterschiedlichen Eigenart von Kurzzeit- und Langzeit-Gedächtnis erklärt sich auch, dass Vergessen und Vergessen nicht das Gleiche sind, dass es eigentlich zweierlei Arten von Vergessen gibt: das völlige, unwiderrufliche Vergessen, welches in das Ausklingen des Ultrakurzzeit-Gedächtnisses und an den Zerfall der RNA des Kurzzeit-Gedächtnisses geknüpft ist – und dann das «Nichtwiederfinden» von irgendwo gespeicherten, aber zugeschütteten oder durch blockierte Schalter abgeschnittenen Informationen.
- Ursachen des Vergessens
  Durch bestimmte spätere, vor allem stressartige Erlebnisse können ganze Gruppen von Synapsen blockiert werden, indem die Transmittertätigkeit gestört wird. Wir erinnern uns, dass es die Transmittersubstanzen sind, welche die Impulse von einer Nervenzelle zur anderen übertragen. Das geschieht freilich alles unbewusst, wir merken davon nichts. Bewusst wird uns nur, dass wir uns nicht mehr erinnern können.

  So unangenehm dieses Vergessen auch manchmal sein mag, so wichtig ist es für unser Leben. Es hat eine Schutzfunktion, indem es mithilft, unser psychisches Gleichgewicht aufrechtzuerhalten. Freilich beeinflussen diese nicht willentlich abrufbaren Informationen aus dem Unterbewusstsein heraus unser tägliches Verhalten, und die Psychotherapeutik hat sich die Aufgabe gestellt, mit ihren Methoden – eine davon ist die Hypnose – in unserem Gedächtnis nach diesen Ursachen unseres Verhaltens zu forschen.

  Eine weitere Erklärung für diese zweite Art des Vergessens könnte darin bestehen, dass sich in der Vernetzung zwischen den Gehirnzellen einige Bahnen besonders gut ausgeprägt haben. Die Impulse laufen also hier bevorzugt durch und knüpfen schneller die so vorgebahnten Assoziationen. Ob diese bevorzugte Bahnung durch Erlebnisse oder besonders eingeschliffene Gedankengänge schon vorher erfolgt ist oder irgendwann später – der Effekt ist derselbe. Impulse, die vielleicht über die gleichen Zellen, aber über andere Verzweigungen laufen sollten, werden daher benachteiligt oder kommen – obgleich die Verbindung im Prinzip besteht und die Erinnerung gespeichert ist – gar nicht erst zustande.

Repetitionsaufgabe 3
Zur Repetition und zur Selbstkontrolle empfehlen wir Ihnen, den Inhalt des Unterkapitels «Jedes Gehirn hat eine individuelle Grundstruktur» in drei bis fünf eigenen vollständigen Sätzen zusammenzufassen. Unter «Lösungsvorschläge zu den Aufgaben und Repetitionsaufgaben», S. 146, finden Sie eine Musterlösung.

Literaturtipps
- Biologie des Menschen. Beiträge aus Spektrum der Wissenschaft (Evolution, Ontogenese, Kindheit, Sexualität, Soziobiologie, Altern). Hrsg. Volker Sommer. Spektrum, Akademischer Verlag, Heidelberg 1996
- http://paedpsych.jk.uni-linz.ac.at/INTERNET/ARBEITSBLAETTERORD/Arbeitsblaetter.html (Materialien zu Lernen und Gedächtnis)
- Hussy, Walter: Denken und Problemlösen. Kohlhammer 1993
- Kautzmann, Gabriele: Das Wunder im Kopf. Intelligenz, Gedächtnis und Gefühle verstehen und optimal nutzen. Verlag Zabert Sandmann, München 1999
- Roth, Gerhard; Prinz, Wolfgang: Kopf-Arbeit. Spektrum 1996
- Schermer, Franz J.: Lernen und Gedächtnis. Kohlhammer 1991
- Schmid, Niklaus: Frei von Prüfungsstress. Verlag Sauerländer, Aarau 1998
- Vester, Frederic: Denken, Lernen, Vergessen. Dtv. München 1998
- Vester, Frederic: Video «Blick ins Gehirn». 17,5 Min. Klett. ISBN 3-12-751810-2

4. Der Funktion des Gehirns entsprechend lernen
Aufgabe 4.1
Lernleistungstest zu «Mehr im Gedächtnis behalten durch kurze Lernperioden»
Lesen Sie einmal die folgende Wörterliste durch. Notieren Sie gleich anschliessend die Wörter, an die Sie sich erinnern, in der richtigen Reihenfolge. Beantworten Sie danach die Fragen.

Anhang A

sang
die
Zeitung
Gedanke
sowie
schön
sowie
Anfang
auf
die
wieder
eckig
sowie
Holz
Versicherungsvertreter
Mond
auf
Begriff
die
offen
Haus
lesen
sowie
rannte
gewesen
Horizont
Auto

1. An wie viele Wörter vom Beginn der Liste erinnerten Sie sich lückenlos?
2. An wie viele Wörter, die mehrmals vorkamen, erinnerten Sie sich?
3. Erinnerten Sie sich an ein Wort, das sich erheblich von den andern unterschied?
4. An wie viele der letzten fünf Wörter erinnerten Sie sich?
5. An wie viele – ausser den bereits genannten – Wörter aus dem Mittelteil erinnerten Sie sich?
(Nach: Buzan, Kopftraining, S. 52–59)

Vergleichen Sie die allgemeine Behaltenskurve im 4. Kapitel unter «Mehr im Gedächtnis behalten durch kurze Lernperioden» mit dem, was Sie bei diesem Lernleistungstest behalten haben. Mit grosser Wahrscheinlichkeit haben Sie bei sich dieselben Phänomene festgestellt. (Kein Lösungsvorschlag)

Aufgabe 4.2
Englischwörter merk-würdig machen
Als „Eselsbrücke" setzt man zwischen das englische Wort und die deutsche Bedeutung ein Schlüsselwort aus der eigenen Fantasie. Malen Sie sich möglichst verrückte Fantasiebilder aus, die Sie mit der deutschen Bedeutung in Verbindung bringen. Für «to horrify – erschrecken» können Sie z. B. «Ohrfeige» verwenden. Stellen Sie sich in einem dramatischen

Anhang A

Bild vor, wie Sie erschrecken, weil Sie eine Ohrfeige aus heiterem Himmel bekommen.

Suchen Sie für die folgenden Wörter ihre eigenen Schlüsselwörter. Unter «Lösungsvorschläge zu den Aufgaben und Repetitionsaufgaben», S. 147, finden Sie eine Musterlösung.

fidget	Zappelphilipp
frown	die Stirn runzeln
anticipate	voraussehen
likelihood	Wahrscheinlichkeit
capital fun	Heidenspass
cradle	Wiege

(nach Endres/Althoff, Das Anti-Pauk-Buch, S. 44f.)

Aufgabe 4.3
Personennamen und Gesichter merken
Sehen Sie sich die zehn Gesichter und ihre Namen an, und verwenden Sie die Seite 47 aufgeführten Behaltetechniken. Schauen Sie anschliessend weiter hinten im Anhang B/Aufgabe 4.3, S. 147, dieselben Gesichter ohne Namen an, und ordnen Sie jedem Gesicht den zugehörigen Namen zu.
(nach Buzan, Nichts vergessen)

1 Frau Welshaupt
2 Herr Habicht
3 Herr Fischer
4 Herr Ramm
5 Frau Hammer
6 Frau Breuer
7 Herr Kesten
8 Herr Meister
9 Frau Svensen
10 Fräulein Tempel

Anhang A

Aufgabe 4.4
Wochenplan erstellen
Im Kapitel «Arbeitstechnik in der Schule und zu Hause» haben Sie gelernt, Ihr Lernen durch entsprechendes (äusseres) Verhalten zu optimieren. Hier geht es darum, diese Lernplanung weiter zu verbessern, indem zusätzlich die Lerntheorie (das innere Verhalten) berücksichtigt wird.
1. Erstellen Sie Ihren Wochenplan, wie er gemäss den in diesem Kapitel aufgezeigten Lerngrundsätzen ideal wäre. Vergleichen Sie diesen Idealplan mit Ihrer Realität. Benutzen Sie dazu den Wochenplan und die Tagesrapporte, die Sie im 2. Kapitel «Arbeitstechnik in der Schule und zu Hause» auf S. 27/28 ausgefüllt haben. Schreiben Sie auf, welche Punkte Sie ändern wollen.
2. Kontrollieren Sie, ob sich diese Planung bewährt oder ob sie verbessert werden muss. Konzentrieren Sie sich bei der Optimierung des Lernens auf einen Aspekt. Erst wenn dieser «sitzt», kann ein nächster eingeführt werden. (Kein Lösungsvorschlag)

Repetitionsaufgabe 4
Überprüfen Sie, ob Sie sich an alle Lerngesetze dieses Kapitels erinnern, indem Sie die folgende Liste mit Lerngrundsätzen vervollständigen. Kontrollieren Sie Ihre Lösung mit dem Inhaltsüberblick.

Lerngrundsätze:
1. Zu Beginn das Vorwissen aktivieren (z.B. mit einer Mindmap).
2.
3.
4.
5.
6.
7.
8.
9.
10.
11.

Literaturtipps
- Buzan, Tony: Kopftraining. Anleitung zum kreativen Denken. Tests und Übungen. Goldmann-Verlag, München 1984
- Buzan, Tony: Nichts vergessen. Goldmann Verlag, München 1994
- Endres, Wolfgang; Althof, Dirk: Das Anti-Pauk-Buch. Beltz Verlag, Weinheim, Basel 1995
- http:/paedpsych.jk.uni-linz.ac.at/internet/arbeitsblaetterord/lerntechnikord/memotechnik.html (Tipps und Tricks, um sich an Informationen zu erinnern)
- Mantel, Manfred: Effizienter lernen. Heine Verlag, München 1990
- Schmid, Niklaus: Frei von Prüfungsstress. Verlag Sauerländer, Aarau 1998
- Steiner, Verena: Exploratives Lernen. Der persönliche Weg zum Erfolg. Ein Arbeitsbuch für Studium, Beruf und Weiterbildung. Pendo, Zürich 2000
- Vester, Frederic: Denken, Lernen, Vergessen. Dtv, München 1998
- www.innopro.de/tieruhr1.htm (Lern- und Gedächtnistest)

Anhang A

- www.quarks.de/gedaechtnis/k04.htm (Informationen rund um das Thema Gedächtnis)
- www.t-online.de/bildung/inhalte/gt/gtb/gtbe/gtbe.htm (interaktives Gedächtnistraining)

5. Seinen Lerntyp kennen und weiterentwickeln

Aufgabe 5.1

Testen Sie Ihre Neugierde und Aufmerksamkeit

Sie können die Wirkung von Aufmerksamkeit und Neugierde auf die Überleitung vom Ultrakurzzeitgedächtnis ins Kurzzeitgedächtnis testen.

Sie brauchen eine Person, die den Test mit Ihnen durchführt. Die Angaben für die Durchführung und Auswertung des Tests befinden sich im Anhang B, S. 148, und sind nur für die prüfende Person bestimmt. Falls Sie den Test durchführen wollen, dürfen Sie diese Angaben nicht lesen.

Aufgabe 5.2

Übungen zum Assoziieren für eine oder zwei Personen

Sagen Sie zu einem Begriff aus der unten stehenden Aufzählung alles, was Ihnen dazu in den Sinn kommt. Zu zweit können Sie sich abwechslungsweise Begriffe vorgeben, was mehr Spass macht. (Beispiel Motorrad: Geschwindigkeit, Freiheit, Gefahr, Ferien, Passfahrten, Lederkombi, Polizei, Hells Angels, Schräglage, Ducati, Unfall, Schulden, Freunde, Hockenheim-Ring, ...)

Aufzählung von möglichen Begriffen: Arbeit, Ferien, Fernsehen, Drogen, Fremde, Stadt, Sommer, Olympiade, Buch, Haus, ...(Kein Lösungsvorschlag)

Aufgabe 5.3

Übung zum Assoziieren für eine Gruppe

Eine Person der Gruppe beginnt, indem sie einen Begriff vorgibt. Die nächste Person nennt einen Begriff, der an den ersten anknüpft. Und so knüpft eine Person nach der andern einen neuen Begriff an den vorangehenden. (Beispiel: Sommer, Baden, Wasser, Schiff, Segel, Stoff, Kleider, Mode, Paris, Grossstadt, Verkehr, Stau, Langeweile, Abwechslung, ...) (Kein Lösungsvorschlag)

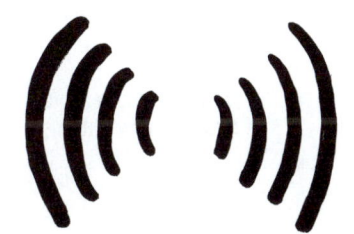

Aufgabe 5.4

Lerntyptest in Abhängigkeit vom Eingangskanal

Sie haben in diesem Kapitel unter den unzähligen Wahrnehmungsmöglichkeiten diejenigen herausgesucht, die Ihnen nach eigener Beurteilung am ehesten entsprechen. Sie können nun mit einem Test herausfinden, mit welchem der vier Eingangskanäle (Lesen, Sehen, Hören, Anfassen) Sie Informationen am effizientesten speichern. Der Test besteht aus vier Teilübungen, in denen es jeweils darum geht, sich zehn Gegenstände zu merken. Der Test dauert ca. dreissig Minuten. Sie brauchen eine Person, die den Test mit Ihnen durchführt. Die Angaben für die Durchführung und Auswertung des Tests befinden sich im Anhang B, S. 149, und sind nur für die prüfende Person bestimmt. Falls Sie den Test durchführen wollen, dürfen Sie diese Angaben nicht lesen.

Anhang A

Tragen Sie Ihre Resultate im persönlichen Lerntyp-Werteblatt am entsprechenden Ort auf dem Lernkreuz ein (siehe Beispiel unten). Verbinden Sie die vier Werte miteinander. Schraffieren Sie das entstandene Viereck. Die Graphik zeigt Ihnen, ob bestimmte Eingangskanäle bessere Resultate erbringen. Je grösser das Viereck ist, desto grösser ist Ihre Gedächtnisleistung. Tragen Sie das Resultat 5 auf allen vier Linien des Lernkreuzes ein. Dieses zweite Viereck ist aller Wahrscheinlichkeit nach viel grösser als das erste. Der Unterschied zeigt, wie wichtig es ist, beim Lernen mehrere Wahrnehmungskanäle zu nutzen.
(Quelle: Vester: Denken, Lernen, Vergessen)

Beispiel Persönliches Lerntyp-Werteblatt

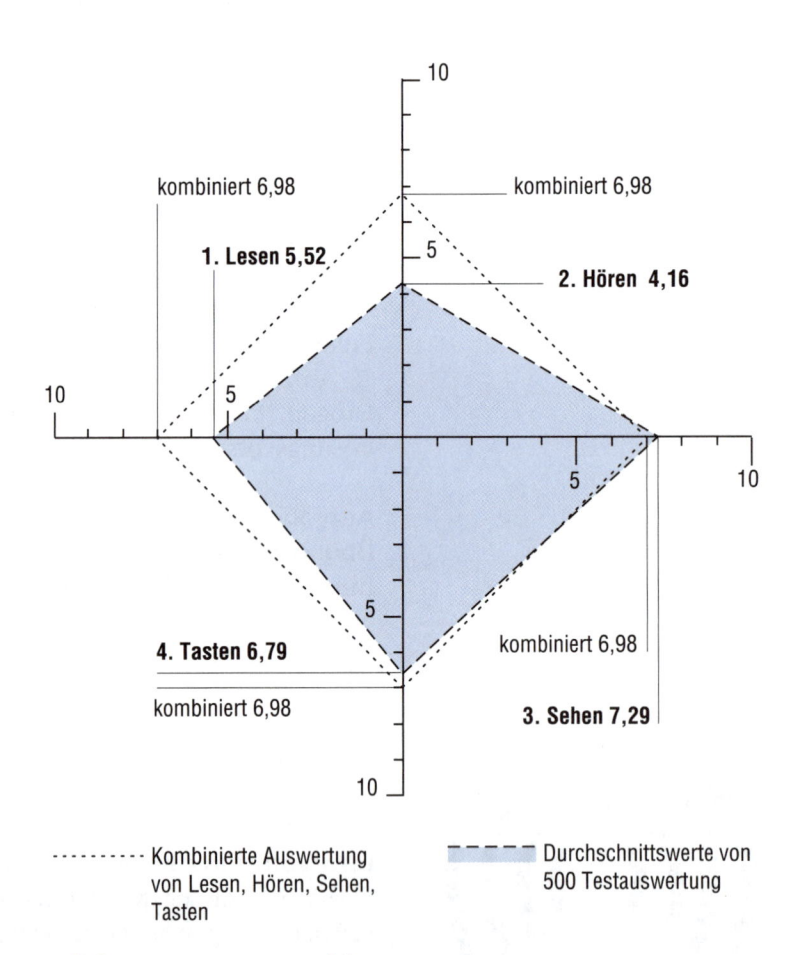

- - - - - - Kombinierte Auswertung von Lesen, Hören, Sehen, Tasten

– – – – Durchschnittswerte von 500 Testauswertung

Persönliches Lerntyp-Werteblatt

Mit diesen Tests werden erst ganz grobe Beziehungen bei der Aufnahme von Lernstoff untersucht. Zusätzliche Vorgänge laufen ab, wenn bei einem Lerninhalt grössere Gedankengänge zusammenhängen oder wenn er mit speziellen Gefühlen, Absichten oder anderweitigen Zusammenhängen verbunden ist. Und auch dabei handelt es sich erst um einen Teil des Gedächtnisses. Andere Denkvorgänge wie etwa Vorstellungskraft, Kombinationsfähigkeiten oder Einfälle sind dabei noch nicht einmal berücksichtigt.

Anhang A

Persönliches Lerntyp-Werteblatt

Alter:...... ☐ weiblich   ☐ Morgenmensch
              ☐ männlich   ☐ Abendmensch

Verweildauer von unzusammenhängenden Informationen im

UKZ-Gedächtnis   ☐ Sekunden
KZ-Gedächtnis   ☐ Minuten

Wirkung von Aufmerksamkeit und Neugierde auf den Übergang vom UKZ-Gedächtnis zum KZ-Gedächtnis

Langweilige Informationen: ☐ von 10 gewusst
Neugierig machende Informationen: ☐ von 10 gewusst
Ich behielt: ☐ Dinge mehr von den 10 neugierig machenden
                                        Informationen als von den 10 langweiligen

Die vier Eingangskanäle

Ich behielt von den je 10 Begriffen:

1. Lesen: ☐
2. Hören: ☐
3. Sehen: ☐
4. Tasten: ☐
5. kombiniert: ☐

(Koordinatenkreuz mit Achsen: 1. Lesen, 2. Hören, 3. Sehen, 4. Tasten)

Anhang A

Repetitionsaufgabe 5
Fassen Sie auf einem Blatt alle Ihre persönlichen Lerntechniken zusammen, die Sie unter «Und so lerne ich am besten» notiert haben. Platzieren Sie das Blatt so, dass Sie es immer wieder sehen. Wählen Sie fürs Erste ein Unterrichtsfach aus, und wenden Sie Ihre persönlichen Lerntechniken an.

Sobald Sie erste Erfahrungen in einem Fach haben, übertragen Sie die Lerntechniken auf weitere Fächer, passen sie an und ergänzen sie so weit wie nötig.

Unter «Lösungsvorschläge zu den Aufgaben und Repetitionsaufgaben», S.150, finden Sie eine Musterlösung.

Literaturtipps
- Kugemann, Walter F.: Lerntechniken für Erwachsene. Rororo, Reinbek bei Hamburg 1986
- Mantel, Manfred: Effizienter lernen. Heine Verlag, München 1990
- Vester, Frederic: Denken, Lernen, Vergessen. Dtv, München 1998
- Vollmer, Günter; Hoberg, Gerrit: Top-Training. Lern- und Arbeitsstrategien. Behalten – Verarbeiten – Anwenden. Verlag Klett, Stuttgart 1988
- Zielke, Wolfgang: Handbuch der Lern-, Denk- und Arbeitstechnik. mvg-Verlag, Landsberg am Lech 1988

6. Kreatives Arbeiten

Aufgabe 6.1
Zeichnen Sie eine Mindmap über die geistigen Aktivitäten Ihrer beiden Gehirnhälften. Vergleichen Sie anschliessend Ihre Mindmap mit der Abbildung im Anhang B.

Aufgabe 6.2
Halten Sie kurz fest, warum man durch die neuen Erkenntnisse aus der Gehirnforschung bestimmte brachliegende Fähigkeiten gezielt fördern will.

Aufgabe 6.3
Überschauen Sie das eigene Vorgehen: Beschreiben Sie einen Ort, an dem Sie neulich gewesen sind; Farben, Gerüche, Töne usw. tauchen in Ihren Erinnerungen auf.

Aufgabe 6.4
Zeichnen Sie die Umrisse eines Gehirns in die Mitte eines Blattes. Auf der linken und rechten Seite fügen Sie Hauptäste und Zweige wie in einer Mindmap an. Halten Sie in Stichworten auf den Linien fest, welche Eigenschaften einer Mindmap von der linken und welche von der rechten Gehirnhälfte aufgenommen werden.

Aufgabe 6.5
Zeichnen Sie den folgenden linear geschriebenen Text über die Anwendungsmöglichkeiten einer Mindmap in eine Mindmap um:

«Als Anwendungsmöglichkeiten für Mindmaps kommen alle Bereiche in Frage, in denen Denken, Informationsverarbeitung, Erinnerung, Kreativität oder Visualisieren gefordert ist, also:

- Zur Vorbereitung von Vorträgen, Artikeln oder fachbezogenen Präsentationen.
- Zur Anfertigung von Aufzeichnungen im Unterricht, bei Vorträgen oder in Seminarien. Es empfiehlt sich hier, mit zwei Blättern zu arbeiten. Das linke Blatt enthält die Mindmap-Notizen und das rechte Blatt lineare und grafische Informationen, etwa Definitionen, Texte, Listen, Diagramme.
- Für Besprechungen und Meetings als Instrument zur Problemanalyse (um die Problemlandkarte sichtbar zu machen) oder zur Sammlung von Lösungsideen und zur Diskussion dieser Vorschläge.
- Zur persönlichen Vorbereitung auf ein Thema, auf einen Lernvorgang, aber auch auf ein Gespräch. Das persönliche Vorwissen kann in seiner Struktur sichtbar gemacht werden, das eigene Speichersystem wird aktiviert und Ihr Geist in die richtige Richtung gelenkt. Es geht darum, vor dem eigentlichen Lesen eines Artikels oder vor einem Sachgespräch so nahe wie möglich an die Thematik heranzukommen.
Bitte bedenken Sie auch den Vorteil, dass Sie sich besser in Ihrem gespeicherten Wissensvorrat auskennen und dass Sie eine gute Grundlage für die Erinnerung haben.» (Thiele, 1988)

Aufgabe 6.6
Lesen Sie den folgenden Text über die Vorteile des Mindmappings gegenüber der herkömmlichen Textgestaltung. Vergleichen Sie diese Schreibweise mit der in Kapitel 6, S.72 gezeichneten «Mindmap zu den Vorteilen des Mindmappings». Dessen Vielgestaltigkeit und Erweiterungsmöglichkeit sind sinnfällig.
Die Vorteile der Mindmap gegenüber der linearen Aufzeichnungsform sind:
1. Die Zentral- oder Hauptidee wird deutlicher herausgestellt.
2. Die relative Bedeutung jeder Idee tritt sinnfälliger in Erscheinung. Wichtige Ideen befinden sich in der Nähe des Zentrums, weniger wichtige liegen am Rande.
3. Die Verknüpfungen zwischen den Schlüsselbegriffen werden durch Linienverbindungen leicht erkennbar.
4. Als Ergebnis werden Erinnerungsprozess und Wiederholungstechnik effektiver und schneller.
5. Die Art der Struktur erlaubt es, neue Informationen leicht und ohne die Übersichtlichkeit störende Streichungen und eingezwängte Nachträge unterzubringen.
6. Jedes Kartenbild einer Mindmap ist von jedem anderen nach Form und Inhalt deutlich unterschieden. Das ist für die Erinnerung hilfreich.
7. Im kreativen Bereich des Aufzeichnens, etwa bei der Vorbereitung von Aufsätzen und Reden, erleichtert es das nach allen Seiten offene Kartenschema, neue Ideenverknüpfungen herzustellen.
8. Besonders vorteilhaft an der Methode des Mindmappings ist, dass immer das gleiche Verfahren angewendet werden kann.
(Nach Buzan, 1988)

Anhang A

Repetitionsaufgabe 6
Sie haben eine neue Lerntechnik, das Mindmapping kennen gelernt. Wenden Sie das Mindmapping doch gerade schnell an. Zeichnen Sie seine Vorteile in einer Mindmap auf.

7. Erfolgreich schreiben

Aufgabe 7.1
Auf die Frage in einem steigernden Aufsatz sind Erklärungen oder Begründungen aufzuführen. Tragen Sie Stichworte zusammen und ordnen Sie diese in steigernder Reihenfolge hinsichtlich ihrer Bedeutung zum thematischen Beispiel «Warum ich weiterhin bei meinen Eltern wohne?».

Aufgabe 7.2
Für die Entscheidungsfrage «Weiterhin bei den Eltern wohnen oder ein eigenes Zimmer/eine eigene Wohnung mieten?» ist eine geordnete Sammlung von Argumenten nötig. Die Reihenfolge von Pro und Kontra wird durch die abschliessende Stellungnahme bestimmt. Stellen Sie eine Sammlung von Argumenten zusammen.

Aufgabe 7.3
Schreiben Sie zum Thema in Aufgabe 7.1 verschiedene Einleitungen entsprechend der angeführten Ansatzmöglichkeiten. Argumente und Urteile sollten in den Einleitungen nicht vorweggenommen werden. Ihre Einleitung sollte also eher allgemein ins Thema einführen.

Aufgabe 7.4
Wenn Sie Einleitungen finden und sie z.B. für einen Prüfungsaufsatz bereithalten, können Sie leichter mit Schreiben beginnen.
Sie können ausgehen von:
– Alltäglichkeit
– persönlicher Bedeutung des Themas
– eigener Erfahrung
– einer Frage
– einem Hinweis auf Schwierigkeiten mit dem Thema
– einem Beispiel, Erlebnis
– einem Zitat, Sprichwort
Erproben Sie die verschiedenen Möglichkeiten mit einem von Ihnen gewählten Thema!

Aufgabe 7.5
Im Schlussteil eines Textes wird das Ergebnis des vorangehenden Gedankengangs festgehalten, Argumente werden abgewogen. Schreiben Sie zum Thema in Aufgabe 7.2 den Ihren Überlegungen entsprechenden Schluss.

Aufgabe 7.6
Die Bedeutung der Bindewörter für eine ausgefeilte Schreibtechnik wird von E. C. Wittlinger in «Wort, Satz, Aufsatz» hervorgehoben:
«Ein Gedankengang kann von Lesern (oder Hörern) nur dann rasch und sicher aufgefasst werden, wenn die Teile sinngemäss miteinander verknüpft

Anhang A

sind. Dabei muss man sowohl den gedanklichen Zusammenhang als auch die Wichtigkeit zum Ausdruck bringen. Oft genügen schon einzelne Wörter oder kurze Wendungen dazu. Von besonderer Bedeutung ist der Umschlag von der These zur Antithese (Drehpunkt des Aufsatzes). Hier muss der Gegensatz deutlich gemacht werden.» Die Textabschnitte verbinden Sie mit Überleitungen entweder am Abschnittsende oder zu Beginn des neuen Abschnitts. Als «Überleiter» kennen Sie die Bindewörter (Konjunktionen). Dank Konjunktionen stehen Ihre Überlegungen nicht vereinzelt da, sondern werden in einen Zusammenhang gebracht. Rufen Sie sich solche Wörter in Erinnerung, und schreiben Sie diese auf.

anreihende Konjunktionen, z. B. ausserdem, …

folgernde Konjunktionen, z. B. also, …

einschränkende Konjunktionen, z. B. allerdings, …

begründende Konjunktionen, z. B. weil, …

entgegensetzende Konjunktionen, z. B. aber, …

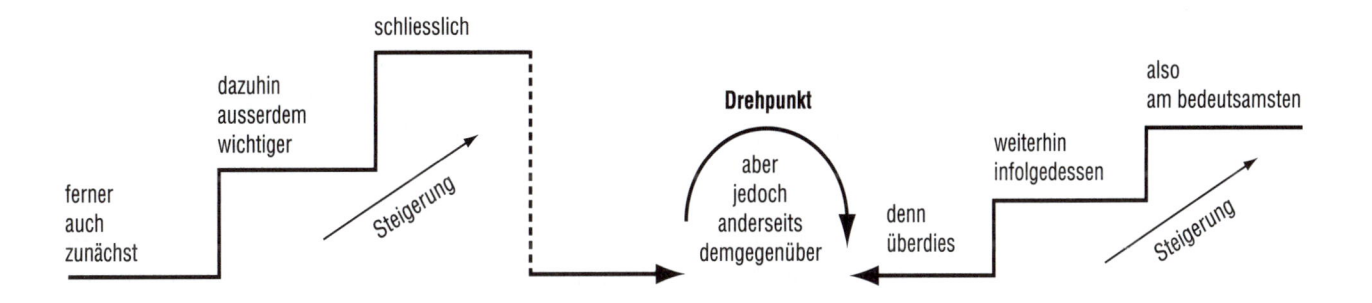

```
                    schliesslich                                                        also
            dazuhin                                                                     am bedeutsamsten
            ausserdem                          Drehpunkt              weiterhin
            wichtiger                            aber                 infolgedessen
                          Steigerung             jedoch                            Steigerung
  ferner                                         anderseits    denn
  auch                                           demgegenüber  überdies
  zunächst
```

Repetitionsaufgabe 7.1
Überlegen Sie sich: Worin unterscheiden sich Notizen, Entwurf, Reinschrift Grad 1, Reinschrift Grad 2? Notieren Sie zur Frage Schlüsselwörter.

Repetitionsaufgabe 7.2
Je nach der Fragestellung unterscheidet sich der Textaufbau. Halten Sie kurz fest, worin sich ein Text zu einer Entscheidungsfrage von einem Text zu einer Ergänzungsfrage unterscheidet.

Repetitionsaufgabe 7.3
Drei Themen sind nachfolgend in unterschiedlicher Fragestellung festgehalten. Gruppieren Sie die Themen nach dem in der Fragestellung verlangten Textaufbau (Ergänzungs- oder Entscheidungsfrage?).

Anhang A

- Welche Folgen hat übermässiger Alkoholkonsum?
- Ist Alkoholgenuss schädlich?
- Dürfen 14-Jährige an Partys gehen?
- Wie bereitet man eine Party vor?
- Schürt Hardrock die Gewalt?
- Warum sind viele Jugendliche vom Hardrock fasziniert?

Repetitionsaufgabe 7.4
Schreiben Sie die genaue Literaturangabe zur Arbeits- und Lerntechnik «Lernen ist lernbar».

8. Nutzbringend lesen
Aufgabe 8.1
«Smog – was ist das?» Lesen Sie den Text überfliegend und sehr schnell durch. Setzen Sie einen Schlüsselbegriff, der den ganzen Inhalt zusammenfasst.

Smog – Was ist das?
London, Dezember 1952: Winterlicher Rauchnebel überzieht die britische Hauptstadt, innerhalb von zwei Wochen sterben 4000 Einwohner. Zehntausende leiden unter Augenreizung, Atem- und Kreislaufbeschwerden.
Smog im Ruhrgebiet 1962: Hier sterben mehr als 150 Menschen.

Auch heute noch sind die Zusammenhänge zwischen Schwefeldioxidbelastung der Luft und Beeinträchtigungen bzw. Schädigungen der Gesundheit nur teilweise erforscht. Doch werden heute bei Smoggefahr die Erfahrungen genutzt und den Betroffenen (Kleinkindern, älteren Menschen sowie solchen mit Atemweg- bzw. Herz-Kreislauf-Erkrankungen) empfohlen, sich bei Smog möglichst wenig im Freien aufzuhalten und körperliche Anstrengung zu vermeiden. Auslöser für Smog sind erhöhte Schadstoffkonzentrationen in der bodennahen Luft infolge ungünstiger meteorologischer Verhältnisse: Vor allem Schwefeldioxid, Staub und Kohlenstoffmonoxid reichern sich bei austauscharmen Wetterlagen in bodennahen Luftschichten an. Diese Wetterlagen treten bei uns vor allem im Spätherbst und in den Wintermonaten auf (Oktober bis März).

Charakteristisch dafür sind eine geringe Windgeschwindigkeit in Bodennähe und eine Temperaturumkehr (Inversion), so dass die Luft mit zunehmender Höhe wärmer wird. «Austauscharme Wetterlage» heisst, dass der Austausch verschmutzter gegen reinere Luftmassen erheblich behindert ist, weil kein oder nur ein schwacher Wind weht und weil höchstens wenige hundert Meter über dem Erdboden eine Luftschicht aufliegt, ab der die Temperatur mit zunehmender Höhe ansteigt und in der daher die verschmutzte und wärmere Luft vom Boden nicht aufsteigen kann. Bei solchen Inversionswetterlagen zeigen sich beispielsweise die Berge in strahlendem Sonnenschein mit angenehmen Temperaturen, die Täler aber liegen unter einer «Wolkendecke» und haben kälteres, graues, neblig-dunstiges Wetter: den Winter-Smog.

Eine andere Erscheinungsform ist die «Dunstglocke», die jeder schon beim Heranfahren an grössere Städte gesehen hat. Diese Form des

Anhang A

Smogs kann in bestimmten Gebieten auch als Sommer-Smog auftreten.

Im Gegensatz zum Winter-Smog (Typ London), der durch Schadstoffanreicherung zustande kommt, ist der Sommer-Smog (Typ Los Angeles) ein sogenannter Foto-Smog, ein komplexes luftchemisches System.

Beim Sommer-Smog bilden sich unter Einwirkung von Sonnenlicht aus Stickstoffoxiden und Kohlenwasserstoffen Ozon und andere Fotooxidantien. Diese haben wie die Schadstoffe beim Winter-Smog eine starke Reiz- und Schadwirkung auf den Menschen, die Pflanzen und Tiere.

Begünstigend für die Bildung dieses Sommer-Smogs wirken Beckenlandschaften, wie sie in Kalifornien (Los Angeles) oder in der Bundesrepublik Deutschland im Gebiet des Oberrheingrabens zu finden sind. In Mitteleuropa ist der Foto-Smog aber aufgrund der hier vorliegenden Bedingungen im Allgemeinen eine grossräumige Erscheinung.

Aufgabe 8.2
Lesen Sie nun den Text sorgfältig und markieren Sie wichtige Textstellen. Strukturieren Sie die unterstrichenen Stellen in einer Mindmap.

Aufgabe 8.3
Beschriften Sie eine Karteikarte, die das Wesentliche des Inhalts festhält.

Aufgabe 8.4
Mindmapping lässt sich auch auf Karteikarten anwenden! Überzeugen Sie sich selbst, indem Sie die Informationen aus dem Text «Smog» auf der Karteikarte (Lösung zu Aufgabe 8.3) mit einer Mindmap aufzeichnen.

Repetitionsaufgabe 8
Überprüfen Sie Ihre Kenntnisse: Wie lese ich nutzbringend?
– Ich mache mir Notizen, weil …
– Ich unterscheide überfliegendes Lesen von gründlichem Lesen, denn …
– Die bildhafte Darstellung in einer Mindmap hat Vorteile, weil …

9. Prüfungen vorbereiten
Aufgabe 9.1
Prüfungen vorbereiten und bestehen
Damit Sie sich vor einer Prüfung ruhiger fühlen, planen Sie Ihre Prüfungsvorbereitung. An welche einzelnen Vorbereitungsschritte denken Sie?

Überlegen Sie sich Ihre Vorbereitungsarbeiten mit Hilfe der angefangenen Mindmap auf der folgenden Seite, die Sie jetzt ergänzen. Ein Kontrollblick an den Anfang des Kapitels zeigt, ob Sie nichts Wesentliches vergessen haben.

Aufgabe 9.2
Die Einzelheiten zur Prüfungsvorbereitung haben Sie sich im Text unter «Prüfungstechnik 2, Prüfungen richtig vorbereiten» erarbeitet. Die von Ihnen markierten Schlüsselwörter sind die wesentlichen Stichworte für eine überlegte Prüfungsvorbereitung. An welche Schlüsselwörter erinnern Sie sich noch?

Anhang A

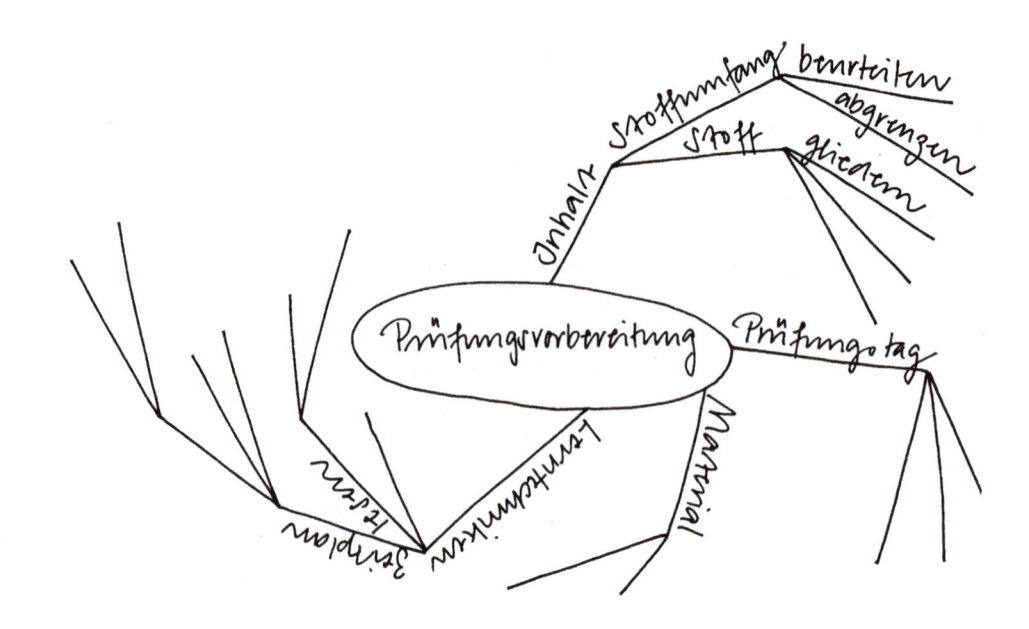

Repetitionsaufgabe 9.1
Während einer Prüfung kann es zu einer Denkblockade kommen. Was hilft Ihnen, sie zu überwinden?

Repetitionsaufgabe 9.2
Wenn Sie sich vornehmen, in einem Jahr eine Prüfung zu bestehen, was beachten Sie schon heute? Nennen Sie einige Stichworte.

Repetitionsaufgabe 9.3
Falls Sie bei einer Prüfungsvorbereitung unruhig werden, können Sie Hilfen finden. Woran denken Sie?

10. Informieren, Präsentieren, Überzeugen
Aufgabe 10.1
Die Vorbereitungen für ein Referat oder eine Präsentation beginnen mit einer effizienten Information. Sie haben zu Beginn des Kapitels 10 nachlesen können, wie Sie dies tun können. Ein Auszug aus weiterführender Literatur gibt Ihnen dazu zusätzliche Hinweise: »Was soll denn vom Journalisten in seinem Handarchiv aufbewahrt werden? Vor allen Dingen sämtliches schwer beschaffbare Informationsmaterial: so genannt graue Literatur (Literatur, die nicht über den offiziellen Buchhandel zu beziehen ist, d.h. Firmenschriften, Flugblätter, Forschungsarbeiten, verwaltungsinterne Berichte, Informationsmaterial aller Art von Firmen, Verbänden, Organisationen (z.B. Pressedokumentationen), ferner eigene Telefonnotizen, Gesprächsprotokolle sowie wichtige Fundstellen und Zitate aus Büchern. Für Journalisten vorab der elektronischen Medien gehören nicht selten auch Bild- und Tonträger (z.B. Fernseh- oder Radiosendungen, Videofilme, Fotografien usw.) zu Sammelobjekten.« (Otto Dudle, 1991, S. 23)
Erstellen Sie nach der Lektüre dieses Abschnitts eine Liste mit Materialien, die Sie sammeln wollen.

Anhang A

Aufgabe 10.2
Kennen Sie geeignete Möglichkeiten, sich rasch und gezielt zu informieren und zu dokumentieren? Lassen Sie sich dazu von Ihrer Lehrperson geeignete Lexika und Grundlagenwerke zeigen. Schnuppern Sie darin und prüfen Sie, inwiefern Sie die Texte und Darstellungen verstehen. Vielleicht können Sie mit der Klasse eine Einführungsarbeit ins Sammeln von Informationen in einer Bibliothek oder Buchhandlung durchführen.

Aufgabe 10.3
Informationen zu aktuellen Themen erhalten Sie von einem Zeitungsarchiv. Beginnen Sie mit dem Aufbau eines eigenen Handarchivs und fragen Sie in der Redaktion Ihrer Lokalzeitung nach, ob Ihnen zu einem Sie interessierenden Thema Beiträge zugeschickt werden könnten.

Aufgabe 10.4
Können Sie mit den vorne aufgeführten Medien umgehen? Bitten Sie Ihre Lehrperson, mit diesen Visualisierungsmöglichkeiten einmal einen Probelauf durchführen zu dürfen.

Repetitionsaufgabe 10.1
Sich informieren und dokumentieren kann eine aufwendige Arbeit sein. Es ist gut, wenn Sie sich schon vorgängig Gedanken gemacht haben, was Sie beachten wollen, wenn Sie mit der Arbeit beginnen. Machen Sie sich dazu eine möglichst vielfältige Mindmap.

Repetitionsaufgabe 10.2
Sie sind bereit, eine Präsentation durchzuführen. Selbstverständlich möchten Sie, dass Ihre Arbeit gelobt wird. Überprüfen Sie nochmals, ob Sie die Hinweise im Unterkapitel für Ihre Vorbereitung beachtet haben. Und nun: viel Erfolg.

Repetitionsaufgabe 10.3
Für Ihre bevorstehende Präsentation erstellen Sie einen Arbeitsplan. Beachten Sie dabei die Angaben dieses Kapitels, insbesondere die Vorgaben der Auftraggeberin/Schule (Umfang, Benotung, ...), Ihre genauen Arbeitsschritte (Wo hole ich Informationen, wie verarbeite ich sie, wie gestalte ich die Präsentationsunterlagen, welche Vorkehrungen treffe ich am Präsentationsort, welche Vortragstechniken setze ich ein?) und den Zeitplan.

Am zweckmässigsten erstellen Sie dazu eine Mindmap – sie lässt sich immer wieder ergänzen und bietet einen guten Überblick. Besprechen Sie Ihren Arbeitsplan frühzeitig mit der Auftraggeberin. So stellen Sie sicher, dass Sie nur die erforderlichen, sachdienlichen Arbeiten leisten. Diese Art der Vorbereitung gibt Ihnen die Gewissheit, dass Sie die Präsentation kompetent und erfolgreich realisieren werden.

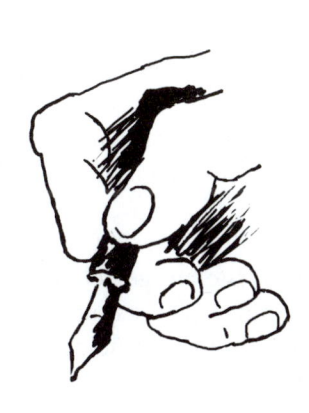

Anhang B

Lösungsvorschläge zu den Aufgaben und Repetitionsaufgaben

1. Motivation
Auswertung zum Fragebogen «Motivation und Lernen»
Notieren Sie in der nachstehenden Tabelle zu jeder Frage die gesamte Punktzahl, die sich aus den Punkten ergibt, die neben den von Ihnen angekreuzten Kästchen angegeben sind. Beachten Sie dabei, dass die nicht unterstrichenen Zahlen (z. B. 4) dazuzuzählen (zu addieren), die unterstrichenen Zahlen (z. B. 5) jedoch wegzuzählen (zu subtrahieren) sind.

Zählen Sie nun die einzelnen Punkte aus jeder Frage zusammen. Sie können dadurch herausfinden, in welchem Ausmass Sie in Bezug auf Ihre Ausbildung motiviert sind und in welchen Fragestellungen Sie sich noch verbessern können. Die Summe aller Punkte gibt Ihnen darüber Auskunft, zu welcher Gruppe von Motivierten Sie sich zählen können!

Die Punkteskala

Frage	1	2	3	4	5	6a	6	7	8	9	10	Total
max. Punkte	12	10	3	10	12	4	10	5	2	4	12	
min.	-12	-10	0	-6	-18	0	-10	-5	-8	1	12	

Weniger als 0 Punkte
Es ist schade, dass Sie Ihre Fähigkeiten dahinschlummern lassen. Sie verfügen über ein grosses Potenzial an geistigem und manuellem Können, das Sie sehr gut nutzen könnten, wenn Sie beim Lernen motivierter wären.

0 bis 10 Punkte
Sie wissen zwar, wie Sie einen gewissen Teil Ihrer Fähigkeiten nutzbar machen können. Wenn Sie aber Ihr Licht in Zukunft etwas weniger unter den Scheffel stellen, sind Sie ohne weiteres in der Lage, entschieden erfolgreicher zu sein.

11 bis 20 Punkte
Es ist einerseits erfreulich: Sie haben einen geschickten Kompromiss gefunden zwischen Spass am Lernen und Lust auf Freizeit. Anderseits geht dieser Kompromiss nicht weiter als gerade so, dass Ihre Fähigkeiten für den «Normalbedarf» ausreichen. Zu wirklich guten Leistungen wären Sie mit etwas mehr Motivation aber alleweil fähig.

21 bis 30 Punkte
Gratulation! Sie haben herausgefunden, dass Sie mit gezieltem Lernen Ihre Fähigkeiten mit guter Motivation zu nutzen wissen und sehr gut zwischen Lernen und ausgleichender Freizeit zu entscheiden wissen. Beim Lernen sind für Sie die Neugier auf den Lernstoff und die Freude über Ihr Können fast immer grösser als die Versuchung, nur gerade das Nötigste zu leisten.

Anhang B

Über 30 Punkte
Wow! Sie haben den richtigen Dreh im Lernen entdeckt, wie Sie mit Begeisterung und Freude Ihre Fähigkeiten optimal einzusetzen vermögen. Sie scheinen so motiviert zu sein, dass man sich um Sie absolut keine Sorgen machen muss und dass Sie nichts vom Lernen abzuhalten vermag.

Abschliessende Beurteilung
Vergleichen Sie nun Ihre persönliche Punktzahl mit den in der Tabelle der Punkteskala angeführten maximalen und minimalen Punktzahlen. Dadurch können Sie ersehen, wo Sie am meisten Punkte verloren haben.

Versuchen Sie, zu den «schlimmsten» Teilbereichen Vorschläge zu erarbeiten, wie Sie Ihre Motivation in Bezug auf Ihr Lernen verbessern wollen!

Lösungsvorschlag zu Aufgabe 1.1
Motivationsstörungen
Sollten Ihnen keine Motivationsstörungen einfallen, fragen Sie Ihre Lehrpersonen und Bekannten.

Lösungsvorschlag zu Aufgabe 1.2
Motivation für die konkreten Lernaufgaben klären
Eine beispielhafte Lösung kann lauten:
a) Geschichte: Entwicklungen des 20. Jahrhunderts.
1. Ich will vor allem von möglichst vielen Ländern Europas die sie prägenden Ereignisse kennen.
2. Ziel und Sinn ist zu erfahren, dass historische Entwicklungen durch vielfältige Faktoren bestimmt werden.
3. Eine meiner Freundinnen stammt aus Sarajevo. Ich will verstehen, welche Gründe der Hass zwischen den Muslimen, Kroaten und Serben hat.

Lösungsvorschlag zu Repetitionsaufgabe 1
1. Wenn ich Mühe mit einem Fach habe, suche ich aktiv etwas, was mich motiviert, für dieses Fach zu lernen.
2. Ich bin mir bewusst, dass Motivation allein nicht genügt, ein Ziel zu erreichen. Es braucht zusätzlich einen starken Willen, um die Aufgabe über alle Hindernisse hinweg erfolgreich abzuschliessen.
3. Während ich Aufgaben mache, schalte ich das Telefon ab, damit mich niemand stören kann.
4. Meine Hausaufgaben löse ich in mehreren Blöcken von 40 Minuten, damit ich danach jeweils Zeit habe zum Joggen.
5. Wenn mir das Lernen total verleidet ist, fantasiere ich, was ich nach der Ausbildung alles machen kann.
6. Einmal in der Woche treffe ich mich mit Fredy und Mirjam, um gemeinsam problematische Aufgaben zu lösen.

Anhang B

2. Arbeitstechnik in der Schule und zu Hause
Testauswertung zu «Sind Sie ein Morgen-Mensch oder ein Abend-Mensch?»

Bis 50 Punkte: Sie sind ein Abend-Mensch.
50–60 Punkte: Sie sind ein Morgen-Mensch, müssen aber die Leistungskurve um eine Stunde nach rechts versetzen.
über 60 Punkte: Sie sind ein Morgen-Mensch.
(Aus: Dogs, Der gesteuerte Schlaf, 1977, S. 45-46)

Lösungsvorschlag zu Aufgabe 2.2
Persönliche Leistungskurve
Vielleicht stellen Sie fest, dass Sie anspruchsvolle Arbeiten während Ihres persönlichen Leistungstiefs erledigen müssen und sie nicht in Ihr Leistungshoch verschieben können. Versuchen Sie dann, Ihre Leistung durch Pausen, frühes Aufstehen oder Zubettgehen u. ä. zu verbessern. Eine gute Hilfe für diese Planung ist der Tagesrapport.

Lösungsvorschlag zu Aufgabe 2.4
Lösen mathematischer Aufgaben
Gesucht: Gewicht aller Glocken
Schätzung: 5-mal das mittlere Gewicht von 600 kg: 3000 kg
Graphische Darstellung:

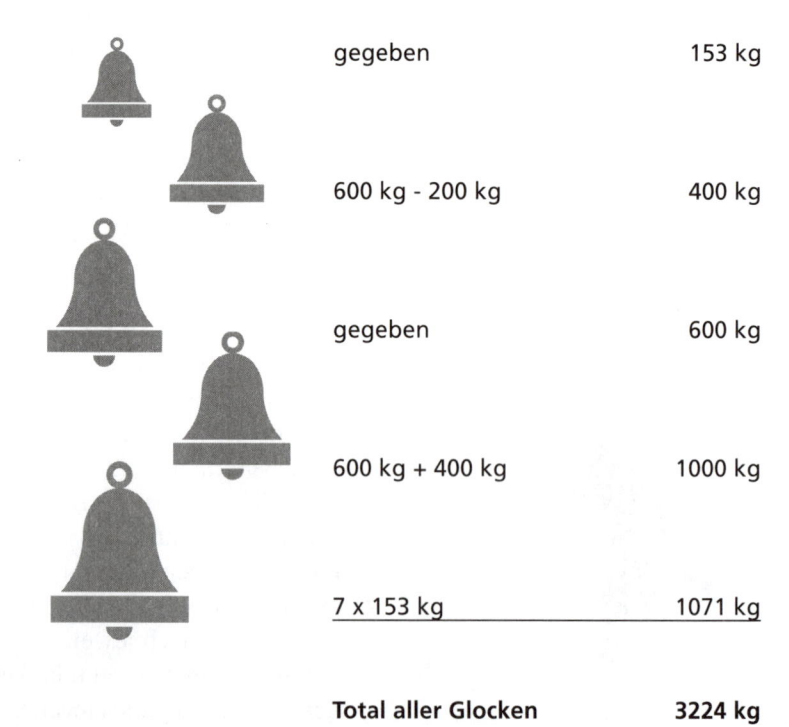

🔔	gegeben	153 kg
🔔	600 kg - 200 kg	400 kg
🔔	gegeben	600 kg
🔔	600 kg + 400 kg	1000 kg
🔔	7 x 153 kg	1071 kg
	Total aller Glocken	**3224 kg**

Lösungsvorschlag zu Repetitionsaufgabe 2
Beispiele für mögliche Handlungsanweisungen:
- Im Englisch nehme ich vermehrt am mündlichen Unterricht teil.
- Ich schreibe alle Notizen auf A4-Blätter und lege sie im entsprechenden Ordner ab.

- Ich frage die Staatskundelehrerin, nach welchen Kriterien ich den Stoff ordnen soll.
- Ich besorge mir ein Pinnbrett.
- Ich mache mit meinem Freund eine Zeit ab, in der wir wöchentlich den Stoff der naturwissenschaftlichen Fächer besprechen können.
- Ich schreibe während eines Monats meine Tätigkeiten in den Wochenplan.
- Die anstehende Semesterarbeit plane ich mit der ALPEN-Methode.
- Statt die Französischwörter nach der Liste im Buch zu lernen, lege ich mir eine Lernkartei an.
- Für das Lösen von mathematischen Aufgaben erstelle ich mir eine Anleitung fürs Vorgehen.

3. Die Funktionsweise des Gehirns
Lösungsvorschlag zu Aufgabe 3.1
Von der Wahrnehmung zum Gedächtnis

Ultrakurzzeitgedächtnis	Kurzzeitgedächtnis	Langzeitgedächtnis
übernimmt Sinneswahrnehmungen	übernimmt Informationen, die in Sprache umgesetzt und innerlich leise wiederholt werden	übernimmt Informationen, die mehrmals wiederholt werden
Art der Speicherung: physikalisch	Art der Speicherung: akustisch und visuell	Art der Speicherung: zusammengeschaltete Neuronenbahnen
Speicherdauer: Sekundenbruchteile	Speicherdauer: ca. 3 Sekunden	Speicherdauer: lebenslang
Speicherkapazität: sehr gross	Speicherkapazität: sieben Objekte	Speicherkapazität: fast unbegrenzt

Aufgabe 3.2
Testen Sie Ihr Gedächtnis

Testen Sie Ihr Gedächtnis: Test zu den einzelnen Stufen des Gedächtnisses

1. Ermittlung der individuellen Verweildauer unzusammenhängender Informationen im Ultrakurzzeitgedächtnis (UZ-Gedächtniszeit):
Lesen Sie der Testperson die folgenden Wörter ohne Zwischenpausen vor. Zwei Sekunden später lassen Sie sie die Wörter nennen. Im Normalfall weiss sie alle fünf Wörter.
Baum, Katze, Nadel, Bahn, Feld
Bei den nächsten Wortgruppen steigern Sie die Pause so lange jedesmal um fünf Sekunden, bis die Testperson nicht mehr alle Wörter weiss. Während der ganzen Länge der Pause lassen Sie die Testperson ungerade Zahlen aufzählen, um zu verhindern, dass sie die Wörter geistig repetiert.
Buch, Streichholz, Mist, Stein, Blatt
Dach, Heft, Ziegel, Band, Kugel
Kreis, Baum, Bleistift, Ring, Tisch
Dolch, Boden, Wasser, Rose, Hut
Feder, Wand, Hose, Stuhl, Wiese

Anhang B

Die längste Pause, nach der alle Wörter erinnert wurden, ist die persönliche Ultrakurzzeitgedächtniszeit. Tragen Sie diesen Wert in das «Persönliche Lerntyp-Werteblatt» im Anhang A, S.133, ein.

2. Ermittlung der individuellen Verweildauer unzusammenhängender Informationen im Kurzzeitgedächtnis (KZ-Gedächtniszeit):

Um die Kurzzeitgedächtniszeit zu bestimmen, muss die Wortgruppe zunächst vom Ultrakurzzeitgedächtnis ins Kurzzeitgedächtnis gelangen. Lesen Sie dazu der Testperson in derselben Weise wie beim UZ-Gedächtnistest eine Wortgruppe vor. Nach der bereits ermittelten UZ-Gedächtniszeit lassen Sie die Testperson die Worte aufschreiben und laut vorlesen. Ist die UZ-Gedächtniszeit korrekt bestimmt, erinnert sich die Testperson an alle fünf Wörter, die nun im Kurzzeitgedächtnis sind.

Beschäftigen Sie nun die Testperson fünf Minuten so, dass Sie nicht an die Wörter denken kann. (Lassen Sie sie die ersten dreissig Sekunden ungerade Zahlen aufsagen.) Lassen Sie sie anschliessend die Wörter nennen. Weiss die Testperson nicht alle Wörter, verkürzen Sie die Pause immer um eine Minute, bis sie alle weiss. Weiss sie hingegen alle, verlängern Sie die Pause um fünf Minuten, bis sie nicht mehr alle weiss, und verkürzen Sie dann minutenweise, bis sie alle weiss.

Hand, Blüte, Sofa, Eile, Uhr
Wald, Träne, Wind, Ofen, Stab
Liebe, Knopf, Licht, Teer, Flasche
Tinte, Oma, Vorhang, Sommer, Rad
Berg, Zeiger, Finger, Nebel, Seil
Blitz, Hemd, Stein, Farbe, Turm
Himmel, Faden, Plastik, Staub, Lippe

Die längste Pause, nach der alle Wörter erinnert wurden, ist die persönliche Kurzzeitgedächtniszeit. Tragen Sie diesen Wert im Anhang A, S. 133, in das «Persönliche Lerntyp-Werteblatt» ein.

Bei der Auswertung von 500 solcher Tests waren die häufigsten Werte für die UZ-Gedächtniszeit zwei Sekunden, für die KZ-Gedächtniszeit vier Minuten.

(Aus: F. Vester, Denken, Lernen, Vergessen, 29. Aufl. S. 210–231)

Lösungsvorschlag zu Repetitionsaufgabe 3

Die elementaren Verarbeitungseinheiten im Gehirn sind die Neuronen. Sie sind durch Axone und Dendriten miteinander verbunden. An den Verbindungsstellen steuern die Synapsen (eine Art Schalter) die ankommenden elektrochemischen Signale. Lernen und Bildung neuer Gedächtnisinhalte beruhen also auf der elektrochemischen Tätigkeit der Neuronen, Gedächtnisinhalte sind folglich in einem Netz von elektrochemischen Verbindungen abgespeichert. Weil jeder Mensch sein individuelles Grundmuster an Verbindungen hat, verarbeitet jeder an sich gleiche Informationen unterschiedlich.

Anhang B

4. Der Funktion des Gehirns entsprechend lernen
Lösungsvorschlag zu Aufgabe 4.2
Englischwörter merk-würdig machen

fidget	**Fische**	Zappelphilipp
frown	**Frauen**	Die Stirn runzeln
anticipate	**Antiquität**	voraussehen
likelihood	**Leichter Hut**	Wahrscheinlichkeit
capital fun	**Kapitalfang**	Heidenspass
cradle	**Gretel**	Wiege

Aufgabe 4.3
Personennamen und Gesichter merken

147

Anhang B

Lösungsvorschlag zu Repetitionsaufgabe 4
Kontrollieren Sie Ihre Lösung mit dem Inhaltsüberblick.

5. Seinen Lerntyp kennen und weiterentwickeln
Aufgabe 5.1
Testen Sie Ihre Neugierde und Aufmerksamkeit
1. Testen Sie die Merkfähigkeit der Testperson für langweilige Informationen (Testdauer: drei Minuten).
   Decken Sie die abgebildeten 10 Bilder so ab, dass Ihre Testperson jedes Bild während je 10 Sekunden betrachten kann. Gleich anschliessend stellen Sie der Testpartnerin oder dem Testpartner 30 Sekunden lang verschiedene Rechenaufgaben. Die Testperson hat darauf 20 Sekunden lang Zeit, die zu den Bildern gehörenden Begriffe aufzuschreiben (die Reihenfolge ist beliebig).
   Tragen Sie die Anzahl der richtig erinnerten Bilder ein im «Persönlichen Lerntyp-Werteblatt», das sich im Anhang A «Aufgaben und Repetitionsaufgaben», S. 133, befindet.
2. Testen Sie die Merkfähigkeit der Testperson für neugierig machende Information (Dauer: drei Minuten).
   Decken Sie die 10 weiteren Bilder so ab, dass Ihre Testperson jedes Bild während je 10 Sekunden betrachten kann. Gleich anschliessend stellen Sie der Testpartnerin oder dem Testpartner 30 Sekunden lang verschiedene Rechenaufgaben. Dann geben Sie ihr 20 Sekunden Zeit, die noch in Erinnerung gebliebenen Begriffe zu den Bildern aufzuschreiben (beliebige Reihenfolge). Tragen Sie das Ergebnis im «Persönlichen Lerntyp-Werteblatt» ein (S. 133).

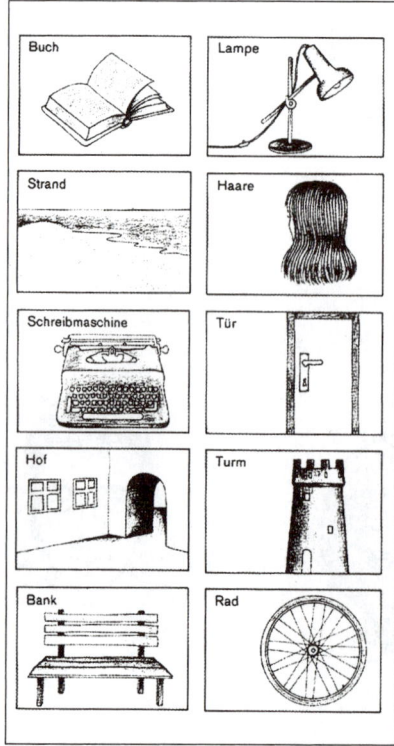

langweilig   *interessant*

Anhang B

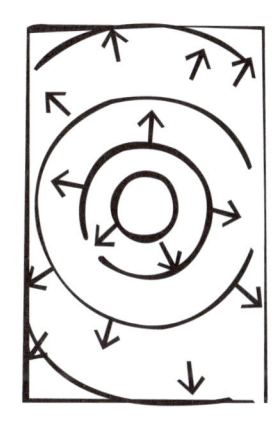

Lösungsvorschlag zu Aufgabe 5.4
Lerntyptest in Abhängigkeit vom Eingangskanal

Der Test besteht aus fünf Teilübungen. In jeder lassen Sie die Testperson zehnmal etwas 2 Sekunden lang wahrnehmen. Anschliessend beschäftigen Sie die Testperson jeweils für 30 Sekunden mit Kopfrechnungen. Dann geben Sie der Testperson 20 Sekunden Zeit, sich an die Wörter zu erinnern.

3 x 7	3 : 3	6 x 5	2 x 10	5 x 6
4 + 1	7 x 3	43 – 8	4 + 22	43 – 12
11 – 3	32 – 13	12 : 4	45 – 17	21 : 7
6 x 6	45 : 9	4 x 8	42 : 7	12 x 12
33 + 11	8 x 8	19 + 23	9 x 3	88 – 12
77 – 22	43 + 12	45 : 5	6 x 6	11 x 11

1. Lesegedächtnis (optisch-symbolischer Kanal)
Lassen Sie die Testperson die untenstehenden Wörter während jeweils 2 Sekunden lesen. Stellen Sie ihr gleich anschliessend 30 Sekunden lang Rechnungsaufgaben. Danach hat die Testperson 20 Sekunden Zeit, um sich an die Wörter zu erinnern. Notieren Sie die Zahl der erinnerten Wörter im «Persönlichen Lerntyp-Werteblatt», das sich im Anhang A «Aufgaben und Repetiotionsaufgaben», S. 133, befindet.

Handtuch, Klavier, Fingerhut, Fenster, Ofen, Decke, Griff, Mantel, Rasen, Telefon

2. Auditives Gedächtnis (Hören)
Lesen Sie der Testperson die untenstehenden Wörter im Abstand von 2 Sekunden vor. Stellen Sie ihr gleich anschliessend 30 Sekunden lang Rechnungsaufgaben. Danach hat die Testperson 20 Sekunden Zeit, um sich an die Wörter zu erinnern. Notieren Sie die Zahl der erinnerten Wörter.

Dose, Pantoffel, Teppich, Krug, Federball, Dusche, Kamin, Motor, Wald, Plastik

3. Visuelles Gedächtnis (Sehen)
Zeigen Sie der Testperson die untenstehenden Gegenstände während jeweils 2 Sekunden. Stellen Sie ihr gleich anschliessend 30 Sekunden lang Rechnungsaufgaben. Danach hat die Testperson 20 Sekunden Zeit, um sich an die Wörter zu erinnern. Notieren Sie die Zahl der erinnerten Wörter.

Geldstück, Waschlappen, Schlüssel, Heft, Apfel, Messer, Schallplatte, Bleistift, Fingerhut, Knopf

4. Haptisches Gedächtnis (Tasten)
Verbinden Sie der Testperson die Augen. Geben Sie ihr die untenstehenden Gegenstände für jeweils zwei Sekunden zum Anfassen. Stellen Sie ihr

Anhang B

gleich anschliessend 30 Sekunden lang Rechnungsaufgaben. Danach hat die Testperson 20 Sekunden Zeit, um sich an die Wörter zu erinnern. Notieren Sie die Zahl der erinnerten Wörter.

Brille, Gabel, Zahnbürste, Glas, Buch, Radiergummi, Flasche, Armbanduhr, Schere, Schuh

5. Kombiniertes Gedächtnis
Diesmal darf die Testperson die Gegenstände sehen, hören, lesen und anfassen. Legen Sie der Testperson die untenstehenden Gegenstände für jeweils 2 Sekunden in die Hand, zeigen ihr gleichzeitig einen Zettel mit dem Namen des Gegenstandes und sagen dazu laut den Namen. Stellen Sie ihr gleich anschliessend während 30 Sekunden Rechnungsaufgaben. Danach hat die Testperson 20 Sekunden Zeit, um sich an die Wörter zu erinnern. Notieren Sie die Zahl der erinnerten Wörter.

Ring, Seife, Hammer, Hut, Pinsel, Stein, Zettel, Kugelschreiber, Teller, Brot

Bei der Auswertung von 500 solcher Tests ergaben sich folgende durchschnittlichen Erinnerungswerte:
1. Lesen   5,52
2. Hören   4,16
3. Sehen   7,29
4. Tasten   6,79
5. kombiniert   6,98

(Quelle: Vester, Denken, Lernen, Vergessen, 29. Aufl. S. 210–231)

Besprechen Sie mit der Testperson die folgenden Fragen:
1. Stimmen die Testergebnisse mit den bisherigen Erfahrungen beim Lernen bzw. mit der Benützung der Eingangskanäle überein? Kommen der Testperson konkrete Beispiele in den Sinn?
2. Ist die Testperson auf Einsichten oder Schlussfolgerungen gestossen, welche sie in zukünftigen Lernsituationen berücksichtigen wird?

Lösungsvorschlag zu Repetitionsaufgabe 5
1. Ich lerne am liebsten mit meiner Freundin zusammen in meinem Zimmer.
2. Wenn ich etwas nicht verstehe, versuche ich es meinem Vater zu erklären.
3. Englische Wörter lerne ich täglich im Zug.
4. Wenn etwas ganz Neues kommt, lese ich zuerst im Lexikon, worum es im grossen Ganzen geht.
5. Um Zusammenhänge anschaulich zu machen, zeichne ich eine Mindmap.
6. Geschichtliche Fakten versuche ich mit etwas Realem zu verbinden, z.B. einem Denkmal.
7. Den Durchblick erreiche ich oft, indem ich zum Problem einen schriftlichen Text verfasse.

Anhang B

6. Kreatives Arbeiten
Lösungsvorschlag zu Aufgabe 6.1

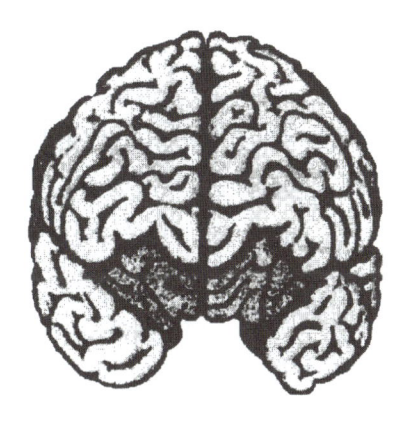

Links	Rechts
Sprache	Rhythmus
Logik	Musik
Folge	Bilder
Linearität	Fantasien
Analyse	Wachträumerei
Regeln	Farbe
Einzelheiten	Dimension

Lösungsvorschlag zu Aufgabe 6.2
Die Förderung brachliegender Fähigkeiten belastet andere nicht, sondern fördert die Gesamtheit unserer Fähigkeiten (Synergieeffekt). Alle Gebiete geistiger Leistungsmöglichkeiten werden entwickelt. Das bewusste Denken wird vielfältiger. So wird beispielsweise die Musikalität eines musikalischen Menschen gefördert, wenn er sportlich gefördert wird!

Lösungsvorschlag zu Aufgabe 6.3
Sie haben nun einen Ort beschrieben, möglichst vielfältig, alle Ihre Sinne reaktiviert. Machen Sie einen kritischen Vergleich, ob Sie schon viele Bereiche aus den beiden Hirnhälften berücksichtigen.
Lesen Sie den folgenden Text über die Atmosphäre eines Unterrichtsraumes. Die Fragen wecken wohl ganz unterschiedliche Erinnerungen an Ihre Schulzeit. Haben Sie in Ihrer Beschreibung eines Ortes ebenso an die verschiedensten Sinne gedacht?

Das Ambiente des Unterrichtsraumes – eine mentale Reise durch einen Unterrichtsraum
Spezielle Fragen des Kriterienbogens geben Anregungen, den Arbeitsraum mental zu durchforschen. Er wird betrachtet, gehört, empfunden und gerochen. Gibt es für die verschiedenen Lerntypen entsprechende Bereiche, die Ihre Sinneswelt ansprechen? Wie wirkt das Sonnenlicht, sofern vorhanden? Wo sind welche Farben zu sehen? Wie ist die Tischordnung? Gibt es Winkel und Ecken, die schlecht von beiden Gruppen (Schülern und Lehrpersonen) einsehbar sind? Wie ist es mit

Anhang B

der Akustik bestellt? Von wo wird man kaum oder gar nicht gehört? Wie verhält es sich mit anderen Geräusch- und Lärmquellen? Sind sie permanent hörbar oder nur gelegentlich? Wie ist die Raumtemperatur, schwankt sie je nach Tageszeit? Sind Bereiche vorgesehen für Fühl- und Tasterlebnisse? Woraus bestehen die Elemente der Einrichtung? Gibt es einen typischen Geruch in diesem Raum? Wie ist das Mitteilungsbrett – soweit vorhanden – gestaltet? Mit welchen Medien arbeitet die Lehrerin oder der Lehrer bevorzugt? Welchem Sinneskanal wird dabei überwiegend entsprochen? Wie sind die Arbeitsunterlagen gestaltet? Sprechen die Formulierungen alle Sinne an?

Dies ist nur eine gekürzte Aufzählung der Beobachtungskriterien. Als Lehrperson ist man sich zu selten gewahr, welchen Einfluss ein Lernumfeld (nicht) ausübt. Zumeist ist die Umgebung sinnarm und monoton.
(M. Beyer, K. Marwitz, 1990)

Übrigens
Arbeitsplätze und Büroräume können ebenso zur Förderung der Sinneseindrücke gestaltet werden. Schauen Sie sich in Ihrem Arbeitsumfeld einmal genau um. Vielleicht lassen Sie sich durch den obigen Text zu Veränderungen anregen.

Lösungsvorschlag zu Aufgabe 6.4

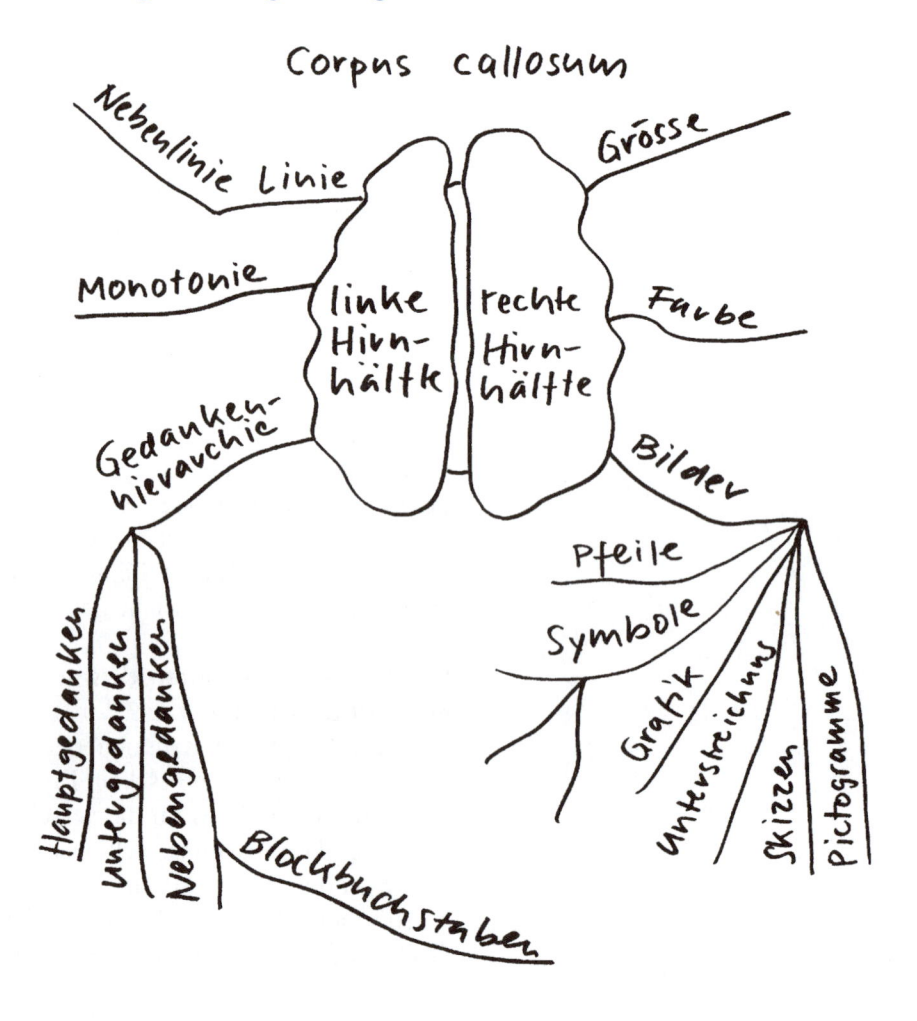

Anhang B

Lösungsvorschlag zu Aufgabe 6.5
Das Beispiel links dient Ihnen als Vergleich.

Lösungsvorschlag zu Aufgabe 6.6
Sie vergleichen die lineare Schreibweise (Text) mit der Aufzeichnung in Form einer Mindmap. Die Vorteile sind bei diesem Vergleich bestimmt sinnfällig. Es ist wiederholend zu beachten:
1. Sie schreiben den Kernbegriff des Themas in die Mitte eines unbeschriebenen A4-Blattes und umkreisen ihn.
2. Wichtige Gedanken schreiben Sie in der Nähe des Kerns auf Linienäste, von diesen abhängige Gedanken schreiben Sie auf Zweige der entsprechenden Äste.
3. Während Ihres Denkprozesses können Sie die Mindmap jederzeit und im ganzen Liniengeäst ergänzen.
4. Ihre Gedanken werden mit einem Stichwort in Druckbuchstaben auf jeder Linie geschrieben.
5. Mit Farben, Symbolen und Pfeilen verdeutlichen Sie die thematischen Zusammenhänge.

Lösungsvorschlag zu Repetitionsaufgabe 6

Bevor Sie das Mindmapping als neue Lerntechnik kennen lernten, hätten Sie noch ausführlich geschrieben:

Mindmaps führen uns zu einer ständigen, aktiven (Mit-)Arbeit beim eigenen Schaffen wie auch beim Aufzeichnen während des Zuhörens. Wir beschränken uns nicht darauf, den zuletzt geäusserten Punkt festzuhalten, sondern haben die Gesamtheit sinnfällig vor uns. Das grössere Engagement umfasst eine kritische Sichtweise, einen grösseren Überblick, eine vielfältige Erinnerungsfähigkeit und ein gesamtheitliches Verständnis.

7. Erfolgreich schreiben
Lösungsvorschlag zu Aufgabe 7.1
Die Stichworte in steigernder Reihenfolge zum Thema «Warum ich weiterhin bei meinen Eltern wohne?» können etwa die folgenden sein:
– Viele Hausarbeiten werden mir zu Hause abgenommen.
– Ich kann alle Annehmlichkeiten der häuslichen Infrastruktur nutzen (TV, Zeitung, voller Kühlschrank, gekochte Mahlzeiten usw.).
– Zu Hause wohne ich billiger.
– Die Wäsche wird mir kostengünstig gewaschen und gebügelt.
– Meistens ist jemand da (zum Plaudern, bei Problemen und Sorgen).

Lösungsvorschlag zu Aufgabe 7.2
Eine mögliche Gliederung zum Thema «Weiterhin bei den Eltern wohnen oder ein eigenes Zimmer/eine eigene Wohnung mieten?» liegt in der Gegenüberstellung der nachstehenden Argumente:

+	–
billiger zu Hause bei den Eltern	teure Wohnung
Hausarbeiten werden mir abgenommen	aufwendige Hausarbeit
kann alle Annehmlichkeiten des elterlichen Haushalts nutzen	meist schlechtere Ernährung
es ist immer jemand da	Mieteraufgaben (Treppenwischen usw.)
allein sein	Beschränkung der persönlichen Freiheit

Anhang B

+	−
das Leben selber gestalten	durch zu viele Anpassungszwänge eingeschränkte Möglichkeit, das Leben selber gestalten zu können
Wohnung selber einrichten können	eingeschränkte Möglichkeit der Wohnungsgestaltung, Sorge tragen zur Einrichtung
einladen können, wen und wie viele ich will	keine Einladungen in «sturmfreier Bude» möglich
ungestört mit Freundin oder Freund zusammen sein können	Rücksicht auf Eltern notwendig, bei Freund oder Freundin oft Probleme
Erfahrung mit den Lebenskosten	Eltern umsorgen erwachsene Kinder oft zu sehr, wenig Selbstständigkeit

Lösungsvorschlag zu Aufgabe 7.3

Drei mögliche Einleitungen zum Thema «Warum ich weiterhin bei meinen Eltern wohne»:

1. Ich habe diese Frage schon oft mit Gleichaltrigen besprochen, da sie mich in letzter Zeit ziemlich beschäftigt. Ihre Ansichten fielen jeweils recht widersprüchlich aus. Sie halfen mir aber, meine eigene Meinung zum Thema zu klären. Die Überlegungen und Gedanken, die schliesslich zu meinem Entscheid für meine nähere Zukunft führten, will ich im Folgenden einander gegenüberstellen.
2. Je nach Alter der Jugendlichen, die ihr Elternhaus zugunsten von mehr Unabhängigkeit verlassen möchten, klingt die Argumentation für eine eigene Wohnung unterschiedlich. Umstritten ist die Frage jedoch sicher. Und stets sind auch Zweifel und Ungewissheiten im Hinblick auf das Unbekannte mit im Spiel. Deshalb scheint es mir angebracht, die Frage sorgfältig in ihren negativen und positiven Aspekten gegenüberstellend zu prüfen und für mich persönlich zu einer Entscheidung zu finden, die meiner Weiterentwicklung am ehesten entspricht.
3. Heute gilt es als lässig, möglichst schnell aus dem Elternhaus wegzuziehen und die «goldene» Freiheit zu geniessen. Aber ist dies auch so einfach und unproblematisch, wie dies so viele meinen? Es gibt zahlreiche Gründe, die dafür sprechen, während der Ausbildung die Vorteile zu nutzen, wenn man weiterhin im Elternhaus wohnt. Dennoch will ich die gestellte Frage erneut abwägend prüfen und vielleicht überraschend zu einer veränderten Schlussfolgerung gelangen.

Anhang B

Beispiele für Zitate

«Unsere Wohnungen brauchen keinen ausgeprägten Stil zu haben, aber sie sollen von der Eigenart ihres Besitzers getragen sein. Der Architekt schafft nur die Hälfte der Wohnung, der Mensch, der in ihr lebt, die andere Hälfte.»
Marcel Breuer, Katalog der Bauhaus-Ausstellung, Basel

«In meines Vaters Hause sind viele Wohnungen.»
Johannes, 14,2

Beispiele für Sprichwörter

«Kommen Sie doch einmal vorbei!», ist leicht zu sagen; «Nun gehen Sie endlich schon!», jedoch viel schwerer.
Türkisches Sprichwort

«Zu Gast sein ist gut, zu Hause aber ist es besser.»
Russisches Sprichwort

«Mit einem bösen Nachbarn lernst du alle Gesetze kennen.»
Finnisches Sprichwort

Lösungsvorschläge zu Aufgabe 7.4
Beispiele für Einleitungen sind im «Lösungsvorschlag zu Aufgabe 7.3» aufgeführt.

Lösungsvorschlag zu Aufgabe 7.5
«Weiterhin bei den Eltern wohnen oder ein eigenes Zimmer oder eine eigene Wohnung mieten?» – Verfassen des Schlussteils
Alle (jungen) Menschen haben einmal den Entscheid zu fällen, wann sie sich vom Elternhaus ablösen wollen oder sollen.

Für den richtigen Zeitpunkt dieser Ablösung vom Elternhaus stellen Sie verschiedene Argumente einander gegenüber. Diese werden materieller und psychologischer Art sein und Ihrer persönlichen Biographie entsprechen. Die Gegenüberstellung Ihrer Argumente wird Ihren Entschluss in dieser Frage erleichtern.

Lösungsvorschläge zu Aufgabe 7.6
Als Hilfsmittel zur Erweiterung Ihres Sprachschatzes kann Ihnen der DUDEN, Band 8, «Die sinn- und sachverwandten Wörter und Wendungen» und DUDEN, Band 4, «Grammatik» dienen.
Für Aufgabe 7.6 daraus einige Beispiele: Dank Konjunktionen stehen Ihre Überlegungen nicht vereinzelt da, sondern werden in einen Zusammenhang gebracht.

anreihende Konjunktionen, z.B.:	ausserdem, und, auch, sowie, zudem, ferner
folgernde Konjunktionen, z.B.:	also, daher, somit, denn, demnach, deshalb
einschränkende Konjunktionen, z.B.:	allerdings, zwar, freilich
begründende Konjunktionen, z.B.:	weil, denn
entgegenstehende Konjunktionen, z.B.:	aber, doch, jedoch, sondern, dennoch, vielmehr

Lösungsvorschläge zu Repetitionsaufgabe 7.1
Schlüsselwörter für die unterschiedlichen Formen schriftlichen Festhaltens von Gedanken und Überlegungen können sein:
Notizen
Nur für persönlichen Gebrauch bestimmt.
Entwurf
Provisorisches Sammeln und Ordnen von Ideen, Gedanken und Überlegungen.
Reinschrift Grad 1
Übersichtliche Darstellung der in Notizen und Entwurf gesammelten und provisorisch geordneten Fakten, möglichst fehlerfrei.
Reinschrift Grad 2
Tadellose Textfassung, einsichtiger, logischer Verlauf der Textführung.

Lösungsvorschläge zu Repetitionsaufgabe 7.2
Die Entscheidungsfrage verlangt ein Abwägen von Gegensätzen (Pro und Kontra, Ja und Nein), das schliesslich zu einer Schlussfolgerung führt.

Die Ergänzungsfrage zielt auf Klärung und Begründung. In einer sich steigernden Reihenfolge werden die entsprechenden Überlegungen dargestellt und zu einer Schlussfolgerung geführt.

Lösungsvorschläge zu Repetitionsaufgabe 7.3
Verlangt das Thema nach der Klärung einer Sachfrage, zum Beispiel:
a) Welche Folge hat übermässiger Alkoholkonsum?
b) Wie bereitet man eine Party vor?
c) Warum sind viele Jugendliche vom Hardrock fasziniert?,
dann spricht man von einer Ergänzungsfrage. Verlangt sind unterschiedliche Gesichtspunkte (A), Lösungsvorschläge (B), mehrere Gründe (C). Das Ziel ist die Klärung einer Sachfrage.

Verlangt das Thema nach einer Entscheidung, zum Beispiel:
a) Ist Alkoholgenuss schädlich?
b) Dürfen 14-jährige Jugendliche an Partys gehen?
c) Schürt Hardrock die Gewalt?,
dann spricht man von einer Entscheidungsfrage. Das Thema verlangt das Abwägen von Argumenten und Gegenargumenten (Pro/Kontra, Ja/Nein).

Lösungsvorschlag zu Repetitionsaufgabe 7.4
Die Lösung lautet natürlich:
Frick, René; Mosimann, Werner: Lernen ist lernbar. Arbeits- und Lerntechnik. Verlag Sauerländer, Aarau 2000

8. Nutzbringend lesen
Lösungsvorschlag zu Aufgabe 8.1
– Smog kann die Gesundheit gefährden
– Reizwirkung durch Smog

Anhang B

Lösungsvorschlag zu Aufgabe 8.2
Mindmap zum Text «Smog – Was ist das?».

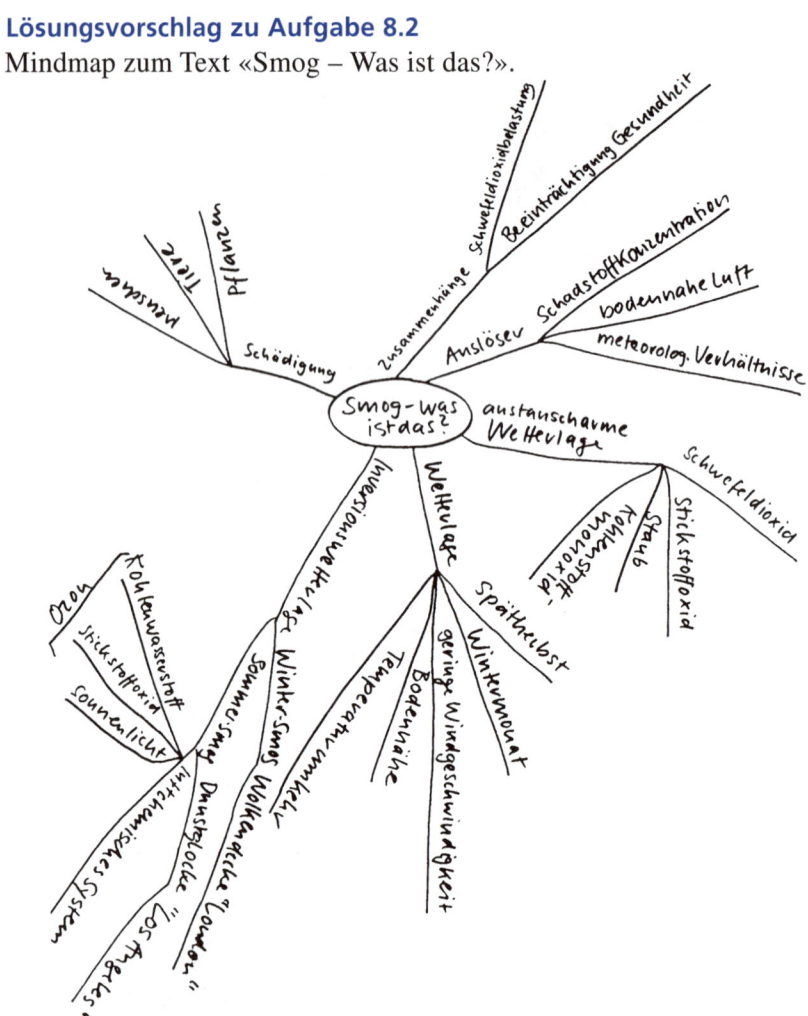

Lösungsvorschlag zu Aufgabe 8.3
Beispiel für die Beschriftung einer Karteikarte

Smog
Zusammenhänge Schwefeldioxidbelastung – Gesundheit?
Schadstoffbelastung bodennah und ungünstige meteorologische Verhältnisse → Smog
Austauscharme Wetterlagen → Spätherbst und Winter
Schädigung bei Menschen, Tieren und Pflanzen
Quelle: U. Jäkel, Umweltschutz, Stuttgart 1992, S. 36 f.

Lösungsvorschlag zu Aufgabe 8.4
Mindmap zum Text «Smog – Was ist das?», gekürzt für eine Karteikarte

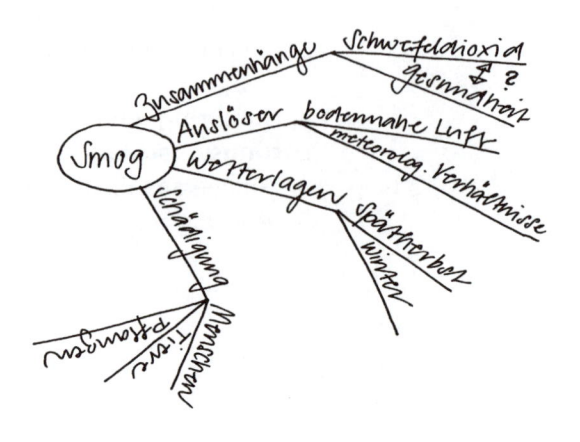

Anhang B

Mindmapping mit Karteikarten
Statt auf einem Blatt Papier zu arbeiten, können Sie die Mindmap auch anders entwickeln. Dies empfiehlt sich insbesondere, wenn das Gebiet, das Sie überdenken wollen, sehr umfangreich ist. Schreiben Sie die einzelnen Stichworte auf Karteikarten! z.B. gelbe, lange (normale Karten
der Länge nach durchgeschnitten) für die «Hauptäste», orange, kleine (kleinere Karten quer durchgeschnitten) für die «Zweige» und weisse Papierstückchen für die «Zweigeszweiglein». Diese beschriebenen Karten und Papierstücke können Sie so lange auf dem Tisch oder am Boden herumschieben, bis Sie mit der Auslegung der Gedanken-Karten zufrieden sind. Ausserdem können Sie mit Schnurstücken verbindende und Zusammenhänge schaffende Bogen «bauen».
(nach Birkenbihl, 1988, S. 87–89)

Lösungsvorschläge zu Repetitionsaufgabe 8
1. Ich mache mir Notizen, weil ich so das Wesentliche eines Textes herausarbeiten und für eine spätere Verwendung festhalten kann.

2. Ich unterscheide überfliegendes Lesen von gründlichem Lesen, denn überfliegendes Lesen erlaubt mir ein rasches, vorläufiges Urteilen; gründliches Lesen verschafft mir nachhaltiges Wissen.
3. Die bildhafte Darstellung in einer Mindmap hat Vorteile, weil ich mir links- und rechtshirnig (linear und bildhaft) Informationen einprägen kann.

9. Prüfungen vorbereiten
Lösungsvorschlag zu Aufgabe 9.1
Zur Kontrolle vergleichen Sie die angefangene Mindmap mit jener am Anfang des Kapitels.

Lösungsvorschlag zu Aufgabe 9.2
Kein Lösungsvorschlag

Lösungsvorschlag zu Repetitionsaufgabe 9.1
Ich entspanne mich kurz, z.B. indem ich einen Blick zum Fenster hinaus werfe.

Lösungsvorschlag zu Repetitionsaufgabe 9.2
– Aufmerksam lernen
– Lerntechniken anwenden

Übrigens
Für die Prüfungsvorbereitung blicken Sie am besten nochmals auf die Mindmap Seite 97.

Lösungsvorschlag zu Repetitionsaufgabe 9.3
– z.B. alte Prüfungsbeispiele durcharbeiten
– sich zusammen mit andern vorbereiten

Anhang B

10. Informieren, Präsentieren, Übereugen
Lösungsvorschlag zu Aufgabe 10.1
Sie haben im Zitat von O. Dudle, «Dokumentieren – Recherchieren – Informieren» eine Fülle von Informationen kennen gelernt.

Beginnen Sie doch heute schon mit dem Aufbau eines eigenen Archivs zu Themen, die Sie interessieren. Vielleicht besitzen Sie schon einiges, das geordnet werden sollte.

Lösungsvorschlag zu Aufgabe 10.2
Nutzen Sie Ihre Möglichkeiten, z.B. während einer Ausfallstunde und üben Sie das Erarbeiten von Informationen in Schul- und weiteren öffentlichen Bibliotheken. Vielleicht besitzt Ihre Schule dazu auch einen Internetanschluss.

Lösungsvorschlag zu Aufgabe 10.3
Schreiben Sie an die Lokalredaktion einer Zeitung und stellen Sie fest, ob Sie so zu vertiefenden Informationen über ein aktuelles Thema kommen.

Lösungsvorschlag zu Aufgabe 10.4
Lösungsvorschlag in Aufgabe 10.4 formuliert.

Lösungsvorschlag zu Repetitionsaufgabe 10.1
Mindmap «Sich informieren»
Zum Vergleich mit Ihrer Mindmap ist eine vielfältige Mindmap ganzseitig abgedruckt.

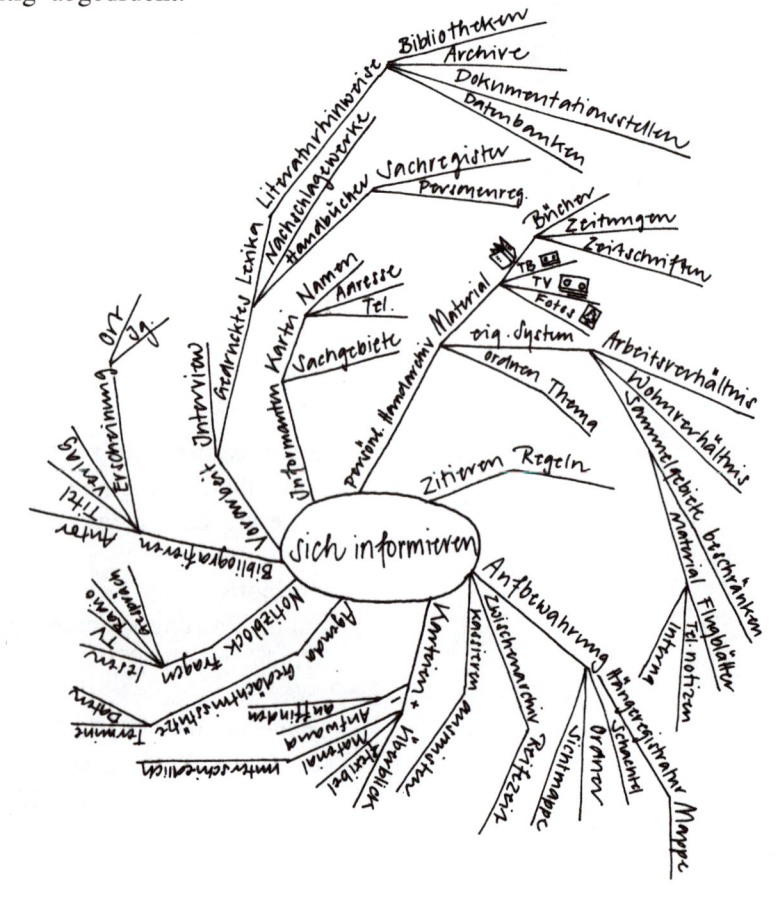

Anhang B

Lösungsvorschlag zu Repetitionsaufgabe 10.2
Sie überprüfen Ihre Vorbereitungen mit den Hinweisen im Unterkapitel «Wie ein Kurzvortrag, eine Präsentation beurteilt wird».

Lösungsvorschlag zu Repetitionsaufgabe 10.3
Arbeitsplan für eine Präsentation
Folgende Punkte sollten im Arbeitsplan aufgeführt sein:

Thema
- Inhalt
  Was beinhaltet es? Was nicht?
  Was sind die Kerninhalte?
  Was will ich erreichen? (Ziele formulieren)
  Was erwarten die Zuhörer?
- Umfang
  Schriftliche Dokumentation verlangt?

Benotung
- was?
- wie?

Zeitplan
- Etappenziele
- Termine fixieren

Unterlagen
- vorhandene Unterlagen (Texte, Bilder, Filme, Tonbänder, ...)
- fehlende Unterlagen (Wo beschaffen?)
- Unterlagen verarbeiten (z.B. Zettelkartei erstellen)
- Stoff auswählen und gliedern
- Stoff überarbeiten (Logik der Gedankenfolge, Sprache, ...)
- Gestalten des Präsentationsmaterials
- Präsentationsablauf und -techniken festlegen (siehe Checkliste)
- «Spickzettel» als Hilfe für das Referat erstellen
- Antworten auf evtl. Fragen vorbereiten

Präsentationsort einrichten

Präsentation einüben
- Entspannungstechniken:
  Stress durch entspannende Aktivitäten abbauen (Autogenes Training, beruhigende Formel sprechen, ...)

Präsentation durchführen
- Mit allen Unterlagen frühzeitig am Ort sein
- Im Wissen um die gute Vorbereitung die Präsentation ruhig durchführen

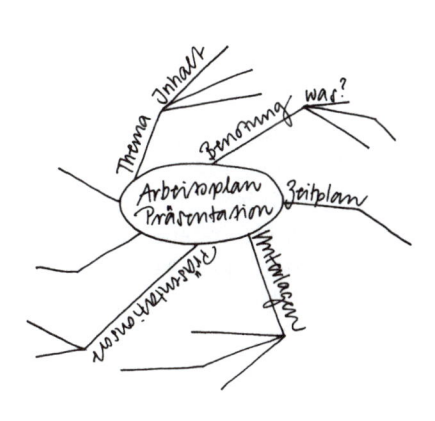

Anhang B

Literatur- und Quellenverzeichnis

- **Beyer, Maria; Marwitz, Klaus:** Training der Strategien des ganzheitlichen Lehrens und Lernens. Workshop-Bericht. BIGA, Juni 1990
- **Bijan, Adl-Amini:** So bestehe ich meine Prüfung. Verlag Beltz, Weinheim und Basel 1989
- **Biologie des Menschen:** Beiträge aus Spektrum der Wissenschaft (Evolution, Ontogenese, Kindheit, Sexualität, Soziobiologie, Altern). Hrsg. Volker Sommer. Spektrum, Akademischer Verlag, Heidelberg 1996
- **Birkenbihl, Vera:** Stroh im Kopf. Verlag Gabal, Speyer 1988
- **Brunner, René:** Leichter Lernen. Sauerländer, Aarau 1982
- **Büchel, Fredi P.; Büchel, Patrik:** DELV. Das eigene Lernen verstehen. Ein Programm zur Förderung des Lernens und Denkens für Jugendliche und Erwachsene. Sauerländer, Aarau 1997
- **Buzan, Tony, in: A. Thiele:** Blick durch die Wirtschaft, 4. Februar 1988
- **Buzan, Tony:** Kopftraining. Anleitung zum kreativen Denken. Tests und Übungen, Goldmann-Verlag, München 1984
- **Buzan, Tony:** Nichts vergessen. Goldmann Verlag, München 1994
- **Dahmer, Hella:** Effektives Lernen. Schattauer, Stuttgart 1991
- Die Arbeit am Bildschirm. Verlag SUVA, Bern 1991
- **Dogs, Wilfried:** Der gesteuerte Schlaf. Verlag Walter Braun, Duisburg 1977
- **Dudle, Otto:** Dokumentieren - Recherchieren – Informieren. Verlag Sauerländer, Aarau 1991
- **Endres, Wolfgang; Althof, Dirk:** Das Anti-Pauk-Buch. Beltz Verlag, Weinheim und Basel 1995
- **Fischer, Fritz:** Was ist eigentlich Brainstorming?, in: Basler Zeitung vom 13. 08. 1980
- **Fragnière, J.-P.:** Wie schreibt man eine Diplomarbeit? Verlag Haupt, Bern 1988
- **Gasser, Peter:** Neue Lernkultur. Eine integrative Didaktik. Verlag Sauerländer, Aarau 1999
- **Hartmann, Martin; Funk, Rüdiger; Nietmann, Horst:** Präsentieren. Verlag Beltz, Weinheim und Basel 1992
- **Heymann, Dr. Hans Werner:** in Pädagogik 10/98, S. 11
- **Holzheu, Harry:** Natürliche Rhetorik. Verlag Econ, Düsseldorf, Wien, New York 1991
- http://paedpsych.jk.uni-linz.ac.at/internet/arbeitsblaetterord/lerntechnikord/mnemotechnik.html (Materialien zu Lernen und Gedächtnis)
- **Hussy, Walter:** Denken und Problemlösen. Kohlhammer, Stuttgart 1993
- **Jäkel, Ulrike:** Umweltschutz. Verlag Klett, Stuttgart 1992
- **Kaiser, Lothar:** AHA – so lernt man. Arbeitsheft mit einfachen und elementaren Lerntipps und Anregungen für eine Verbesserung der Lerntechnik. Comenius-Verlag, Hitzkirch 1998
- **Kautzmann, Gabriele:** Das Wunder im Kopf. Intelligenz, Gedächtnis und Gefühle verstehen und optimal nutzen. Verlag Zabert Sandmann, München 1999
- **Kirckhoff, Mogens:** Mind Mapping. Synchron Verlag, Berlin 1988
- **Knill, Marcus:** natürlich, zuhörerorientiert, aussagezentriert reden. Verlag des Schweizerischen Vereins für Handarbeit und Schulreform, Hölstein 1991
- **Koenig, Walter:** Leichter lernen. Lernbrevier für AKAD-Studierende. AKAD-Verlag, Zürich 1991
- **Kolb, D. A.; Rubin, I.; MacIntyre, J.:** Organizational Psychology. An experimental approach. Englewood Cliffs 1974
- **Kugemann, Walter F.:** Lerntechniken für Erwachsene. Rororo, Reinbek bei Hamburg 1986
- **Leh, Johann:** Prüfungsangst überwinden. mvg-Verlag, Landsberg am Lech 1992

Anhang B

- **Mantel, Manfred:** Effizienter lernen. Heine Verlag, München 1990
- **Metzger, Christoph:** Wie lerne ich? Verlag Sauerländer, Aarau 1998
- **Metzig, Werner; Schuster, Martin:** Lernen zu lernen. Springer Verlag, Berlin 2000
- **Ott Ernst u.a.:** Thema Lernen, Methodik des geistigen Arbeitens. Verlag Klett, Stuttgart 1983
- **Ott, Ernst:** Das Konzentrationsprogramm: Konzentrationsschwäche überwinden - Denkvermögen steigern. Verlag Rowohlt, Hamburg 1987
- **PowerWork:** Professionell lernen und arbeiten. Hg. ASM. Sauerländer, Aarau 1998
- **Rico, Gabriele L.:** Garantiert schreiben lernen. Rowohlt Verlag, Reinbek bei Hamburg 1984
- **Roth, Gerhard; Prinz, Wolfgang:** Kopf-Arbeit. Spektrum 1996
- **Rücker-Vogler, Ursula:** Kinder können entspannt lernen. Don Basco Verlag, München 1994
- **Scheler, Uwe:** Informationen präsentieren. Gabal, Offenbach 1995
- **Schermer, Franz J.:** Lernen und Gedächtnis. Kohlhammer 1991
- **Schmid, Niklaus:** Frei von Prüfungsstress. Verlag Sauerländer, Aarau 1998
- **Schräder - Naef, Regula D.:** Der Lerntrainer für die Oberstufe. Beltz Verlag, Weinheim und Basel 1992
- **Seifert, Josef W.:** Visualisieren, Präsentieren, Moderieren. Verlag Gabal, Offenbach 1996/9
- **Seiwert, Lothar J.:** Mehr Zeit für das Wesentliche. Verlag moderne Industrie, Landsberg am Lech 1984
- **Steiner, Verena:** Exploratives Lernen. Der persönliche Weg zum Erfolg. Ein Arbeitsbuch für Studium, Beruf und Weiterbildung. Pendo, Zürich 2000
- **Svantesson, Ingemar:** Mind Mapping und Gedächtnistraining. Verlag Gabal, Bremen 1993
- **Thiele A.:** Blick durch die Wirtschaft. Artikel von Tony Buzan, 4. Februar 1988
- **Vester, Frederic:** Denken, Lernen, Vergessen. Dtv, München 1998
- **Vester, Frederic:** Video «Blick ins Gehirn». 17,5 Min. Verlag Klett. ISBN 3-12-751810-2
- **Vollmer, Günter; Hoberg, Gerrit:** Top-Training. Lern- und Arbeitsstrategien. Behalten – Verarbeiten – Anwenden. Verlag Klett, Stuttgart 1988
- **Weiss, Hans-Joachim:** Prüfungsangst. Lexika Verlag, Würzburg 1997
- **Wittlinger, E. C.:** Wort, Satz, Aufsatz. G. Westermann Verlag, Braunschweig 1982
- www.innopro.de/tieruhr1.htm (Lern- und Gedächtnistest)
- **Zielke, Wolfgang:** Handbuch der Lern-, Denk- und Arbeitstechnik. mvg-Verlag, Landsberg am Lech 1988
- **Zielke, Wolfgang:** Handbuch der Lern-, Denk- und Arbeitstechnik. mvg-Verlag, Landsberg am Lech 1992

Anhang B

Register

A
Abendmensch 25, 26
Ablenkungen 10
Agenda 29
Angst 96, 100, 110
Anschaulichkeit 63
arbeiten am PC 24
Arbeitsgedächtnis 37f., 44
Arbeitsplatz 22
Arbeitsprotokoll 85ff.
Arbeitsstörungen 11
Arbeitsstrategien 16f.
Arbeitstechnik verbessern 66
Archiv 106, 107
Assoziationen 35, 71
Aufmerksamkeit 9f.
Axone 35

B
Bearbeiten von Texten 92f.
Bibliothek 81, 102f., 105
Bilder 46, 102
Brainstorming 67

C
Checkliste zur Vorbereitung/Bewertung der Präsentation 111
Cluster 67
Clustertechnik 68

D
Dendriten 35
Denkblockaden 41, 123
Denker, Denkerin 55
Disposition 111
Dokumentation 106

E
Entdecker, Entdeckerin 55
Entscheider, Entscheiderin 55
entspannt 50
Entwurf 80
Erfolg 12
Ergonomie 24
extrinsische Motivation 8

F
Folien 110, 113
Fremdsprachen 32

G
Gedächtnis 34ff. 125
Gedanken sammeln 66 ff.
Gehirn 34ff.

Gehirnverdrahtung 121
Glück 9
Grundmuster 60
Grundstruktur des Gehirns 34
Gruppenarbeit 24f.
Gruppenarbeit mit Mindmapping 73

H
Hemisphäre 40
Hierarchie der Ideen 69

I
Ideen ordnen 67
Illustrationen 82, 90
Informationsquellen 81, 102ff.
Inhaltsverzeichnis 82
Internet 104, 105
intrinsische Motivation 8

K
Karteikarten 94f., 107
Konzentration 9f.
Kreativität 66 ff.
Kurzzeitgedächtnis 37f.

L
Langzeitgedächtnis 38f.
Layout 88ff.
Lernförderprogramm 116
Lernkartei 32
Lernperiode 44
Lernplateau 53
Lernprotokoll 85ff.
Lernstil 54f.
Lernstrategien 16ff.
Lerntagebuch 85ff.
Lerntyp 54ff.
Lerntyptest 131, 149
Lerntypstrategien 59ff.
Lernumfeld 59
Lernziel 16, 19, 25, 53, 61
Lesen 92ff., 105
Linearität 71
Literaturtipps 118, 120, 127, 130, 134
Literaturverzeichnis 82
Logbuch 85

M
Macher, Macherin 55
Medien 112 ff.
Mindmap 70ff.
Mindmapping 71ff., 93

Mindmaptechnik 70ff.
Mnemotechnik 46
Morgenmensch 25, 26
Motivation 8ff.
N
Notizen 71f., 80, 93
O
ordnen 20
Ordner 20
Organizer 29
P
Pausen 45
PC-Terminmanagement-Programm 29
persönliches Lerntyp-Werteblatt 132f.
Planen 102, 108
Powerdrink 18
Präsentation 102f., 108f., 111
Präsentieren 102 f., 109
Prüfungen 96 ff.
Prüfungen vorbereiten mit Mindmapping 98
Q
Quellen 82, 94, 109
R
Rechenaufgaben lösen 33
Reinschrift 80
repetieren 47f.
S
Schlüsselwörter 71
Schreiben 74 ff.
Schreibplan 81ff.
– Übersicht 84
Schreibstil 74
Schreibvorgang 80
Seitengestaltung 88 ff.
Selbstständige Vertiefungsarbeit 81
Selbstbestimmung 9, 59
Semesterarbeit 81
Sprache 12, 40ff., 46, 60, 69, 86, 111, 120
Stichwortkonzept 66, 69, 71
Stil 74
Stress 41
Stressbewältigung 50ff.
Suchmaschine 104
Synapsen 35ff.
T
Tagesrapport 27
Textaufbau 75 ff., 81

Textdarstellung 89
Texte lesen 92ff., 105
Textgestaltung 79
Textgliederung 75 ff.
Titelblatt 82, 90
U
Üben 48
Ultrakurzzeitgedächtnis 37
Unterricht 18
V
Verknüpfen 48f.
Vernetzung 71
Vortragstechnik 110
W
Wahrnehmung 37
Wahrnehmungskanäle 43, 64
Wahrnehmungssinn 58
Wiederholen 48
Willenskraft 9
Wissen 38f., 41ff., 49, 50, 62, 68, 96f., 101, 103, 110
Wissen erwerben
Wochenrapport 28
World Wide Web 104
Wortfeld erweitern 69
Z
Zeitmanagement 29
Zeitmanagement-Software 30
Zeitplan 81, 97
Zeitplanung 25
Ziele 8, 9, 10, 61
Zielerreichung 9
Ziele setzen 8, 9
Zitat 82, 93, 94, 108